传记读库

孙以楷 钱耕森 李仁群 ○编著

心通老子

全国百佳图书出版单位

时代出版传媒股份有限公司

安徽人民出版社

图书在版编目(CIP)数据

心通老子/孙以楷 钱耕森 李仁群编著.—合肥:安徽人民出版社,
2016.12

(传记读库)

ISBN 978－7－212－09470－6

Ⅰ.①心… Ⅱ.①孙… Ⅲ.①老子—传记 Ⅳ.①B223.1

中国版本图书馆 CIP 数据核字(2016)第 305011 号

心通老子

XINTONG LAOZI

孙以楷 钱耕森 李仁群 编著

出 版 人:朱寒冬　　　　　　　出版策划:朱寒冬　　　　责任编辑:胡小薇
出版统筹:徐佩和　黄　刚　　　责任印制:董　亮　　　　装帧设计:孙丽莉
　　　　　李　莉　张　旻

出版发行:时代出版传媒股份有限公司 http://www.press-mart.com
　　　　　安徽人民出版社 http://www.ahpeople.com
地　　址:合肥市政务文化新区翡翠路 1118 号出版传媒广场八楼　邮编:230071
电　　话:0551－63533258　0551－63533292(传真)
制　　版:合肥市中旭制版有限责任公司
印　　刷:合肥中德印刷培训中心印刷厂

开本:710mm×1010mm　　1/16　　　印张:15.5　　　字数:268 千
版次:2016 年 12 月第 1 版　　　2017 年 1 月第 2 次印刷

ISBN 978－7－212－09470－6　　　定价:28.00 元

序

心通老子

　　民间有句谚语："跟着好人学好人，跟着筮婆子下假神"。现实生活中，跟着神婆装神弄鬼的人可能不多，但是"跟着秀才会拽文"的人肯定不少。

　　的确，人是他所在的环境和文化的产物。即：近朱者赤，近墨者黑。当然，近着圣贤，我们未必就能够成为圣贤，而由于近着圣贤、从而濡染了圣贤的某些本色，则是无疑的。

　　"心通圣贤"这五本书包括《心通老子》《心通庄子》《心通孔子》《心通孟子》《心通墨子》，是"传记读库系列丛书"的一部分。它是我国优秀传统文化尤其是先秦诸子、百家思想解读的典范，是传统经典现代化、通俗化、大众化的一个努力。

　　在我国思想史上，先秦时期、"民国"时期、20 世纪 80 年代以来的改革开放时期，是三个思想发展的高峰。

　　随着我国经济社会的发展、综合国力的提升、国际影响的扩大，中国文化的战略地位和作用日渐凸显。

　　习近平总书记在关于我国传统文化的一系列讲话、论述中指出：中国传统文化博大精深，学习和掌握其中的各种思想精华，对树立正确的世界观、人生观、价值观很有益处。学史可以看成败、鉴得失、知兴替;学诗可以情飞扬、志高昂、人灵秀;学伦理可以知廉耻、懂荣辱、辨是非。中华优秀传统文化积淀着中华民族最深沉的精神追求,是中华民族生生不息、发展壮大的丰厚滋养,是中国特色社会主义所植根的文化沃土,是我们最深厚的文化软实力,更是一种独特的战略资源。

我社从中华民族文化发展战略的高度,从弘扬中华优秀传统文化着眼,组织有关传统文化研究的专家、学者,集中策划、编撰、出版大型图书文库"传记读库系列丛书",计划五年之内,出版五十种、近百本图书。

为了使这套图书不断臻于完善,希望读者朋友多提宝贵意见。

目录

心通老子

二　老子学说

三　老子的地位、影响

四　老子思想诸方面

五　老子研究状况

心通老子

老子外传

一　生于春秋末世

《老子》书的作者是谁？老子是谁？他是什么时候出生的？他是哪里人氏？这个问题，连两千年前的大历史学家司马迁也不大清楚。两千多年来，一直是中国文化史上的一个谜。

老子是谁？司马迁在《史记·老子传》中说："老子者，楚苦县厉乡曲仁里人也。姓李氏，名耳，字伯阳，溢曰聃，周守藏室之史也。"这似乎交代得很清楚了。但是，司马迁是一位非常谨慎的史学家，他不仅记载可信的史实，对于一些传说，虽属可疑，为慎重起见，也还是用疑笔把它们记下来让后人知道。所以他又记下了另外两种关于老子其人的传说。当时有一种说法，认为老莱子就是老子。司马迁认为这种传说是不正确的，老莱子不是老子，他著书十五篇，不是上下篇；但老莱子也是楚国人，也姓老，也是道家人物，又与孔子同时，所以才造成了误会。为使后人不再以讹传讹，司马迁特地在《老子传》中插进了这么一句话："或曰，老莱子亦楚人也。著书十五篇，言道家之用，与孔子同时云。"不幸的是，司马迁为使后人不致误入迷津而特地郑重交代的这句话，后人却没有仔细推敲，反而误入了迷津。于是，有人振振有词地说："你看，连司马迁本人不是也怀疑老莱子就是老子吗？不然,何必添上这么一句呢。"①其实,司马迁从来认为老子自是老子,老莱子自是老莱子,所以他在《仲尼弟子列传序》中说:"孔子之所严事:于周则老子,于楚;老莱子。"老子与老莱子,分明是两个人,不仅司马迁清楚地知道,而且从战国到两汉,学者们都把老子与老莱子区分得很清楚②。在司马迁的时代,还流传着另一种关于老子其人的说法,司马迁也"以疑存疑"地作了记载:"自孔子死之后百二十九年,而史记周太史儋见秦献公,……或曰儋即老子,或曰非也,世莫知其然否。"司马迁的这一段文字引起了清代以来学术史上两百多年的论战。论战的一方以汪中、梁启超、钱穆、罗根泽为代表,另一方则有马叙伦、高亨、詹剑峰等人。论战始于疑古,无科学依据的怀疑,使本来大体清楚的老子生平蒙上了谜云。但随着论战的深入,关于老子其人之谜云又逐渐散开,老子的面孔渐渐地更为清晰了。为了解开这个谜,我们不妨把汪中、梁启超、罗根泽、钱穆一派的主要论点罗列于后,逐一加以评析。

（一）《老子》书非圣人而反周礼,这与老聃的尊信贤哲,小心地遵守礼制是相矛盾的。持相反的观点的学者则指出:一个人一生的思想是发展变化的,正因为老子早年熟知周礼,经历的事多了,才深深地体会到周礼的弊害,至晚年归隐时,才得出了反礼的结论。

（二）汪中认为,《史记·老子传》说:"老子隐君子也",而老聃是周之王官,可见老聃不是老子。反对这一观点的学者指出,老聃早年为周守藏史,是王官,晚年不满现实,辞官退隐,并不矛盾。《史记》本传说老聃西出关,正是辞周归隐,而太史儋入秦却是游说秦献公。他对秦献公说:"始秦与周合而离,离五百岁而复合,合七十岁而霸王者出焉。"这完全是术数之士的口吻。这种方术之言,恰恰被《老子》斥责为"道之华而愚之首也"。

---

① 张守节《史记正义》:"太史公疑老子或是老莱子,故书之。"《路史》:"老子邑于苦之赖,赖乃莱也,故又曰老莱子。"

② 如《大戴礼·卫将军文子》中的老莱子与《礼记·曾子问》中的老聃;《庄子·外物》中的老莱子与《庄子》天下、天道等篇中的老聃;《战国策·齐策》中的老莱子与《魏策》中的老子;《汉书·艺文志》中的《老子》与《老莱子》。

(《韩非子·解老》)①

（三）汪中说,关尹与列子同时,列子与郑子阳同时,根据是《庄子·让王》中记载有郑子阳送粮食给列子之事;而"周安王四年（前398）,郑杀其相驷子阳"。（《史记·六国年表》）驷子阳是战国人,由此,汪中推出关尹、列子也是战国时人。关尹、老聃是同时代人（《庄子·天下》）,可见老子只能是战国时人。反对意见指出,江中是把郑子阳与驷子阳搞错了,与列子、关尹同时的是郑子阳,是郑君,而公元前398年被杀的驷子阳乃郑相,他们不是同一个人。②

（四）汪中说,《文子·精诚》篇中有这样一段话:"老子曰:'秦楚燕魏之歌异传而皆乐'。"秦楚燕魏是战国并立的强国,老子既然得见秦楚燕魏,可见他生活于战国时代。詹剑峰指出,文子几乎全是借"老子"之口表述自己的观点,文子得见秦楚燕魏,只是借老子之口讲出来而已,用《文子》中这种借老子之口的表述方式论证老子生活于战国时代,是虚妄的。但詹剑峰以为《文子》是伪书,抄袭《淮南子》,则欠慎重。《文子》并非伪书。文子是老子的弟子,战国时健在,他既然在著书时借老子之口,更可见老子是早于战国时代的人。

（五）汪中说,《说苑·政理》篇中有这样一段文字:"杨朱见梁王言治天下如运诸掌。"梁王即梁惠王,杨朱是梁惠王同时代人,即战国时人,那么老子也比杨朱早不了多少年。对此,詹剑峰等人反驳说:梁王不一定是梁惠王,六国称王固然是战国时候的事,但他们的先辈也是称王的。

（六）汪中、罗根泽等人还由老子子孙来考证老子是战国时的太史儋。《史记·老子传》说:"老子之子名宗,宗为魏将,封于段干。"汪、罗都认为这位李宗就是《史记·魏世家》所记的魏安厘王四年（前273）被封于段干的段干崇,崇与宗通用,李宗就是段干崇。既然老子的儿子李宗在公元前273年才被封于段干,那么老子就不会是两百年前春秋末年的那位老聃,

①　参见詹剑峰《老子其人其书及其道论》第42~43页。
②　参见高亨《史记老子传笺证》。

而只能是公元前374年入秦见秦献公的太史儋。詹剑峰反驳说，从太史儋入秦（前374）到段干崇被封（前273），其间相距一百〇一年。假定太史儋四十五岁左右入秦，在三十五岁左右生李宗，那么到李宗被封时，也当有一百一十五岁左右了，这是超出常理的。可见李宗并不是段干崇。

与这一点相关，《史记·老子传》中说："老子之子名宗，宗为魏将，封于段干。宗子注，注子宫，宫玄孙假，假仕于汉孝文帝，而假之子解为胶西王印太傅。"梁启超、罗根泽等人据此认为，老子的八代孙李假与孔子的十三代孙孔安国都是汉景帝、汉武帝时代的人，如果老子是比孔子年长一辈的老聃，那么这种情况未免不合情理。因此，老子只能是比孔子晚得多的太史儋，太史儋的八世孙与孔子的十三世孙同时代才是合情理的，也才与《史记》中孔、老两家世系相符。詹剑峰在反驳这种看法时指出三点：1.老、孔两家的后代并没有相差五六辈，即使相差两三辈，也是合情理的，因为孔子的子孙确实短寿；2.《史记》孔、李两家的世系并不是完全可信的；3.最重要的是《史记·老子传》所说的"宫之玄孙假"中"玄孙"并不是指子、孙、曾孙、玄孙的玄孙，而应该解释为"远孙"；既是"远孙"，就不一定是第八代。比如说，假定李假是老子的第十四代孙，他与孔子的第十三代孙同时代，那么老子比孔子早生几十年不是很合情理吗？

（七）有些学者说，《论语》《孟子》中都没有提到老子这个人，可见老子生于孔子、墨子乃至孟子之后。这一观点的立论的逻辑前提应当是：凡是《论语》《墨子》《孟子》中没有提到过的著名人物。都不会是生活于孔、墨、孟之前。这个立论的前提能不能成立呢？要使这个前提成立，又必须确证另一个前提，即《论语》《墨子》《孟子》把在他们之前的名人都提到了。这个前提显然是无法得到证明的，所以上述结论不能成立。无怪詹剑峰批评这种观点说："好像老子其人的存在是决定于孔子、墨子、孟子之一言，而不须取决于历史的事实。一个历史人物的存在与否，竟决定于某个大人物是否提到他，这真是唯心论的方法。"①

---

① 詹剑峰《老子其人其书及其道论》。

（八）罗根泽从老子的籍贯考证老子的年代。《史记·老子传》说老子是楚苦县人。有的书上又说老子是陈国相人，[①]有的书上又说是陈国苦县人。[②] 就国籍而言，有楚、陈之差，就县籍而言，有苦、相之别，但实际上都是指同一个地方。那么为什么会有国籍、县籍的差别呢？原来这个地方在春秋末属于陈国，叫作相；到陈潜公六年，楚惠王灭了陈国，相地就归属楚国，称苦。[③] 罗根泽认为《史记》既然说老子是"楚苦县厉乡曲仁里人也"，那就是表明老子生长在楚灭陈后，是楚国人而不是陈国人。这个论据似乎很有力量。但是对于一位生于甲国死于乙国，或生于甲朝代而死于乙朝代的历史人物，当后人为他写传记时，可以据他的出生时称他为甲国或甲朝代人，也可以根据他的死时称他为乙国或乙朝代人。王船山是由明入清的人，有的史书称他为明末思想家，有的则称他为清初思想家。老子恰恰就是生于其故里属陈[④]而死于其故里属楚时之人（并非死于楚地）。所以依据《史记·老子传》"老子者，楚苦县……人也"一句话，也还是不能证明老子是战国时人。

那么，说老子是春秋时人又有什么根据呢？最可靠的根据当然还是《史记》。

《史记·老子传》说："孔子适周，将问礼于老子。"不管孔子向老子问礼的时间是哪一年，孔子向老子问礼，这是司马迁一再写下的事实。在《孔子世家》中司马迁说："鲁国名叫南宫敬叔的人对鲁国国君说：'请允许我与孔子一齐到周王都去'。"鲁国国君资助给他们一辆车、两匹马、一个侍仆，一齐到周王都去请教周礼。他们见到了老子。除《史记》外，连儒家自己的著作《礼记·曾子问》也记载了四件孔子转述老聃讲解周礼的事。在《庄子》一书中，《天道》《天运》《田子方》等篇都讲孔子见老聃，《天地》《知北游》记载老子与孔子之间的问答。这些，都是无法否认的，它们证明老子

① 《经典释文·叙录》："老子，陈国苦县厉乡人也。一曰，陈国相人也。"
② 《老子音义》引河上公云："老子，陈国普县厉乡人。"
③ 《后汉书·郡国志》："陈国苦，春秋时曰相，有赖乡。"
④ 相邑当属宋，此处是用通常看法，详见后。

是年长于孔子的人，是孔子所师事的长辈。

《史记·老子传》又说。"老子看到周朝衰落了，就离开了王都，到了函谷关。"周王朝衰落始于什么时候呢？自平王东迁，周朝就日渐衰落，到王子朝作乱，周王朝进一步衰落，但只是衰落而已，尚未达将亡的程度。到战国时代，再没有五霸出来维持周天子的地位了，周王朝就不仅仅是衰落，而且可说是名存实亡了。司马迁既然只是说老子见周王朝衰落而不是说见周之将亡，就可见老子辞周西出关的时间是在春秋末或战国初。

《史记·老子传》还告诉我们，老子西出关的时候见到关尹（至于这位关尹是谁，我们在后面交代），这位关尹和老聃是好朋友，他们有共同的学术观点。《庄子·天下篇》中说关尹和老聃建立了常无常有的学说而归本于"太一"。这位关尹是列子的老师，①列子与子产同时，②可见关尹也是与子产同时甚至稍早之人，那么老子当然也是子产的同时代人。

《史记·老子传》所记载的这些事有力地证明了老聃是孔子的先辈。这样一来，对于主张老子是太史儋的人大为不利。于是他们干脆否认《史记》中所记上述事实的存在。他们说所谓孔子问礼于老聃，纯粹是道家庄子为抬高道家而编造出来的，而司马迁轻信了《庄子》的编造，把寓言作为信史写进了老子传。但是这种睁眼不承认事实的做法是说服不了人的。凡是有利于我的，就承认，高呼司马迁伟大；凡是不利于我的，就不承认，指责司马迁听信谣言。这种逻辑上的混乱，导致了谜中之谜。

世上没有解不开的谜，通过反复辩驳，老子是什么时候的人这个谜已可以解开了。不过持否定观点的人又提出了一个关键问题：即使老聃确有其人，即使他是孔子的师辈，但是他也不是《老子》书的作者，《老子》书只能是战国时期的作品。这个问题与老子究竟是周守藏史老聃还是太史儋，是同一个问题的另一个方面。《老子》书如果只能是战国时期的作品，那

---

① 《庄子·达生》："子列子问关尹曰……"
② 《庄子·田子方》："列御寇为伯昏无人射……。"据此，列于是伯昏无人的学生。又据《庄子·德充符》："申徒嘉，兀者也，而与郑子产同师于伯昏无人"子产也是伯昏无人的学生，可见子产与列子同时。

么《老子》书的作者当然就不会是老聃而只能是太史儋或者另一位战国时期的道家学者。对于《老子》书写成于什么时期这个谜,大致有两种不同的解答。

(一)梁启超说:"老聃是一位拘谨守礼的人,和五千言的精神恰恰相反,"因此《老子》书不是老聃所著。那么,《老子》作于什么时代呢?梁启超说:"老子的话太自由了,太激烈了,像'民多利器,国家滋昏;人多依巧,奇物滋起;法令滋彰,盗贼多有''六并不和有孝慈,国家昏乱有忠臣',这一类的话,不大像春秋时人说的话。"①为什么不大像春秋时人说的话呢?梁启超并没有讲出个所以然来。实际上,上述几句引文恰恰是春秋末期社会现实的反映。春秋末期新生产工具出现了(这就是利器),人的生产技巧愈发进步了,制造了愈来愈多的奇物,生产力的发展,产品的丰富,引起了劳动者和进步力量对旧的分配制度、生产资料占有制度的不满,被剥削者反抗了,剥削者也在不断重新调整利益关系,旧的国家制度在动荡,守旧的统治者被搅得昏头昏脑(这就是国家滋昏);为了制止、镇压被压迫者的反抗,统治阶级制订了各种法令,但是只要旧的不合理的社会制度和社会关系不改变,法网愈密,反抗愈烈(这就是所谓"盗贼多有")。在政治与经济利益的再分配过程中,六亲之间的旧的和睦关系动摇了,为了防止血亲关系的进一步破裂,于是有人强调宣传孝慈;为了挽救国家,有人出来指责破坏旧秩序的人,这就是所谓忠臣。所有这一切恰恰都是春秋末期旧制度动荡解体过程的反映。到了战国中后期,新制度在各国已基本确立,天下面临的大事是新的统一。所以梁启超说《老子》作于战国末,实在是弄错了时代。

(二)上述第一点是从《老子》书的思想特点来论证《老子》书写成于战国中后期。与这一点紧密相连,梁启超又以《老子》书中有"礼者忠信之薄"这一反礼观点证明《老子》书的晚出。以后,罗根泽发挥了梁启超的这一观点,他说:"倡礼是正,反礼是反;正先于反,不能反先于正。老子说,

心通老子

---

① 梁启超:《论〈老子〉书作于战国之末》。

009

'夫礼者,忠信之薄而乱之首',知必在孔子之后,不能在孔子之前。"①罗根泽的这一论点是不能成立的。因为他并没有证明孔子是第一个讲礼的人。实际上,早在周王朝建立之初,周公就制定了礼仪。平王东迁后,统治阶级内部在争权动乱中已不断践踏礼;春秋末年,这种现象愈演愈烈,而且愈是制造动乱的人还愈是要打着礼的旗号。这些现象在孔子之前已不断发生,老子生当其时,感触自然很深,难怪他说,"夫礼者,忠信之薄而乱之首"了。周公倡礼于先,《老子》反礼于后,有什么理由一定要把反礼的《老子》放在孔子之后呢?

(三)罗根泽运用他的"正先于反,不能反先于正"的逻辑公式,由孔子与《墨子》的"尚贤"(正)先于《老子》的"不尚贤"(反)论证《老子》书必晚于孔子、《墨子》。(在罗根泽的这一观点之先,日本人斋藤掘堂以及张寿林已经提出过同样的看法。)他说:"凡是反对一种学说,必在这种学说的产生之后,否则无从反对。尚贤说的产生,以我所知,似始于孔子。继孔子而起的墨子,更特别提倡尚贤。……假使老子真是在孔子之前,则是反尚贤在先,倡尚贤在后,真是历史的奇迹了。"②詹剑峰在反驳罗根泽的这一观点时引了成玄英、牛妙传、陈碧虚等人对"不尚贤"含义的解释。贤,是指人的聪明才智;不尚,是说不自矜尚,不尚贤就是不要自我炫耀自己的才智,并不是说君主不要推重贤才之人。君主都能做到不自贵重自己的贤能,能够退居别人之后,当然就不会有争名邀誉之事发生。所以老子的"不尚贤"与墨子的"尚贤"是风马牛不相及的东西。③ 退一步说,即令按罗根泽的理解,不尚贤就是不推重贤能之人,也不能证明《老子》晚出。因为孔子曾问礼于老聃,两人之间有政治、哲学见解的交锋,老子的"不尚贤"很可能就是针对孔子而发的,到他西出关时把这一观点又写在《老子》书中,是完全可能的。

(四)钱穆说:"孔、墨均浅近,而老独深远。孔、墨均质实,而老独玄

---

① 罗根泽:《再论老子及老子书问题》。
② 罗根泽:《诸子考索·由尚贤政治考老子年代》。
③ 詹剑峰:《老子其人其书及其道论》。

妙。以思想之进程言,《老子》断当在孔、墨之后,已无待烦论。"①不少学者都持有与钱穆类似的观点。他们从宇宙论的形成与发展角度出发,认为《老子》提出道作为宇宙万物的本源,这一概念要比八卦、五行、阴阳都要抽象,表现了人的更高的抽象思维水平,所以是晚出的作品,不会早于战国。这类观点很有迷惑力。但仔细思考一下,就会发现这是一种把人类思维发展直线化的观点,似乎内容深远玄妙的著作就一定比内容浅近的著作要晚出。实际上,思维发展是螺旋式的,内容深远的著作不一定晚出。比如说,《易经》的内容要比《论语》深远,但能够说它是《论语》以后才成书的吗? 王船山的著作也比颜元以及颜元同时代学者的著作内容艰深,能够证明王船山晚于颜元吗? 何况,老子言天道,孔子也言天道,只不过讲得不多而已。实际上《老子》书的内容并不系统,结构更不像《墨子》那样整齐,用钱穆的论证方法,应该说:"《老子》断当在《墨子》之先,已无待烦论。"

（五）梁启超从《老子》书中找出"王侯""万乘之主""取天下""仁义"等语词,说这些语词"像不是春秋人所有"。对此,詹剑峰一一作了反驳。他指出,王、公、侯等称号,周初就有了,公侯等名号在《左传》里数不胜数,老子只是用王侯、侯王、王公等词以概称统治者,这也是当时的习惯用语。老子的时代,"王"也并非是周王的专称,楚、吴、越亦称王。至于"万乘之主",詹剑峰一方面认为那是窜入正文的注语,另一方面引《史记》为证,指出春秋末期是有万乘之国的,既有万乘之国,当然就有万乘之主,纵然《老子》用"万乘之主",也符合春秋末世的实际。至于"万乘"这一术语,孔子就用过,难道孔子是战国时代的人物吗? 关于"取天下",詹剑峰指出,夺取天下,是早已存在的事实,取天下的思想在《左传》中就有记载。针对梁启超说的"仁义是孟子的专卖品",詹剑峰指出,仁义是春秋通用的术语,如史兴曰:"且礼所以观忠信仁义也。"

（六）有些学者从文体来论证《老子》是晚出的作品。冯友兰说《老子》是简明的经体,是战国的作品;钱穆说《老子》是辩论体之精者,应当在《孟

心通老子

① 钱穆:《关于〈老子〉成书年代之一种考察》。

子》《荀子》之后；顾颉刚说《老子》是赋体，是战国时新兴文体。

什么是简明的经体呢？《易》是不是经体？它是战国作品吗？钱穆说《老子》是辩论体之精者，但《老子》通篇无宾主辩论痕迹，难道精到没有辩论了吗？至于赋体，《荀子》中有些篇倒是赋体，但通篇有一定结构，而《老子》的结构却很乱。

蒋伯潜在《诸子通考》中说："《论语》为记言体，故每章均记发言之人。《老子》则但条记格言，非记言体，与《论语》不同。"他认为这是《老子》是由战国时人掇拾荟萃而成的证据之一。这种论证的逻辑也是很奇怪的。为什么《老子》不是记言体，就一定得是战国时的作品呢？也许蒋伯潜的潜台词是说《论语》以前的中国古代的作品都是记言体。如果《尚书》勉强算是记言体的话，也是比较系统的记言体，比《论语》系统得多，难道《尚书》比《论语》晚出？至于《诗经》，更不是记言体，倒是与《老子》的文体相近，《老子》书实际是许多首哲理诗的组合。老聃西去至关，应关尹之求写下了五千言，不是师生之间言谈记录，怎么会是记言体。老聃只不过是把平时思考的问题用比较精炼的词句一条一条地写下来罢了。我们现在看到的《老子》五千言的条记格言文体，正是在函谷关这一特定条件下形成的。

（七）罗根泽说"战国前无私家著作"，冯友兰说"孔子以前，无私人著述之事"，由此，他们得出了《老子》书是孔子以后战国时期的作品的结论。

针对"战国前无私家著作"的论点，詹剑峰作了如下驳斥。他指出，孔子是春秋时人，作《春秋》；邓析是春秋时人，他曾作《竹刑》；老子是春秋时人，著《道德经》；《汉书·艺文志》中有《曾子》《漆雕子》《宓子》《宋司星子韦》，这些书的作者都是春秋时人。既然春秋时有许多私人著述，《老子》著于春秋时，也完全是合情理的。

冯友兰认为孔子是第一个开私人讲学之风的人，教学需要教材，这才有私人著述。在孔子之前没有私人讲学，所以也就没有私人著述。詹剑峰认为私人讲学这一职业的出现，是社会的需要，并非由于个人的愿望，孔子教书是社会需要，那就不能排除社会在同时也需要别人讲学。他引了《论衡》中"少正卯在鲁与孔子并"为例,指出少正卯也是以教书为职业,而且与孔子唱对台戏。又如邓析教人如何打官司,《庄子》内篇记载有兀者王骀以教书为职业。詹剑峰认为"春秋之时,私人著书之风已开,至战国而大盛"。如《老子》引用了《建言》《用兵》中的文字,《墨子》引《语经》,《庄子》引《法言》,《荀子》引《道经》,这些被引用的书难保没有私人著作。他还进一步指出,私人著述周初就有了,比如《左传》中多次引了周任、史佚的观点,如果周任、史佚没有著述,《左传》怎么能引用他们的观点和言论。

(八)有人问,如果《老子》书写成于春秋末世,为什么《墨子》《孟子》《论语》对《老子》书的内容只字不提呢?对这个问题,我们只要考虑到老子一生的经历就明白了。据司马迁说,老子晚年辞周西去,在出关之前应关尹之请写下了他的不朽著作。入秦后,老子过着隐居生活,除学生及邻人外,知道的人不多。他的著作是交给关尹保管的。所以到战国前期,虽然一些知识层次高且又信奉天道无为学说的人可能知道《老子》,但影响并不大。直到庄子,他尊崇老子,加上其文章的巨大魅力,老庄学说得以流行,才成为先秦显学之一。一个人在他死后数十年、数百年才闻名于世,一本书在写成之后往往被冷落数百个春秋才呈现其价值,这在中外文化史上都是屡见不鲜的。

《老子》既然先于《庄子》,而孟子又是庄子同时代的人,《老子》当然也早于孟子,这是一个简单的转换关系。孟子之所以不提老子,还有另一层原因。就他本人而言,他是反对老子学说的,但孟子又知道孔子曾问学于老聃(秦汉学者中没有人怀疑这一点),对于自己先师的师辈,当然又不好批评。肯定老子不行,批评老子也不行,只好只字不提。再者,孟子一生中的言论不见得都记载入《孟子》七篇中,荀子批评孟子"按往旧造说,谓之五行",这个五行说在《孟子》七篇中就找不到。可见《孟子》七篇中没有记载的人和事,不见得不存在。

那么,为什么《论语》中也没有提到老子呢?蒋伯潜在《诸子通考》中说:"《论语》中未尝提及老子。果如《史记》所载,孔子于老子,尝问礼受教,钦佩备至,何以平时不一谈及之乎……是《老子》成书显在《论语》之后矣。"其实,早就有人指出,孔子说的"述而不作,信而好古,窃比于我老彭"中的"老彭"就是指老子。① 此外,《论语》中还杂有《老子》的文字和思想。如《论语·宪问》的"以德报怨",即见于《老子》六十三章;"仁者必有勇,勇者不必有仁",是本于《老子》六十七章的"慈故能勇"。至于《论语·卫灵公》的"无为而治",则更是地道的《老子》思想。《论语·泰伯》的"有天下而不与",实际上就是《老子》的"功成不居""为而不恃"思想的儒家版。但胡适说:"同样的用孔子的'无为',和老子说'无为',可以证老子在孔子之前,也可以证《老子》的作者在三百年后承袭孔子。"②这真的成了公说公有理,婆说婆有理了。学术界也确实有人振振有词地说《老子》一书是有人剽窃《论语》及《庄子》而成的。呜呼! 这真题大的冤案!《老子》五千言,《论语》《庄子》从中引用几句、几段和某些观点,这是不难理解的;反过来,仅仅凭借《论语》《庄子》,从中引用几句话,就想拼凑成《道德经》,岂不难于上青天!

　　除去主张《老子》书写成于战国时期这一颇有影响的观点之外,也有少数人认为《老子》书写成于西汉初,或秦汉之际,大致有如下看法。

　　(一)刘节认为:"老子的五千言,在西汉文景之间才出现。"③对此,詹剑峰举出以下事实予以反驳。1.《汉书》载:"河间……献王所得书皆古文先秦旧书。《周官》……《老子》之属,皆经、传、说、记。"河间献王是汉景帝时人,他得到的《老子》是古文先秦旧书,可见《老子》书在文景之前早已流行了。2.《淮南子》一书中引用《老子》多达九十条,甲书被乙书引用,甲书肯定存在于乙书之前,这是不证自明的道理。因此,《老子》书肯定在刘安前就存在。3. 据谢守灏的《老君实录》说:《道德经》有"项羽妾本,齐武平五年彭城人开项羽妾冢得之"。从项羽妾的墓中发掘出《老子》书,可见《老子》书在秦代已很有影响,连项羽的小妾也十分珍爱,故被作为随葬品。

　　① 高亨:《史记老子传笺证》。
　　② 《古史辨》(六)胡适:《评论近人考据老子年代的方法》。
　　③ 刘节:《古史考存·老子考》。

（二）顾颉刚说《老子》书是吕不韦同代人写的。但是《吕氏春秋》一书中也是多处引用《老子》的话，这就足以证明《老子》一书流行于《吕氏春秋》之前。《吕氏春秋》的作者们读过《老子》书，然后才能在写作时引用《老子》的话。这个常识，顾颉刚当然是知道的。但是他宣布自己发现了一条规律：《吕氏春秋》的作者引用某书便写出书名，引用某人的话便写出某人姓名。他说在《吕氏春秋》中唯独不写出《老子》书名，也不写出老聃的名字。是什么原因呢？就是因为当时《老子》还没有写成。顾颉刚发现的这条规律能否成立呢？我看不可信。《吕氏春秋》是由吕不韦的几百名门客合作写成的，有的人引用前人的著作或前人讲过的话，很负责地交代引自哪本书或出自哪位前贤，而有的人却比较随便。哪有什么规律可循呢？顾颉刚说《吕氏春秋》中引老子的话既不写出《老子》书名也不交代老聃人名，也根本不是事实。简单举一个例子，《吕氏春秋·去尤》："故知美之恶，知恶之美，然后能知美恶，老聃则得之矣。"这段话实际上就是《吕氏春秋》的作者把《老子》书中"天下皆知美之为美，斯恶矣"用自己的话表达出来，作者也明白指出这是老聃的观点，这也就是顺便指明了《老子》书是老聃写的。

有人把《老子》书写成的时间再从吕不韦时代稍稍往前提一些，说《老子》写成于荀子之后，韩非之前。针对这一点，詹剑峰说得很好："一本书有人为它作注解，必定是这本书有价值而又流行很广。"《韩非子》中有《解老》《喻老》两篇（它们是我国古代最早的《老子》注解），可以断定《老子》书在韩非之前早就流行而且它的价值也被社会普遍承认了。更妙的是，韩非在著作中不仅引《老子》书文字，而且说是老聃说的，也就是说，韩非清楚地知道老聃就是《老子》书的作者。

不仅韩非经常引用《老子》的话，而且他的老师荀子还评论过老子的学说，认为"老子有见于诎，无见于信（申）"。① 这一评论是中肯的，如果不是对《老子》很熟悉，甚至有很深的研究，是不可能用一句话就把老子学说

心通老子

_____

① 见《荀子·天论》。

的得失评论得如此恰当的。既然荀子费了很大精力研读过《老子》，那么《老子》书写成在荀子之后的推测，也就不攻自破了。

《战国策·齐策》中有这样一则材料："颜斶曰……老子曰：'虽贵必以贱为本，虽高必以下为基。是以王侯称孤寡不谷，是其贱之本，非欤？'"颜斶所引老子的话，见于《老子》书第三十九章。颜斶这段话是对齐宣王说的，当时他已经是一位老者。齐宣王于公元前342—323年在位，与孟子同时。那么，颜斶不会比孟子年轻，颜斶既然引用老子的话为依据，那么在颜斶、孟子之前，《老子》必定已为道家学者所熟悉。

老聃是《老子》书的作者，先秦之人没有怀疑过，古人没有怀疑过，今人可以怀疑，怀疑的精神和勇气都是好的，但是一定要有科学的实事求是的态度。如果抱着凡是我没有见过的都要怀疑的成见，甚至抱着凡是我没有见过的就不存在的偏执态度，那么整个过去的历史都将成为不可解之谜。

《老子》书的作者是谁？老子是谁？经过上面一层一层的剥洗，谜底终于揭开了。只要不是心存偏见，都会看到，所有认为《老子》书写成于战国以至于更晚的秦汉之际的主张，都是不能成立的，老子就是生于春秋末世的老聃，孔子曾向他问礼，他当比孔子大约二十岁。

二　宋国相人

　　老子究竟是什么地方的人呢？这个问题不像前一个问题那样众说纷纭,但是答案也不止一个。第一种答案是司马迁提出的。他在《史记·老子传》中说老子是"楚苦县厉仁里人也。"第二种答案是唐代孔颖达提出的,孔颖达说,司马迁在《史记·老子传》中说老子是"陈国苦县赖乡曲仁里人也。"①第三种答案是唐代陆德明提出的,他说他所看到的《史记》所记载的,既不是"楚苦县人",也不是"陈国苦县人",而是"陈国相人"。他在《经典释文》中为《庄子·天下》篇作解释时引了司马彪的注解,也说老子是"陈国相人"。《后汉书·郡国志》也说老子是"陈国相人",还解释说:"苦,春秋时曰相。"第四种答案是边韶提出的,他在《老子铭》中说老子是"楚国相人"。②《广弘明集》中释法琳在他写的《十喻篇》中引《高士传》,也说老子是"楚国相人"。第五种答案是姚鼐提出的,他在《庄子章义序》中说,老子是宋国沛人。马叙伦在《老子考》中说老子是宋之相人。谭戒甫在《二老研究》中也说老子是相人,但是他认为这个"相",就是取现在安徽省濉溪县北相山的相而得名的。

---

①　孔颖达:《礼记·曾子问疏》。
②　见《隶释》。

这又是一个谜,到底哪种答案是正确的? 看来要揭开这个谜底,也还需要下一番调查研究的功夫。

前四种说法实际上并不冲突。第一种与第二种说法,其间差别只是在国籍。司马贞在《史记索隐》中说,"苦县本来属陈国,春秋时楚国灭了陈国,所以苦县又属于楚国。就老子出生的时候说,当然说老子是陈国苦县人比较妥当;但老子死时,苦县已属于楚国,就老子晚年说,当然又以说老子是楚国苦县人为优。"

再看看第三、四种答案,它们与第一、二种答案的差别主要在县籍。《后汉书·郡国志》说:"陈国苦,春秋时曰相。"边韶在《老子铭》中也说:"春秋之后,相县虚荒,今属苦。"原来苦县、相县也是指同一个地方,只是在春秋时叫作相,后来改叫苦,至于"陈国相人"与"楚国相人"之差别,恐怕以"陈国相人"为准确(实际是宋国相人,见后),因为《后汉书》明明说春秋时曰相,《老子铭》也说"春秋之后"叫苦,相从来没有属于楚国,因为楚国占领此地后已经改叫作苦。要么是"陈国相人",要么是"楚国苦人",说"楚国相人",显然是弄错了时代。

那么,第五种说法如何呢? 姚鼐所说的老子"宋之沛人",其根据是《庄子》书中记载孔子、阳子居都"南之沛见老聃",可见老聃是宋国沛人。但是没有指明在沛之何地。马叙伦说老子是"宋之相人",认为"宋之相"不是"陈之相";谭戒甫说"宋之相"是今安徽濉溪县北因境内有相山而得名的相。我们觉得老子确实是相人,但这个"宋之相"实际上就是"陈国之相""楚国苦县",并不是谭戒甫讲的今之安徽淮北市相山。司马彪在《庄子注》中说过:老子是相人,"相今属苦县,与沛相近"。司马彪是西晋人,他所讲的"沛",是指汉代沛郡以及西晋时的沛国,它的管辖范围相当于今天淮河以北,西肥河以东,河南夏邑、永城以及江苏的沛丰等地,当然包括今天的淮北市相山在内。但关于老子的家乡"相",司马彪只说是"与沛相近",而不是说"在沛境内",显然不是指今天的淮北市相山,谭戒甫显然误解了司马彪说的"与沛相近"一语。既然"宋之相"就是"陈之相"或"楚之苦",三者是同一个地方,那么为什么要特别说老子是"宋之相人"呢? 这是因为到目前为止学术界大多数人都说老子是"陈国相人",而这是一种错误,需要纠正。我们说老子是宋国相人,有三点根据:1. 春秋后期宋国与陈国是邻国,以涡水为边界。涡水以北的楷、郦、太丘,春秋时都是宋地;而涡水以南的鹿鸣、焦,都是陈国的地方。相在涡河以北,应当是在宋国领土范围之内。现在的河南鹿邑在涡水以南,似并非老子的故里相。① 当时宋国比陈国强大得多,常常渡过涡河夺取陈国的地盘,陈国是不大可能到涡河以北占据相这个地方的。2. 据《万姓统谱》说:"相,故殷城。"周王朝初年,发生过管蔡之乱,这次叛乱平定后,商王室微子被封于宋。相既然是故殷城,又在微子封地一带,距商汤亳都很近,划入宋国是自然的合情理的事,而陈是虞舜之后,决不会把殷之故城划入陈国。3. 姚鼐《老子章义·序》说:"《庄子》载孔子、阳子居皆南之沛见老聃。沛者宋地,而宋有老氏。老子者宋人。"老聃是宋国老氏之后,宋国相邑是他的故里,他从周朝"免而归居",自然是回到宋国相地。至今为止,我们恐怕还很难证明春秋末陈国有老氏。

经过上面的分析,我们可以知道老聃既不是陈国相人,也不是楚国苦人(老子晚年,相邑入楚,称苦县,在这个意义上又可以说老子是楚国苦县人),而是宋国相人。

---

① 《水经注·阴沟注》曰:"东南至沛为涡水,涡水又东迳苦县故城南,即春秋之相。"《老子铭》曰:"……相县虚荒,……涡水处其阳。"

关于老聃的先祖，也有种种不同的说法。第一种说法以林宝和罗泌为代表，他们都认为老子姓李，是皋陶的后代。他们说皋陶是唐尧时代的狱官，"理"就是狱官的称呼，皋陶的后代就以理为姓氏。理氏传到理征时，因得罪了商纣王，逃难到伊侯之墟，在饥肠辘辘的情况下，取食木子后得以活命，因此又把理姓改变为李姓。① 李耳，就是利贞的第十一代孙。第二种说法以姚鼐为代表，他认为宋国有老氏，老聃是宋国老氏的后代。第三种说法以江瑔为代表，他认为老子世为楚人，是尧时彭祖之后，到老聃，也叫作彭祖，但后来隐遁不做史官了，才改姓李。② 这三种说法，我以为都有不清楚的地方。说皋陶的后代以理为姓，理姓或里姓在春秋时确是有史可查的，但是还是找不到姓李的；至于说利贞早在商末周初就改姓李，就更是向壁虚构了。《史记·循吏传》中说："李离者，晋文公之理也。"但是在《春

---

① 林宝《元和姓纂》："颛顼生大业，大业生女莘，女莘生咎繇，为尧理官，子孙因姓理氏。裔孙理征，得罪于纣，其子利贞，逃难伊侯之墟，食木子得全，因变姓李子。"罗泌《路史》："皋陶为理，有理氏，至纣时，理征为翼隶中吴伯，弗合以死，取契和氏，逋难伊墟，为李氏，李与理通。"

② 江瑔《读子卮言》："老子者，世为楚子，姓李名耳，字曰聃，自号老子，因称曰老聃，又曰老耽，曰老儋，出古犬彭国，为尧时彭祖之后，在殷时之祖曰篯铿，亦曰彭祖，故老聃亦称老彭，由尧时以迄于东周，皆世为史官，亦皆沿袭彭祖之名，……至老聃而隐身不仕，改姓李，其后子孙皆以李为氏。"

秋》经文和《左传》里都找不到李离其人。江琠的说法也使人疑惑不解，为什么彭祖的后代都叫彭祖，一直到老聃才改姓李？姚鼐的说法比较接近真实，但也没有交代宋国老氏的由来。实际上，我们可以把以上三种说法结合起来加以考察。

我们像林宝一样，不妨把老聃的先祖追溯到颛顼。根据《大戴礼·帝系》的记载，颛顼娶了滕奔氏的女子为妻，那女子名叫女禄，女禄生了个儿子叫老童。老童娶了竭水氏的女子为妻，那女子名叫高绹氏，高绹氏生了儿子重黎和吴回。吴回的儿子叫陆终。陆终娶了鬼方氏的女子为妻，那女子名叫女隤。女隤生了六个儿子。第一个叫樊，第二个叫惠连，第三个叫篯（就是彭祖），第四个叫莱言，第五个叫安，第六个叫季连。在《世本》和《史记·楚世家》中也记载了与此相近的说法。① 只不过《大戴礼》说老童是颛顼的儿子，而《史记》则说老童是颛顼的孙子，时代太早，差一代不足为奇。有趣的是，它们都提到老童，而且都说彭祖是老童的曾孙。而实际上彭祖并不是人名而是地名，《史记·楚世家集解》引了《世本》中的文字："彭祖者，彭城是也。"可见，彭祖或者是古地名，或者是古国名。老童的曾孙篯被封在彭祖，这个彭祖在唐虞时代受封成为一小国，到殷朝末年被消灭，历时近八百年，以后有人误传彭祖享寿八百年，即把国名误为人名。彭祖国被灭的原因可能是由于得罪了殷纣王。彭祖国被消灭了，但老篯的子孙后代并没有被消灭净，他们四散逃命，一支逃到楚国，老莱子就是他们的后代；一支逃到鲁国，老祁是他们的后代；其中主要的一支仍留在殷故都一带，不肯到别的国家去，这就是相地的老氏家族。等到微子受封于宋时，这一支老氏家族就又成为宋国贵族，并且世代有人到周王朝为史官，成为史官世家。老聃就是宋国老氏的后代，往上追寻，老聃又是殷商的诸侯

---

① 《世本》："颛顼娶于滕坟氏，谓之女禄，产老童。老童娶于根水氏，谓之娇福，产重黎及吴回。吴回产陆终。陆终娶于鬼方之妹，谓之女聭。产子六人。其一曰樊，是为昆吾，其二曰惠连，是为参胡；其三曰篯铿，是为彭祖；其四曰求言，是为邬人；其五曰安，是为曹姓；其六曰季连，是为芈姓。"《史记·楚》："高阳生称，称生卷章，卷章生重黎，重黎为帝喾高辛火正，甚有功，能光融天下，帝喾命曰祝融。共工氏作乱，帝喾使重黎诛之而不尽，帝乃以庚寅日诛重黎，而以其弟吴回为重黎后，复居火正，为祝融。吴回生陆终。陆终生子六人，……其长一曰昆吾，二曰参胡，三曰彭祖，四曰邬人，五曰曹姓，六曰季连，芈姓。"

国——彭祖国的后裔,所以又被人称为"老彭"。又因为老氏后裔成了宋国贵族,同样是宋国贵族后裔的孔子亲切地说:"窃比于我老彭。"①一个"我"字蕴含了孔子对老子所怀有的深厚的胞祥情谊,也可以看出老子确实是宋人。

---

① 《论语·述而》。

四　孤苦的童年和少年

公元前 571 年,在涡河北岸的宋国相地,老氏家族又添了一位小成员,他就是后来中国历史特别是思想史文化史产生了巨大而深远影响的老聃。

老聃童年的命运是不幸和孤苦的。在他还没有出世的时候,父亲就已经去世。① 老聃生下来的时候,耳朵长得大而垂,没有父亲为他取名字,亲友就根据他的耳朵大,给他取名聃。聃,就是耳漫的意思,也就是说耳大垂。老聃出生的那一年是庚寅年,也就是虎年,亲友就叫他小李耳,就是"小老虎"的意思。当时江淮之间人们把老虎叫作"李耳",②老聃的家乡曲仁里一带也是把虎叫作"李耳"。老虎又为什么被叫作"李耳"呢?按照方以智的说法,可能人们是把虎唤作"狸儿",因音近,听起来就变成了"李耳"。方以智《通雅》卷四十六:虎"或曰狸儿,转为李耳。"乡里邻居们都只叫他的小名李耳,没有人知道他的大名(也可能老聃小的时候本就没有起名字),时间长了,后来人们就误把他的小名李耳当作大名一代一代传了下来。但是后来人们一查历史,感到很奇怪,因为在老子那个时代根本没有

---

① 公元前 576 年宋国华氏宗族与桓氏宗族内讧,鱼石奔楚。公元前 573 年夏,楚派兵送鱼石攻入彭城。华喜、老佐率宋军围彭城,老佐战死。老聃之父也可能在这场内乱中去世。

② 杨雄《方言》:"虎,陈、魏、宋、楚之间,或谓之李父;江淮南楚之间,谓李耳。"

李姓。加上他又是遗腹子，人们也弄不清他的父亲是谁，于是有人就望文生义地猜测。有的说，李耳，大概是指李树为姓；有的说，李耳是母亲吞吃了李子后怀孕而生下的，所以取姓李。老氏是殷代的贵族，在殷人中传说他们的祖先契是简狄吞了燕卵后生下来的，因为出生得与众不同，所以后来才出息得很，成了殷人的开宗祖先。老聃长大后也成为有学问的圣人，大概也是来历不凡，人们很自然地仿照简狄吞燕卵说，编造了李母吞食李子说。直到现在，在老聃故里鹿邑、亳州一带，仍然流传着李母吃李子而怀孕的故事。传说中还说李母怀孕八十一年，老聃才顶断母亲的右肋拱出来，生出来时已经是一个白胡子小老头，而且据说正因为李耳生下来就是小老头模样儿，所以人们称他为老子。这些传说当然是荒唐的，但是其中包含着真实影子。从这些传说中我们推知老聃是遗腹子，他的母亲在他出生后随即去世。所以老聃一来到世上，就是失去父母的孤苦婴儿。

曲仁里流传着许多老子的故事。李耳是一个十分善良的孩子。他同情流浪乞食的穷人，帮助有病的小伙伴，他为乡邻们做好事，他说话算话，但很少说话。李耳又是一个肯动脑筋，善于向自然学习的孩子，遇事肯开动脑筋多思考。据说他的第一位老师是合欢树。有一次他和小朋友争论一棵大树是什么树，那位小朋友看到树的一面写有槐字，就说是槐树；李耳看见树的这一面写有楝字，就说是楝树。最后才弄清了原来是合欢树。从此以后，他认识到看问题不仅要看正面，还要看反面。他从善鸟与恶鸟的外形相似，认识到善恶难分，要区分善恶，必须静心观察。传说他在走亲戚的路上歇息时看书，看迷了，竟忘了走亲戚。当地老百姓中流传着小李耳买牡丹的故事，很可以帮助我们认识实际生活是如何培养和造就了这位大哲学家的。这个故事是这样的：老子的家乡相邑（亳州）是著名的牡丹之乡。一天，村子里来了一个卖牡丹根的人。李耳和伙伴们围上去。那人把一个红布单子铺到地上，从小箱里拿出牡丹根，说着顺口溜："一朵牡丹放红光，光彩照人满院香，香花足有盆口大，大人小孩都沾光。"李耳听了便买了一棵牡丹根，栽到院子里。十天以后，牡丹根发出了嫩芽，开出了叶子，再以后长成一棵手指头粗的小树。可是左等右等，咋着也不见它开出牡丹

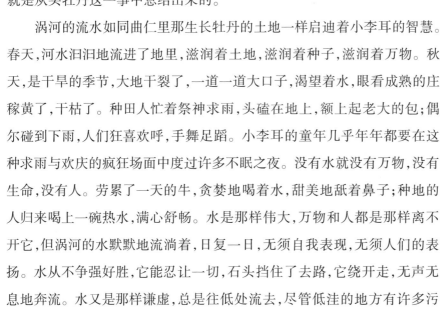

花。仔细一看，原来是一棵狗尿蒺子树。李耳很生气。第二年春天，又来一个卖牡丹根的。李耳问："你卖的是狗尿蒺子还是牡丹?"那人眼一瞪粗声粗气地说："就这一堆，爱要不要!"李耳心里说："这人说话实在，脾气耿直，不妨买一棵试试。"李耳把牡丹根埋在院里，上了肥，浇了水。十天以后，地皮上便拱出了嫩芽，不久便长得像一棵小树一般。又过几天，顶尖上开出十朵象碗口那样大的牡丹花。李耳高兴极了，逢人便说："两个卖牡丹的，一个说得天花乱坠，结果是假的;一个有一说一，结果是真的。真是信言不美，美言不信。"据说后来李耳写的《道德经》里"信言不美，美言不信"就是从买牡丹这一事中总结出来的。

涡河的流水如同曲仁里那生长牡丹的土地一样启迪着小李耳的智慧。春天，河水汩汩地流进了地里，滋润着土地，滋润着种子，滋润着万物。秋天，是干旱的季节，大地干裂了，一道一道大口子，渴望着水，眼看成熟的庄稼黄了，干枯了。种田人忙着祭神求雨，头磕在地上，额上起老大的包;偶尔碰到下雨，人们狂喜欢呼，手舞足蹈。小李耳的童年几乎年年都要在这种求雨与欢庆的疯狂场面中度过许多不眠之夜。没有水就没有万物，没有生命，没有人。劳累了一天的牛，贪婪地喝着水，甜美地舔着鼻子;种地的人归来喝上一碗热水，满心舒畅。水是那样伟大，万物和人都是那样离不开它，但涡河的水默默地流淌着，日复一日，无须自我表现，无须人们的表扬。水从不争强好胜，它能忍让一切，石头挡住了去路，它绕开走，无声无息地奔流。水又是那样谦虚，总是往低处流去，尽管低洼的地方有许多污秽的东西，但水从不嫌弃，愈是低处的水，就愈能容纳涓涓细流，从而汇成湖泊。水是那样的有力，它载着无数船只，把它们送往想去的地方，小李耳每天在渴河边上都能看到上百只船从远处来了又消失在远方。但是涡河一旦发起怒来，舟覆船翻，毫不留情。水看起来是那样的柔弱，却又具有无坚不摧的力量，涡河岸边的坚硬堤岸，在河水的冲刷下不断坍塌，屋檐下的青石板被从屋檐滴下的雨水凿出了一个一个小窝窝。小李耳看着想着，他告诉小伙伴们:"水多么伟大!希望咱们都来学水,天下的人都来学水。"①

经过整个冬天的休息,万物复苏了。粗大的老槐树重又冠盖如荫,像一把硕大无比的伞,顶天立地,庇护着在她的怀抱里嬉戏的孩子。几个孩子喜欢手牵着手把槐树围起来。在孩子们眼中,这大槐树就是最强大的靠山了,是任何力量也摧不垮的。大树根边,几棵小草艰难地拱出地面,那么细弱,在微风中也摇摆不定。突然狂风大作,乌云翻滚,狂风几乎把小草吹得贴伏到地面上,而大槐树在狂风中得意地晃动身躯,似乎在说:"看!我多么强大,我什么也不怕!"一阵刺眼的闪电,震耳欲聋的耳鸣,随着传来山崩地陷般的声音,大槐树断了。孩子们躲在一边吓得张口结舌说不出话来。雨过天晴,李耳跑到大槐树倒下的地方,小草迎着阳光挺立着,草叶上还有水珠在闪光。孩子们七嘴八舌地讲述着刚才的见闻,李耳又一次陷入了沉思。

涡河边上人们的住房是用土坯垒起来的。每到冬天,人们制作很多土坯,待干了,就把它们堆放在一起,外形如同房屋,只是小得多,等盖房子的时候取用。李耳和小朋友们做游戏时常常绕着这些土坯堆玩耍,有时想要躲进去,但土坯堆是实的,没有门。小李耳若有所思地说:"怎么没有门?是实的,空的才有躲藏的地方啊!"吃饭的时候,李耳又瞅着碗罐琢磨起来:"这碗罐要是实的呢,我还能用来盛饭盛汤吗?"过了几天,李耳凑个机会跟大人们到烧制碗罐的窑上去。大人们推着独轮车,李耳跟在后边。看着转动不停的车轮,李耳突然感到新鲜了。车轮为什么会转动呢?大人告诉他,车毂是中空的,插一个轴进去,人推车,就是靠车轴在车毂中转动。"如果车毂中间是实的,不是空的呢?"李耳边走边想。到了窑上,李耳留神观看了陶工们是怎样把泥坯子中间掏空的。渐渐地他似乎悟出了一个道理:无,是什么也没有的,但是没有它,就没有事物的用处。房屋里面是空无的,碗罐中间是空无的,车毂中间也是空无的,无的作用很大啊!

自然,生活,就是李耳的第一位老师,最好的老师。

----

① 秦新成、刘升元:《老子的传说》。

李耳虽然从小失去了父母,但是他毕竟出身于士大夫家庭,书是不少读的。他是一个手不释卷的勤奋好学的孩子。可能因为他的苦学,这个失去父母的少年终于得到族人的帮助,请了一位精通殷商礼乐的商容①做李耳的老师。李耳从商容处学得了很多礼仪知识。有一次商容生病了,李耳见老师病势沉重,怕万一有个三长两短,借去探望的机会,请商容再给点拨。

李耳问:"先生病情很厉害,还有什么话要教诲弟子的吗?"

商容说:"你就是不问,我也将要告诉你。"商容接着问道:"经过故乡的时候要下车,对于这个礼节,你知道吗?"

李耳答道:"经过故乡的时候要下车,大概是表示不忘故旧根本的意思吧?"商客高兴地回答说:"对!对!"

商容又问:"从高大的树旁经过时要弯腰伛背赶快走过,对于这一点,你懂吗?"

李耳答道:"从高大的村旁经过时弯腰伛背趋而过,大概是表示尊敬老一辈的意思吧?"商容又高兴地说:"是啊,是啊!"

商容见李耳不但聪明绝顶,而且好学深思,就进一步启发李耳认识守柔的大道。他张开嘴让李耳看,问道:"我的舌存在吗?"李耳回答说:"是的。"商容又问:"我的牙齿还存在吗?"李耳说:"没有了!"商容问道:"你知道我问你的这一问题的深意吗?"李耳立即回答道:"您老年寿很高了,舌之所以还存在,不正是因为它的柔软吗?齿之所以落尽了,不正是因为它的刚强吗?"商容听了李耳的回答,非常高兴地说:"是的,是的,你的理解完全正确啊!但是舌因为柔软而能够长久存在,齿因为太刚强而先落,这个道理不仅对于舌齿如此,天下万事万物都是如此啊。现在,你懂得了这个道理,我已经把最根本的东西教给了你,再也没有什么可以告诉给你的了。"②李耳听着商容的教诲,脑海里不时呈现出屋檐下那块被水滴凿出小

心通老子

---

① 商客:司殷商礼乐之官的官名。

② 老子学于商容,据《说苑·敬慎》。《说苑》原作常拟,我们据《淮南子·缪称篇》《慎子外篇》及《皇甫谧高士传》改作商容。但我们所谓"商容"是指习商礼乐之官,并非人名,这与《淮南子》等书不同。

窝窝的青石板和那棵被狂风吹折的大树以及树根边柔弱的小草的形象。

商容是深习殷周礼节的官，他教给李耳许多殷周礼制的知识，但直到现在才把一个人为什么要守礼的根本道理告诉李耳。李耳不断地琢磨着舌存齿亡以及做人的道理。他很快认识到，守礼最重要的是谦下，决不自我炫耀。一个人如果自以为是，盛气凌人，表现出一种刚强不可一世的逼人态势，结果反而使人畏而不服，甚至树敌太多，以至导致失败。一个人虽然很强大，很有才华，但如果能处处谦卑居下，就不会与人为敌，他的事业很快会取得成功。礼对于人真是太重要了，但其中最核心的还是谦卑之礼。在动乱的年代，许多逞强好胜的人家破人亡，而谦卑有礼的人则得以保存。一些本来体魄健壮的人，因为不善于养生，反而夭折了。谁家死了人，李耳因为懂得礼仪，常常被邀请去助葬，他看到死者亲属在为死者穿送老衣服时是那样困难，原来死者的四肢都僵硬了。他想到邻居新生的婴儿，那粉嫩的手臂和小腿是多么柔软，看起来是那样弱小，但是却一天一天长大起来。涡河岸边，麦苗在寒风中抖动，它很柔弱，但狂风吹不垮它；到夏天时，麦子黄了，麦秆笔挺的，但却枯槁了。自然界的生物不都是如此吗？李耳悟出了这个道理，便告诉人们："人之生也柔弱，其死也坚强。草木之生也柔脆，其死也枯槁。故坚强者死之徒，柔弱者生之徒。"他所悟出的这个道理，得到了许多人的赞同。人们一传十，十传百，口耳相传，连远在晋国的叔向也知道了。后来叔向在回答韩平子的问题时，引了李耳的这一观点。[①]

李耳的人品、思想和学识渐渐为人们所知，他又是史官世家后裔，当周王朝史官告缺的时候，就选中了他，于是李耳担任了国家图书馆管理员的工作。

---

① 《说苑·敬慎》："韩平子问子叔向曰：'刚与柔孰坚？'对曰：'臣年八十矣，齿再堕而舌尚存，老聃有言曰：'汉下之至柔，驰骋乎天下之至坚。'又曰：'人之生也柔弱，其死也刚强；万物草木之生也柔脆，其死也枯槁。因此观之，柔弱者生之徒也，刚强者死之徒也。'……吾是以知柔弱之坚于刚也。"

五 任周守藏室之史与罢官游鲁

大约在公元前 551 年前后,亦即孔丘出生前后,李耳到周王室任守藏室之史。所谓藏室史,就是周藏书室之史,①用现在的话来说,就是国家图书馆管理员。也有人说李耳入周是担任柱下史。② 其实这两种说法并不矛盾。因为周朝的柱下史一职到了秦朝就改称御史,主管柱下方书,所以柱下史的职责就是主管四方文书。方书当然存于藏书室,那么主管方书的柱下史也就是主管藏书的人。

这时,他已使用大名老聃了,又因为他很仰慕西周末年史官伯阳甫的为人和学问,就给自己起了个号叫老阳子。③ 人们尊称他为老子。

担任周王朝图书馆管理员的工作,给了老聃以极好的学习机会。当时天下典册绝大部分都收藏在国家图书馆中,老子到了这里真是如鱼得水。他贪婪地读着各种书以充实自己。对他影响最大的恐怕要数《尚书》了,这本书里记载着从尧到周初历代最高统治者的讲话、文告,其中渗透着那个时代的精神和许多精深的道理。

---

① 司马贞《史记·索隐》:"藏室史,乃周藏书室之史也。"
② 《礼记·曾子问》疏引《史记》云:"老聃为周柱下史,或为守藏史。"
③ 此据高亨的考证,见《社会科学战线》1979 年第 1 期:《关于老子的几个问题》。

《尚书·大禹谟》说："人心惟危,道心惟微,惟精惟一,允执厥中。"意思是说:人心易私是危险的,道心是很微妙而难以为人们明了的,人们只有精诚专一,恪守中正之道,才能够认识大道,转危为安,处理好人生和治理好社会。据司马迁说,从帝喾起就是用把握中道的办法来管理天下,尧继承了这一原则又传给舜,舜又传给禹。① 老聃读到这十六个字的格言深受启发。过去,他一直在思考一个问题:宇宙间一切事物都是有无相生,正反相椅的,都有两个方面,它们也都在不停地变化转换之中,人们怎么能把握住它们呢? 认识了这一点,往往忽略了另一点,把握了今天,往往放过了昨天和明天。人们的认识跳不出圈子,总是不明白大道;讲的道理再多,也仅仅是在某一点上有些体会,而又恰恰丢了另一些,这岂不正是道心难明? 现在办法有了,就是执中。把握中正之道,就可以破除偏执、片面,也就可以认识无穷的宇宙。他把这个原则方法用八个字表述出来,即,"多言数穷,不如守中"。②

《尚书·舜典》中记载了舜的故事。据说尧为了考验舜,把舜放到大麓这个地方去。一天,狂风大作,电闪雷鸣,大雨倾盆,而舜镇定自若,似乎对狂风雷雨都视而不见。老子读到这里,掩卷沉思:一个人为什么会在恶劣的环境中惊慌失措、呼天喊地呢? 不就是因为面临生命危险吗? 如果一个人忘了生死呢? 危险还能动摇他的心态吗? 舜为什么能够在恶劣的环境里不动声色呢? 不正是由于他能够生死不入于心吗? 生死不入于心的人是真正懂得生命意义的人,是最善于养生的人。由此他想到,一个人如果能像舜一样生死不入于心,他不管走到哪里,即使遇到犀牛和猛虎,也就像没有遇到一样,毫无畏惧,因而犀牛无法用它的角,猛虎也不敢用它的利爪;一个士兵上阵打仗,对敌方的兵器视而不见,如入无人之境。他不会被杀伤。这就是忘我,也就是"无"的威力!③

---

① 《史记·五帝本纪》:"帝喾溉执中而遍天下,日月所照,风雨所至,莫不从服。"
② 见《老子·五章》。
③ 《老子·五十章》:"盖闻盖摄生者,陆行不遇兕虎,入军不被甲兵。兕无所投其角,虎无所措其爪,兵无所容其刃。"

《尚书·大禹谟》中记载了舜对禹的称赞。舜说:"汝惟不矜,天下莫与汝争能,汝惟不伐,天下莫与汝争功。"老子读后,点头称是。他想到,禹是那样谦虚,他有平治水土的大功,却从不炫耀,这就好像明明知道自己是光明的,却甘居于暗昧的地位,①黑就是玄,禹用的圭,也是黑色的。这其中的道理真是微妙深奥,不仅一般人难以认识,②而且与一般的道理是相反的;但正因为如此,才能成就大事业,使天下大治。一个人越是像禹那样不自我表现,越是让人人都看得清他的才德;一个人越是像禹那样不自以为是,自己的正确道理就越显明;一个人越是像禹那样不自我夸耀,就越是能获得成功;一个人越是像禹那样不自高自大,他的长处就越能显示出来。老子得出了与《尚书·大禹谟》相同的结论:"正因为不争,所以天下没有人能够与他争。"③老子很敬佩大禹,他敬佩大禹疏通九河,跋山涉水,风餐露宿,摩顶放踵,历时八年,三过家门而不入;禹的心中装着天下百姓,他看到百姓被洪水淹溺,就觉得是自己和亲人被淹溺一样难受,他真是一位极富慈爱心肠的人!他敬佩禹在做了王以后,仍然那样朴素,饮食十分简单,衣服非常粗丑,宫室也很简陋,他是俭朴的模范。老聃想:大禹的这些优秀品德实在是人生最可宝贵的啊,这就是慈、俭、不敢为天下先这三宝。④

一天,老子还听人讲了一则禹的故事。有一次禹登上船正要渡到江对面去,忽然黄龙把船背起来了。同船的人顿时五内无主,而大禹却平静地笑着说:"我的命在天帝掌握,我竭尽力量为万民奔劳。生,只不过是我的命所寄托之处;死,乃是我归去。"禹说完了,黄龙逃去。禹和舜一样很明于生死的真正意义,因而生死不入于心。老子此时对有无天帝命运,并不清楚,但从这则故事中,他领悟到生的价值和死的含义。他很有感触地说:"是啊!生是人之所借寓,而死乃是人之所归。"

当时王朝从民间收集了很多歌谣,连同商代以及周朝历代君王歌颂祖

① 《老子·二十八章》:"知其白,守其黑,为天下式。"
② 《老子·十五章》:"微妙玄通,深不可识。"
③ 《老子·二十二章》:"不自见,故明;不自是,故彰;不自伐,故有功;不自矜,故长。夫唯不争,故天下莫能与之争。"
④ 《老子·六十七章》:"我有三宝,持而保之:一曰慈,二曰俭,三曰不敢为天下去。"

先的诗,都保存在王室图书馆里。老聃可能读过《诗·大雅·皇矣》,其中这样一段与老子少年所受的教育以及此刻的处世原则很合拍,诗是这样的:"上帝告文王,我怀念你的明德,不张大号令的声威和严厉的形色,不常用教刑的夏楚和官刑的鞭革,好像你是不识不知,顺着上帝的自然法则。"①由这首诗,老聃自然联想到舜、禹的品德。他感到历史上的圣贤,不管是舜、禹还是文王,他们都具有一种共同的美德,即谦虚,他们从不自我表现,尊重自然大道,从不自以为是。表面上看起来就像是对一切都无所知,但实际上严格按自然法则办事。老子很想效法舜、禹和文王,让一般的人去表现自己的聪明敏察,而自己一定始终保持似乎什么也不懂的样子;让别人对人对物去苛刻地挑剔,而自己一定要保持对人对物的宽宏,好像并不察觉他们的问题。② 对一切小道理不执着计较,似乎无知,恰恰是对大道理的认同;对声色之欲不追求,无欲故静,这正是周礼所要求人们做到的。

老聃在担任周王室国家图书馆管理员期间读了很多藏书(册),除历代文浩、档案资料、诗以外,他还读了《军志》③《建言》④《易》以及管仲所撰写的有关篇章。这一时期,他学习与研究的中心问题仍然是从他的老师商容处继承下来的课题,也就是关于做人的道理、人的行为规范以及治理社会与国家的原则,这两个方面构成周礼的主要内容,经过多年钻研,他已是一位精通周礼的理论与制度的学者。

春秋末年,各诸侯国逐渐强大,周王室衰微,诸侯由于外迫于少数民族的侵扰,内拘于周礼的传统威力,高举尊王攘夷的旗号,表面上听命于周王室,实则由齐、秦、晋、楚、吴等国称霸。周王室把握政权的诸公卿士,也结党营私,争夺王朝权力。老聃(老阳子)对这种明争暗斗是看不惯的。他

---

① 《诗·大雅·皇矣》:"帝谓文王,予怀明德,不大声以色,不长夏以革,不识不知,顺帝之则""无然畔援,无然歆羡,诞先登于岸。"译文见陈子展《雅颂选译》。

② 《老子·二十章》:"俗人昭昭,我独昏昏;俗人察察,我独闷闷,众人皆有以,而我独顽似鄙。"

③ 此据詹剑峰《老子其人其书及其道论》。

④ 高亨:《老子正诂·四十一章》:"不笑不足以为道,故《建言》有之。亨按:《建言》殆老子所称书名也。"

既然是国家图书馆管理员,为史官,也有记录(和保存记录)一切官场活动的责任。甘氏一族由甘简公掌政,与族人甘成公、甘景公不和。老聃不知为什么得罪了甘简公,被免去史官之职。

在这之前,鲁昭公二年(前540)晋国韩宣子访问鲁国,在鲁国大史氏处看到了《易》《象》及《鲁春秋》。韩宣子十分羡慕地赞叹道:"周礼都在鲁国啊!我现在才知道周公的品德与周之所以能王天下的原因了。"①韩宣子的这番话传到王都,作为精于周礼的史官,老聃自然很盼望有机会到鲁国去看看。现在,他被免官了,正是去鲁国看看的好机会。他没有回故乡相。而是朝东来到了鲁国。

鲁昭公七年(前535),老聃的一位住在巷党的友人去世。人们知道老聃是一位精通周礼的人,自然请他去帮助安排丧事。出葬那一天,年仅十七岁的孔丘也去了。少年孔丘十分好学,特别爱钻研周礼,儿童时代就常常和小朋友们一起模仿大人们的祭祀活动。②每逢太庙里有祭祀活动,孔丘总要赶去学习,不懂就问。十六岁时,孔丘的母亲颜征在去世了,孔丘挑起了生活重担。他有时担任丧祝,即助丧的襄礼工作。这次孔丘也被邀助丧,对于老地,他当然只能算是后生小子了。这一天出葬队伍正在行进的时候,突然遇到日食。老聃叫送葬的队伍停止前进,靠右站立,停止哭泣,等日蚀过后再走。正在前面引导灵柩的孔丘很不理解,但面对这位精通周礼的老聃,他只能照吩咐去做。送葬归来,孔丘向老聃表示了自己的不同看法。孔丘认为中途止柩是不合周礼,而且日食究竟要多长时间过去,不知道,等得太久,死者不安,还是继续进行为好。老聃便向孔丘解释道:"诸侯往王都朝见天子,都是日出上路,日落前就休息并祭奠车上的先祖牌位。大夫出国访问也是见日出才赶路,日落即休息。送葬也一样,不在日出之前出殡,不在日落天黑后止宿。夜晚看到星星出来而赶路的,只有罪犯以及回家奔父母之丧的人。日食的时候,(天很黑,如同夜晚)你怎么知道天

① 《左传·昭公二年》:"春,晋侯使韩宣子来聘。……观书于大史氏,见《易》《象》与《鲁春秋》,曰:'周礼尽在鲁矣。吾乃今知周公之德与周之所以王也。'"

② 《史记·孔子世家》:"孔子为儿嬉戏,常设俎豆,设礼容。"

空不出星星呢？对于懂礼仪的君子来说，是不应该把别人刚去世的亲人置于这样一种星夜出奔的不吉利的境地之中的。所以出葬时如遇日食，应当停下来，等日食过后再走。"①

老聃的这番议论，精深而合乎情理，给少年孔丘留下了很深的印象。

---

① 《礼记·曾子问》："孔子曰：'昔者吾从老聃助葬于巷党，及堩，日有食之。老聃曰："丘！止柩就道右，止哭以听变。既明反而后行。"曰"礼也"。反葬，而丘问之曰："夫柩不可以反者也，日有食之，不知其已之退数，则岂如行哉？"老聃曰："诸侯朝天子，见日而行，逮日而舍奠。……夫柩不早出，不莫宿。见星而行者，唯罪人与奔父母之丧者乎。日有食之，安知其不见星也？且君子行礼，不以人之亲痁患。"吾闻诸老聃云。'"

六　重回守藏室　孔丘初访

鲁昭公十二年(前530)，周王朝甘简公因为没有儿子，就让他的弟弟甘过继承他的爵位，这就是甘悼公。甘过企图消灭甘成公、甘景公这两支力量。于是甘成公、甘景公贿赂周王朝重臣刘献公，设法杀掉了甘悼公，让甘成公的孙子甘鳅继承了甘简公的一切，这就是甘平公。这一场周王朝的内讧，倒给了老聃以回到周王都的机会。老聃因为得罪甘简公一党而丢官，现在甘简公已死，其弟甘过也被处死，甘成公、甘景公居然从形式上把老聃看作是甘简公的对立面。他们把老聃召回周守藏室。①

经历了这一场政治事变，经过多年颠沛辗转的周游，老聃的见识更多了，思想也更成熟更深沉了。在齐鲁之地，他听到民间流传的许多关于晏婴的故事。其中有一则晏婴退庆氏的领邑的故事，使老聃触动很深。

庆氏灭亡之后，其领邑被分给齐诸大夫。齐人把邶殿边鄙六十邑给了晏婴，晏婴不接受。子尾感到很奇怪，问晏婴："富，是人们所追求的，为什么唯独您不追求呢？"晏婴回答道："庆氏生前尽量扩大领邑以满足其欲

---

① 《左传·昭公十二年》："成景之族……赂刘献公。……杀甘悼公……及宫嬖绰……老阳子。"高亨认为老阳子即老聃，"及"当作"反"。参见《关于老子的几个问题》，载《社会科学战线》1979年第1期。

求,所以招致杀身灭门之祸。我的领邑不足以满足物质欲求,现在给我增加了邶殿六十邑,当然可以足欲了;而一旦欲求满足了,离灭亡的日子也就不远了。……我不接受邶殿,并不是厌恶财富,而是害怕丧失财富。而且富如同布帛一样要有一定的幅度……我不敢贪多,就是守幅度啊!"①

害怕丧失财富而拒绝接受更多的财富,这是多么深刻的思想啊!金玉满堂,有谁能长久守住?富贵而又骄奢,实在是自取祸殃。②晏婴之所以成为名相为各国所仰慕,不正是由于他不自私吗?正因为他不自私,反而成就了自己的事业。③他觉得从舜禹到晏婴,这些圣贤的行为都贯穿着一种守弱无欲而谦下的精神。他记得《周书》中有这样一句话:"将欲败之,必姑辅之;将欲取之,必姑与之。"对照一下庆氏之亡以及晏婴之受到赞扬,不正良好的经验吗?庆氏的贪而无厌,在一段时期里得到了满足,似乎是齐人"与之",但是这种"与之"只是暂时的,齐人最终是为了取庆氏之邑而分割。一个人不想被废除,就不要过于兴盛;不想被削弱,就不要表现为强大。反之亦然;要想削弱对方,一定要先让他强盛一下;要想废除对方,一定要先让他兴旺一下;要想从对方取得什么,一定要先给予他。④

要钓到鲜鱼,就要舍得用香饵;鱼之所以上钩,不正因为贪图鱼饵吗?所以,"祸患没有比不知足更严重的了,过失没有比贪得无厌更大的了"。⑤

在回周王城的路上,老聃思考着刚刚发生的甘过被杀之事。甘简公生前不也是聚敛太过,才引起了甘成公、甘景公争夺的欲望,以致贻祸于自己的弟弟的吗?"过于贪求名利,必定要付出更多的代价;过于敛积财富,必定会招致更为惨重的损失"。⑥甘过不也是由于他过于强暴,在继承哥哥的爵位后还企图除掉甘成公、甘景公,结果失败,而招致杀身之祸的吗?古书上不是说过"强梁者不得其死,好胜者必遇其敌"吗?"强梁者不得其

　　① 见《晏子春秋·内篇杂下第六》或《左传》襄公二十八年。
　　② 《老子·九章》:"金玉满堂,莫之能守,富贵而骄,自遗其咎,功遂身退,天之道也。"
　　③ 《老子·七章》:"非以其无私耶? 故能成其私。"
　　④ 《老子·三十六章》:"将欲歙之,必固张之;将欲弱之,必固强之;将欲废之,必固兴之;将欲取之,必固与之。"
　　⑤ 《老子》:"祸莫大于不知足,咎莫大于欲得。"
　　⑥ 《老子·四十四章》:"甚爱必大费,多藏必厚亡。"

死"，这是真理大道，我要以这句格言为座右铭。①

老聃也联系到自己，在甘氏家族的内争中，自己的言行难道就没有失于检点的地方吗？自己得罪了权贵而去职，不正是忘记了在福中蕴藏着祸患而粗心大意了吗？这次又回到王城，重操旧业，又能读到守藏室中丰富的藏书，这算是祸转化为福吧。祸福之间的转化，真是难以把握吗？老聃经过反复思考，认定只有守柔弱、守静笃，才是唯一的防止转化的方法。

几年后，孔丘已经二十多岁，不仅学识大为长进，懂礼守礼，而且风度翩翩，鲁国已有不少少年来拜他为师。特别是大夫孟僖子，知道孔丘知书达礼，又是宋贵族之后，在病重之中还特地嘱咐儿子孟懿子一定要拜孔丘为师。孔丘觉得自己年纪轻轻的，平素虽然注意学习周礼，但对于周礼的知识自己所知还是不够系统，尤其是关于周礼的理论原则，自己所知道的还很浅，这样教育人家的孩子，不会误人子弟吗？他想起自己曾随其助葬的老聃，那次短暂的关于葬礼的问答留给孔丘的印象至今犹历历在目。可惜当时自己只十七岁，没有能够多请教。老聃现在已回到周王城，洛邑中有宗庙，还有丰富的典籍，正是学习与实践周礼最理想的地方，于是，他决定和南宫敬叔一起到周王都去学习周礼。南宫敬很高兴，他向鲁君提出与孔丘一起到周王都去学习周礼的要求。鲁昭公对他们这种求知精神十分赞赏，考虑到他们家庭的经济都比较清贫，就赏给他们一辆车，两匹马和一名小童仆，算是对他们求学的帮助。（关于孔子到周王都问礼的时间，学术界说法不一：1.《老子铭》《水经注》主孔子年十七适周问礼说。梁玉绳《史记志疑》曰："敬叔生于昭公十一年，当昭公七年孔子年十七时，不但敬叔未从游，且未生也。"但司马迁明明说"鲁人南宫敬叔"，并未说是孟僖子之子。此为另一南宫敬叔，梁氏之说不能成立。但年仅十七岁的孔丘也不可能由弟子陪同适周。2. 阎若璩说《曾子问》载有孔子自述曾从老聃助葬于巷党那一天遇日食之事，而鲁昭公 24 年有日食，可见孔子问礼于老子是在鲁昭公 24 年。此说也不能成立，因为昭公 22 年，周王室内乱，至 24 年尚

---

① 《老子·四十二章》："强梁者不得其死，吾将以为教父。"

未安定,孔子是决不会在这个时候适周问礼的。3. 梁玉绳据《庄子》记载,断定孔子问礼于老聃,是在他 51 岁那年。阎若璩不赞成,因为这一年没有日食。崔适说这一年孔子为中都宰,政务繁忙,没有时间去见老聃。笔者以为孔子 52 岁为中都宰,51 岁南之沛见老聃,是可能的。但并非《史记》所说的适周问礼。综合以上几种观点,我们以为孔丘问学于老聃并非一次。《史记·孔子世家》《庄子》《礼记·曾子问》所记孔丘问学于老聃的内容不同,是可以并存的。孔丘问学于老聃,第一次约在 25 岁左右。

公元前 526 年前后,孔子和南宫敬叔来到周朝王都。他们在王都参观了祭天地的天坛和地坛,考察了周王朝统治者祭祖先、举行朝会商议国家大事以及发布政令的地方,观看了各种文物,他还看到一尊"三缄其口"的金人,读了金人背面的铭文,收获很大,但有些问题还认识不清。孔丘此行的主要目的就是向老子问礼,现在正好带着这些问题去向老聃请教。

老聃听说孔丘来访,眼前立即浮现出几年前在鲁国巷党助葬时向自己提出问题的诚恳好学的少年形象,便十分高兴地迎出门去,把孔丘接进客堂。这一次,孔子提出的问题仍集中于丧礼方面。

孔丘问:"在什么情况下,各宗庙之神主需要请出呢?"

老聃回答说:"有三种情况。天子或诸侯去世时,由太祝把各宗庙的神主请到太祖庙里,这样做是表示列祖为国丧而聚会,这是礼规定的。等到安葬好,哭毕,丧事办完之后,又把各宗庙的神主请回各自的庙里。如果君王出国就由太宰取出各宗庙的神主随君主同行,这样做,也是礼所规定。在举行合祭的时候,由太祝请出二昭二穆的神主到太祖庙里合食。"老聃特别强调说:"凡迎接神主出庙或回庙,都要有仪仗队,不准闲人窜动。"①

孔丘又问:"大夫家中八到十一岁的孩子死了,能用衣棺吗?"

老聃答道:"从前八至十一岁的小孩死了,葬于园,不葬于墓,不用衣棺。自史佚开始,情况不同了。史佚有一个爱子,年幼而死,如果葬于园,

---

① 《礼记·曾子问》:"吾闻诸老聃曰:天子崩,国君薨,则祝取群庙之主而藏诸祖庙,礼也。卒哭成事,而后主各反其庙。君去其国,大宰取群庙之主以从,礼也。祫祭于祖,则祝迎四庙之主。主出庙入庙,必跸。"

就像是被家族遗弃了,于心不忍;如果葬于家族墓地,距墓地太远,不入棺用车载,仅仅靠人抬,是难以办到的。正在两难之时,召公来了。召公问:'为什么不用衣棺呢?'史佚回答说:'礼有规定,我敢违反吗?'召公把情况向周公说了,周公不同意,说:'岂!不可。'意思是对夭死的孩子用衣棺不合于周礼,不可行。但召公转告史佚时,把'岂!不可'说成了'岂不可',史佚理解为'如何不可',就给死去的孩子用了衣棺。所以对死去的八至十一岁的孩子用衣棺,是自史佚开始的。"①

孔丘又问:"国家的大事在于祭把与战争。如果在战事进行中父母去世,是停战服丧呢,还是继续打仗呢?"老子回答说:"子女在为父母服丧期间,按礼说,是不能打仗的。从前周公去世,他的儿子伯禽在卒哭之后就去攻打徐夷,那是因为徐夷作乱,形势逼迫,不得不那样做。但是在一般的情况下,不能因为贪图便利而不认真服三年之丧。"②

在周王朝做图书馆管理员工作已达三十年之久的老聃,熟睹了奴隶主官场的腐败,开始对周礼的实质有所认识,他仿佛看到在文质彬彬、温情脉脉的礼仪纱幕后面隐藏着丑恶阴险和巧诈;周礼成了某些人谋取漂亮名声和官爵利禄的手段。眼前这位二十多岁的孔丘如饥似渴地来学习关于周礼的知识,从他的眼神、举止动作和气质上看,都隐约可看出一种骄矜之意和急于从政的劲头。对这个青年,不可深谈,但也要适当敲一敲他。当孔丘满意地向他告辞时,老聃一边送孔丘出门,一边诚恳地对孔丘说:"我听说富贵的人赠送给别人钱财,有优良品德的仁人送给别人以良言。我没有钱财,只是勉强被人加了一个仁人的称号,我就送给你几句忠言吧。"

老子问道;"你在庙堂阶前看到一尊'三缄其口'的金人了吗?"

"是的,看到了。"

"那么,金人背后的铭文你能背下来吗?"

① 《礼记·曾子问》:"孔子曰:吾闻诸老聃曰:'昔者史佚有子而死,下殇也,墓远。召公谓之曰:何以不棺敛于宫中?'史佚曰:'吾敢乎哉!'召公言于周公。周公曰:'岂!不可。'史佚行之。下殇用棺衣棺,自史佚始也。"
② 《礼记·曾子问》:"子夏曰:'金革之事无辟也者,非欤?'孔子曰:'吾闻诸老聃曰:"昔者鲁公伯禽,有为为之也。"今以三年之丧从其利者,吾弗知也'。"

孔子说:"丘已经背熟了。其中有几句话,我正在揣摩。"

"是哪几句话?"老子问。

孔子说:"比如,无多言,多言多败。无多事,多事多患。又如:执雌下之,莫能与之争。"

老子听罢,微微一笑说,这正是我时常思考的关于做人的道理,也是我要送给您的良言。一个人自以为聪明,好议论别人的长短,以为自己的认识深刻,这种人也就接近于死亡了。真正聪明的人是不多言不善辩的,因为他懂得多言多败的道理。一个人自以为知识渊博,懂得一切,总是喜爱揭露别人的隐私或错事,这种人已经身处危境了。真正聪明的人无知无识得好像愚笨无比,因为他懂多事多患的道理。真正有钱财的商人总是把财富深藏起来而给人以穷困的表象。真正有道德的君子也总是看起来像是傻瓜。希望你去掉身上的骄气与过多的功名欲以及爱自我表现的毛病。总之,无论是作为父母的儿子还是做为国君的巨子,都要做到忘己。即使自己明明是强大的雄者,也要以一种柔雌的姿态出现,金人背面的铭文不是这样告诫人们的吗。①

老聃的良言教诲,确实深深印入孔丘心中。在他后来的人生道路上,他总是那样谦虚谨慎,不固执己见。回到鲁国以后,闻风而来投师的比以前更多了。

---

① 《史记·孔子世家》:"老子送之曰:'吾闻富贵者送人以财,仁人者送人以言。吾不能富贵,窃仁人之号,送子以言,曰:"聪明深察而近于死者,好议人者也。博辩广大危其身者,发人之恶者也。为人子者毋以有己,为人臣者毋以有己。"'孔子自周反于鲁,弟子稍益进焉。"

七 免官居相 一生的重大转折

老聃生活于衰世,他的一生经历了多次动荡。周王室甘氏家族内讧中已经饱尝颠沛流离之苦的老聃,现在他又一次面临政乱之苦。

周景王喜欢王子朝,想立他为继承王位之人。公元前 520 年,周景王驾崩,子丐之党与王子朝争夺王位,都城中的国人立王子猛为王,这就是周悼王。但是王子朝不甘心,当时正逢失职的百工叛变,王子朝借助于百工的力量作乱,又杀了王子猛。周王朝的贵族单子、刘子求助于晋国,晋国出兵攻打王子朝,把王子丐立为敬王。王子朝这时也自立为王,敬王无法进入王城,只得暂时居住在泽地。两派之间的军事较量,打了五年。公元前 516 年,晋侯终于在诸侯的武装力量支持下,护送敬王进入王城,赶走了王子朝。王子朝与召氏之族、毛氏得、尹氏固、南宫嚚带了大批周朝的典籍逃奔到楚国。

老聃对于这一次周王室内部争权斗争抱什么态度,站在哪一边,因为史料不足,我们无法判定。从他的重回守藏室后的处世态度看,老聃是不大会卷入这场内争之中的。但是,一个人尽管逃避政治斗争,但既生活在社会现实之中,社会政治斗争往往会找上门来,想躲也躲不掉。王子朝一党用武力掠走了大批典籍,老聃蒙受了失职之责,因受牵连而丢了王朝图书管理员之职,只得回到阔别三十多年的故乡。

离开周王城洛邑不远,呈现在老聃眼前的是一片战后破败的景象:断垣颓壁,井栏摧折,阡陌错断,水渠破损。虽然战事停止已近一年,但是田园仍大半荒芜。荒草在秋风中瑟瑟颤抖,几株被战火烧焦的枯树斜倚道旁,死去士兵的尸体上的肉已被鸦、雕、野狗吞吃净尽、荒坡上只剩下一具具残骸枯骨,几只昏鸦无力地蜷缩在枯枝上。夕阳虽然给大地投来一点余晖和一点温暖气息,却愈加使人感到凄凉。田野里看不到一匹耕种土地的马,而大道上却不断地有一队队士兵策马奔驰而过,有的马似乎还拖着大肚子艰难地尾追其后。看到这一切,老聃的心在发抖,他不禁大声喊道:"天下无道,戎马生于郊啊!"①离洛邑愈远,荒凉的景象愈甚。前几年,郑国执政子太叔发徒兵把逃亡在萑苻之泽(今河南中牟以北、开封以西)的奴隶都杀光了,战事也是十分残酷的。举目望去,荆棘满地,百里之内几乎见不到人烟,哪里有庄稼? 哪里有完廓? 老聃深深地叹息了:"军队打过仗的地方,原来的良田也长满了荆棘;在大战之后即使风调雨顺,也必然是荒年。"②

一路上,老聃不时听到凄凉的歌声:

登上那草木青青的山上啊,

登高要把爹来望啊。

爹说:咳!

我儿当兵啊出门远行,

早沾露水晚披星。

多保重啊多保重,树叶儿归根记在心!

登上那光秃秃的山顶啊,

想娘要望娘的影啊。

娘说:咳!

---

① 《老子·四十六章》。
② 《老子·三十章》:"师之所处,荆棘生焉。大军之后,必有凶年。"

小子当差啊奔走他乡,

朝朝夜夜不挨床。

多保重啊多保重,

千万别丢了你的娘!

登上那高高的山冈啊,

要望我哥在哪方啊。

哥说:咳!

我弟当兵啊东奔西走,日日夜夜不能休,

多保重啊多保重,

别落得他乡埋骨头!①

尽管这是古魏国时的一首民歌,表达的是古魏地青年士兵思念故乡亲人的感情,但现在已经成了老百姓用来表达自己反战情绪的歌曲了。凄缓哀怨的音调无力地飘入老聃的耳中,却又沉重地敲打着老聃的心。老聃的脸严肃得像一尊石雕,冷峻凝重,他的内心在诅咒这罪恶的战争。

在经过宋国都城商丘的时候,老聃小住了几天,想在都城里会会老朋友,顺便了解一下发生在七十多年前的楚军围宋之事。一位老人告诉他,那次宋都被围长达九个月,宋国兵民虽未屈服,但是城中柴尽粮绝,在饿急了的情况下,人们失去理智,竟发生了交换儿子来吃以及用死人骸骨烧火这样惨绝人寰的事。发生这次惨剧的原因是深层的,难以尽说。但是它的导火线却是由于华元的刚愎自用,不能忍辱含垢,过于迷信自己的武力。相反,在楚军围宋都的紧急时刻,当宋向晋求救时,晋国的伯宗却劝晋侯不要轻易动武,宁愿忍辱,也不要与气势正高昂的楚兵争雄。伯宗对晋侯说:"大河流大湖泽能够容受污浊之物,美玉之质往往藏在瑕疵之中,要知道,国君含垢,这是天之道呵!"晋侯听了伯宗的忠告,没有出兵。②

听着老人的叙说,老聃时而点头,时而摇头。他摇头叹息华元实在是

---

① 《诗·魏风·陟岵》,据余冠英译,稍有改动。

② 《左传·宣公十五年》。

不识大道,不懂得兵器是不祥之器,懂得大道的人不会轻易使用武力;而华元却很欣赏武力,实际是以杀人为乐。以杀人为乐的人,是不可能得志于天下的!①

他点头称赞晋国的伯宗是"用道辅助君主的人",并"不靠兵力逞强于天下"。他更为欣赏伯宗所讲的守雌含垢的根本道理。江海之所以为一切河流所归往,正因为它善处于下游,所以能为一切河川流水所聚会,尽管百川可能会带给它污浊。② 自然界如此,人类社会不也是一样的道理吗? 高明的国君虽然清楚地知道自己至高无上的权位与荣耀,却甘于作天下百川归往的低下之谷,并能忍受各种屈辱。③ 伯宗的话使老聃记起古代圣人说过的话:"能承受全国的屈辱的人,才是合格的社稷之主。"

就在这时,宋国城乡到处传诵着国君宋景公主动承担国家灾殃之责的故事。这一年,火星占据了心宿的位置。这在当时人看来,意味着全国将有天降灾祸。宋景公很害怕,他把司星官子韦找来,问道:"火星占据心宿的位置,是什么原因?"子韦回答说:"火星出现是上天惩罚的征兆;心宿恰好当宋国的分野。火星占据心宿的位置,灾祸当降于您身上。虽然是这样,但还可以把灾祸转移给宰相。"景公说:"宰相,我是让他治理国家的,把灾祸转移给他,他死了,对于国家并不是什么吉祥。我还是自己承受灾祸吧。"子韦想了想说:"也可以把灾祸转移到老百姓身上。"宋景公说:"老百姓死了,我当谁的君主呢? 我宁愿自己一个人去死。"子韦又说;"还可以把灾祸转移到年成上。"景公回答说:"年成不好,老百姓必定会饥饿而死。作为一国之君,打算借杀死自己的百姓的办法来使自己活命,谁还以我为国君呢? 看来,我的寿命肯定完了。您不必再说了。"宋子韦听完了景公的话,转身跑了几步北面朝景公下拜说;"我斗胆向您祝贺,天虽然高高在上,但时．时刻刻都在听取下情。您三次说了仁人之言,上天也一定会给您三次赏赐,今天火星一定会迁移位置,您会延长二十一年。"

---

① 《老子・三十一章》。
② 《老子・六十六》章:"江海之所以能为百谷王,以其善下之,故能为百谷王。"
③ 《老子・三十八章》:"知其荣,守其辱,为天下谷。"

宋景公这种主动承担全国的灾祸的举动,深深地感动了宋国的臣民。人们到处传诵着,更加拥戴这位有慈爱之心的国君了。老子在宋都自然也听到了大街小巷都在传诵的这个故事,他也被深深地打动了。但是老聃比一般人想得更为深刻。他由此得出了一个重要的结论:"能够对全国的灾祸承担责任的人,才能够成为天下的君王!"①

回到故乡曲仁里,眼前所见到的一切与在王都洛邑所见到的一切反差是如此之大,一方面是"朝政腐败不堪,农田十分荒芜,仓库非常空虚",劳动者在死亡线上挣扎;而另一方面,那些贵族们却"穿着锦绣的衣服,佩带锋利的宝剑,饱餐精美的饮食,占有大量财货","简直是一伙以抢劫为职业的强盗头子。"②记忆中的童年时代所常见的村庄里并不宽大结实的土坯茅草屋,如今更显得破败不堪。乡邻们一个个面黄肌瘦,再也没有力气去耕种,黄土地一片一片地被抛荒。这是怎么造成的?战争,固然是一个原因,但更重要的却是剥削的残酷。老聃回想起过去在齐鲁一带的所见所闻:齐国老百姓要把收成的三分之二奉献给统治者,只剩下三分之一用来解决自己一家老小的温饱。统治者搜刮来的粮食太多了,年长日久,竟致腐烂;而在另一方面老人们却忍冻挨饿。不甘饥饿的人们铤而走险,竟遭到砍足的酷刑,以致市场上:"屦贱踊贵"。③晋国也是如此。统治者骄奢无度,使用民工大肆营造豪华的宫殿,这些巍峨的宫殿群体竟绵延数里;宫殿盖成了,而民力亦尽,大道两旁冻饿而死的人一个接一个。④

在涡河两岸,奴隶们在劳动的时候,常常唱着这样一首歌:

叮叮当当来把檀树砍,

砍下檀树放河边,

---

① 《老子·七十八章》:"是以圣人云:'受国之垢,是谓社稷主;受国不祥,是为天下王'"。故事见《新序·节士》。

② 《老子·五十三章》:"朝甚除,田甚芜,仓甚虚,服文采,带利剑,厌饮食,财货有余,是谓盗竽。"

③ 《左传·昭公三年》:"民叁其力,二入于公,而衣食其一。公聚朽蠹,而三老冻馁。国之诸市,屦贱踊贵,民人痛疾。"

④ 见《左传》昭公三年、八年。

河水清清纹儿象连环。

栽秧割稻你不管,

凭什么千捆万捆往家搬?

上山打猎你不沾,

凭什么你家满院挂猪罐?

那些个大人先生啊,可不是白白吃闲饭!

做车辐叮当砍木头,

砍来放在河埠头,

河水清清河水直溜溜。

栽秧割稻你闲瞅,

凭什么千捆万捆你来收?

别人打猎你抄手,

凭什么满院挂野兽?

那些个大人先生啊,

可不是无功把禄受!

做车轮儿砍树响叮当,

砍来放在大河旁,

河水清清圈儿连得长。

栽秧割稻你不忙,

凭什么千捆万捆下了仓?

上山打猎你不帮,

凭什么你家鹌鹑挂成行?

那些个大人先生啊,

可不是白白受供养!

一边是不分日夜地劳作,一边是坐享劳动的成果,多么鲜明的对比,多么强烈的愤慨。老聃被震惊了。战争的掠夺，无休止的劳役，和平劳动中的盘剥和榨取，这是什么世道？人世间的道理怎么和天道不同呢？天道是减少富余的用来补给不足的。人世间的道理却恰恰相反，是剥夺不足的用以供奉有余的人。①

在故乡的乡邻中间，在劳动生活的最底层，老聃深切了解到人民的穷困，感受到劳动者的朴实的真切的感情，他开始与他过去所维护所信仰的制度决裂了。什么是礼制？礼难道就是让百姓忍受剥削痛苦的麻醉药？礼难道就是损不足以奉有余的原则？礼难道就是诱骗青年为少数人的私利去争战厮杀的信条？在这次周王室内乱中，王子朝对神灵是那样虔诚，他甚至把成周的宝珪沉于河中；王子朝的言辞也是那样口口声声要维护周先王之制，奢言什么"王不立爱，公卿无私"，要求诸侯"奖顺天法，无助狡猾"，真是彬彬有礼极了。但是，骨子里却是为了自己能登上王位。闵子父批评王子朝企图"以专其志。无礼甚矣"。② 但是，王子朝的言辞不也是很合礼的吗？大家都以"礼"为武器互相攻击，而涡河边上的乡民却只凭借忠厚信任彼此相处得很好。礼究竟是什么？老子突然大声喊道："礼这个东西，是忠信不足的产物，是祸乱起始的开端啊。"③

老聃的这一声大喊把自己也吓了一跳，他的思想重负卸去了，从礼的枷锁中解脱出来，他的精神仿佛进入了一个新的境界。他对许多社会现象有了新的看法。老聃在王都任职的时候，就听说郑国强盗很多，执政子产制订了许多法律，甚至铸了刑书，其目的之一就是用刑法来对付铤而走险的百姓，不但收效甚微，而且法令对人民压迫得越紧，人民越是想方设法反抗；有些法令被统治者利用，给人民造成更大苦难，所谓"盗贼"也就越来越多。子产死了以后，郑国"盗贼"闹得更厉害了。老聃感到事情往往是向相反方向发展的，提倡礼正是因为社会上非礼行为（忠信之薄）太多，实行法制正是因为旧制度维持不下去了。但只要人民的要求得不到适当满

① 《老子·七十七章》："天之道，损有余而补不足；人之道，则不然，损不足以奉有余。"
② 见《左传》昭公二十四至二十六年。
③ 《老子·三十八章》："夫礼者，忠信之薄，而乱之首。"

心通老子

足,法令花样越翻新,被称为盗贼的人也就越多。① 郑国子大叔残酷镇压敢于反抗的人民,虽然能得逞于一时,但既然到处"苛政猛于虎",老百姓活不下去,既然上层统治者生活过于奢侈,而老百姓饥寒交迫,他们已经不怕死了,②那么,反抗斗争之火是一定会重新燃起的。老聃不禁对短视的统治者发出了嘲笑:"人民不畏惧死亡,用死亡来恐吓人民又有什么用呢!"③

产生于古魏国(山西芮城)的歌谣《硕鼠》,自晋国吞并了古魏国以后,也随着晋国版图的向南扩展流传到了涡河一带。老聃回到家乡以后,也经常听到贫苦奴隶哼着这首歌谣:

土耗子啊土耗子,

打今儿别吃我的黄黍!

整整三年把你喂足,

我的死活你可不顾。

老子发誓另找生路,

明儿搬家去到乐土。

乐土啊乐土,

那才是我的安身之处。

土耗子啊土耗子,

打今儿别吃我的小麦!

伺候你们整整三载,

一个劲儿把我坑害。

老子和你这就撒开,

去到乐国那儿才痛快。

---

① 《老子·五十七章》:"法令滋彰,盗贼多有。"

② 《老子·七十五章》:"民之轻死,以其上求生之厚,是以轻死。"

③ 《老子·七十四章》:"民不畏死,奈何以死惧之。"

乐国啊乐国，

在那儿把气力公平出卖。

土耗子啊土耗子，

打今儿别吃我的水稻！

三年喂你长了肥膘，

这句好话儿也落不着。

你我从今就算拉倒，

老子撒腿投奔乐郊。

乐郊啊乐郊，

谁还有不平向人号叫！①

歌声饱含着愤怒，歌声也饱含着希望。乐土在哪里？乐国在哪里？老聃为人们苦苦寻求着。他望着清早踩着露珠去田里耕作的农民，他的目光追随着那赶着牛背负夕阳归来的农民，他们有一块自己的土地，有一个属于自己的虽然陋小但却温暖的家，收下的粮食可以填饱肚子，织出的布帛可以使一家人穿得温暖整齐，圈里喂养的猪可以供给家人使他们在节日里吃到肉；如果没有人干扰他们，让他们永远这样平静地生活，邻村之间鸡鸣狗吠之声都互相听得到，但到老死也不相往来，彼此间不会垂涎对方的财富，不会有战争。这样的乡村生活不正是乡邻们所追求的吗！② 乐国、乐土就在自己的家乡，就在每个人的家乡，重要的是统治者不要贪欲，要能够无为而治。

心通老子

---

① 《诗·魏风·硕鼠》，据余冠英译。

② 《老子·八十章》："小国寡民，使有什伯之器而不用；使民重死而不远徙。虽有舟舆，无所乘之；虽有甲兵，无所陈之；使民复结绳而用之。至治之极，甘其食，美其服，安其居，乐其俗。邻国相望，鸡犬之声相闻，民至老死，不相往来。"

八　孔丘再访　无为与仁义之辩

孔丘自洛邑访学问礼于老聃之后,学识大进,气质更为醇和,作风更加朴实,鲁国一带来拜他为师的人更多了。他不满足于教学上取得的成就,不断到各地访问学习。他到宋国考察殷礼和殷文化,又到杞国考察夏和夏文化,在宋国他得到一本叫《坤乾》的卜筮之书,在杞国又得到一本叫《夏时》的历书。① 他在齐国听韶乐演奏入了迷,竟三个月不知肉味。② 他把韶乐和大武作了比较研究。这十年中,鲁昭公被逐,死在异国,鲁国贵族内部斗争关系十分复杂,无论哪一种政治派别及其代表人物,都没有认识到孔丘的才能。孔丘得不到重视,无法实现自己的政治抱负,只得倾注全力于培养学生和研究古代文化的事业。他搜集、整理了很多书册。他是一位极为尊崇周天子的人,希望天下统一,诸侯听从周天子的号令。当他听说王子朝一伙把周王室大批文化典籍劫往楚国时,除了忧虑之外,想到要把自己搜集和整理的书册送到王都国家图书馆去,用自己的行动去维护周天子的地位和威信。但是,一个人如能把自己整理的书册送到国家图书馆被收藏起来,那也是一种极大的荣誉,没有相当地位的人的介绍,是难以实现

---

① 此据张秉楠《孔子传》。

② 《论语·述而》:"子在齐闻《韶》,三月不知肉味,曰:'不图为乐之至于斯也!'"

的。子路了解到老师的打算后,便向孔丘建议通过老聃介绍藏书于国家图书馆。

子路对孔丘说:"我听说周王室的征藏史老聃这个人被免职回到老家居住。老师要藏书于周王室,不妨试试借助于他。"

"好主意。"孔丘赞许地说。

于是,孔丘带着子路等学生以及准备藏于周王室的书册来到了宋国相邑,①他们见到老聃,说明来意,请老聃推荐。出乎孔丘的意料,老聃竟然拒绝。老聃之所以拒绝推荐,不仅因为东周王室藏书已经名存实亡,王室内乱,藏书于王室无异于飞蛾投火,而且更因为有了新的价值观念的老聃,对孔丘所热心搜求整理的书册已经视为草芥了。但孔丘并不了解老聃的新的精神境界,依然把他看作是熟悉周礼文化的学者。所以他引述六经,想以六经中的理论及六经的价值来说服老聃。

老聃对孔丘说的那一套六经大义当然是熟悉的,过去他信仰它们,现在他的思想已起了重大变化,从信仰六经转向贬斥六经,但他又不便阻止孔丘的申述,只得打断他的话,说:"你的话太冗长了,希望听你讲讲要点。"

孔丘马上回答说;"六经的根本在于仁义。我就是以仁义为标准来衡量一切的。"

老聃微微一笑,问道:"仁义是人的本性吗?"

孔丘答道:"是的!君子不仁便不成其为君子,不义便不能生存。仁义,确实是人的本性。还有什么要指教的?"

老聃说:"请问,什么叫仁义呢?"

孔丘回答说:"心思中正而无邪,愿物和乐而无怨,泛爱众人而不偏,②利于万民而无私,这就是仁义的大概。"

老聃摇摇头缓慢地说:"噫! 你后面说的这些话真是危险得很哪! 现

---

① 据《庄子·天道》:"孔子西藏书于周室。子路谋曰……"关于孔丘这次见老聃的时间,不能早于老聃免官归相,也不能迟于孔丘周游列国。

② 《庄子·天道》原文作"兼爱无私",显系把孔丘的"泛爱众"误为墨翟的"兼爱",故改。

在讲泛受众,不是太迂阔了吗? 无论是历史经验还是实际生活,都明白地证实了所有讲无私的,恰恰都是为了实现偏私。"老聃见孔丘脸上一副迷惑不解的表情,就解释说:"我这样说并不是要大家去宣扬仇恨和自私。而是要使你懂得,利人才能爱人,己利人,人才能利己,爱人与利己确实是一致的,无私才能成其私。但是现在人们只是为了利己的目的,爱人只是虚假的,却又不敢承认利己,这不是很迂阔吗?"老聃停顿了一下,似乎陷入了深思。接着他向孔丘说:"我的意思是说,人的一切行为应当自然无为。你看,天地的运行是有一定规律的,日月本身是光明的,晨辰有秩序地罗列着,禽兽成群和谐地生活,树木在生长,这一切都不是神造的,也不是什么人有意安排的,它们都是按自然本性生长、存在、发展。天地并无仁爱之心,任凭万物自生自灭。人的本性应当是自然,不是某些人所提倡的仁爱。所以圣人也是不提倡仁爱的,任凭百姓自作自息。你想让天下之人不失去他们生养之道吗? 那就一定要顺着人们的自然本性去做,也就是顺道而行,这就是最好的选择。何必急于人为地标榜什么仁义! 这就好像一个人的孩子逃离家庭,这个人一边拼命地敲鼓一边高呼孩子的姓名要他回来,结果如何呢? 鼓敲得越响,呼声越高,他的孩子听到了反而逃得越远! 这种做法就是不知本。你提倡仁义,目的是求人的本性,实际效果是扰乱了人的本性。唉,你的学说实在扰乱人的本性啊!"

这时的孔丘已近不惑之年,对社会人生的看法已经成熟,他对老聃的鄙薄仁义的观点是不能接受的,但一时间又反驳不了,只得暂回客舍住下。晚上,他在思考着如何从逻辑上找出老聃立论的错误。孔丘想:眼下正是天下无道的乱世,老聃也是同意这一对社会现状的估价的。要改变天下无道的状况,要救世,舍仁义别无他法。救世与仁义是统一不可分的,讲救世而不讲仁义,岂不如同那些辩者把一块白石中的白色属性与坚硬属性分开一样是狡辩吗? 而另一方面,老聃又把无私说成有私,齐有无、泯是非,从强调差别又走向了合同异,不也是同样错误的吗? 想到这里,孔丘认为已抓住了老聃理论中的致命弱点,思想上轻松得很,美美地睡了一觉。

第二天。孔丘率弟子兴冲冲地又来见老聃。一见面,孔丘就对老聃说:"有人学道,可是立论总是相矛盾。不可以的说成可以,不是的说成是。又像善辩之士一样,硬把石中之白色与石中之坚硬分离开。这样的人可以称作圣人吗?"

孔丘这段问话的弦外之音是:你老聃把仁者无私说成有私,岂不是也是把非说成是。把不可以说成可以吗!

老聃回答说:"这样的人只不过像小管吏治事一样玩弄小技能,劳形伤神,自以为得意而已。狗善于捕捉狸但总被人牵着,猿猴因为灵敏才被人从山林里捉来戏于街头。这些玩弄小智者的辩者不是如同猎狗一样丧失了自然本性吗,怎能称作圣人!"老地停了一下,他对孔丘问话的用心了如指掌,于是接着说道:"孔丘,我来告诉你那些你所不能够听到和所不能说出的大道。凡是具体的人,无知无闻的多,有形的人和无形无状的道共同存在,是绝对没有的。起居、生死、穷达,这是自然而不知其所以然的,人事有治迹,不执滞于物,不执滞于自然,这便叫作不执滞于自己。不执滞于自己的人,称为与天融合为一。"①老聃见孔丘仍是不理解,便进一步解释说:"就具体事物而论,说得白无坚,得坚无白;说生死齐一,无是无非,当然都是荒谬的。但是我讲的是大道,是物之本,区分什么坚与白,就是毫无意义的;但是说生死齐一,无是无非,那倒是符合大道的。因为常道是深不可识的,是不能用一般的是非去评判它的。大道废才有仁义,才有是非之分。仁义毒害人心,再没有比这更大的祸乱了。你要救天下么?那就要使天下不失其本性,就应该顺化而行。白鹤不必天天洗才白,乌鸦不必天天染才黑。它们的黑白的本性,无待于辩论,它本来就存在。"②

孔丘这次访问老聃并没有达到预期的目的,他和老聃对社会、对世界的看法有着根本的分歧,谁也说服不了谁。但是老聃的富于辩证精神的思想却无声而深深地溶进了孔丘的内心深处。

孔丘离开相邑不久。老聃遇到在前往鲁国途中路过相邑的秦国人逢氏。秦国人逢氏有个儿子,小时候很聪明,长大却患了精神失常的病。常

---

① 《庄子·天地》,此处参照陈鼓应译文。

② 《庄子·天运》,参用陈鼓应译文。

常听到歌声却以为有人在哭泣,看到白色却以为是黑的,闻到香的却以为臭朽,尝到甜的却以为是苦的;事做错了却认为是正确的。对天地、四方、水火、寒暑的判断,都是颠倒的。逢氏听杨氏说鲁国的君子多才多艺,也许能治好孩子的精神失常症,因此特地往鲁国去。今天刚巧碰到老聃,就把儿子的上述症状告诉老聃。

老聃听后颇有感慨地说:"你怎么知道你的孩子患了精神失常症呢?现在天下的人都分不清是非,被利害得失弄得颠三倒四,这才是真正的精神失常症。但是,患同一疾病的人多了,所以没有人感觉到有病。一个人的迷惘不足以毁灭一家,一家人的迷惘不足以毁灭一乡,一乡人的迷惘不足以毁灭一国,一国人的迷惘不足以毁灭天下,天下的人都迷惘,还有什么可倾覆的呢?假使当初天下人的心神都像你儿子一般,那你就反而是精神失常的人了。哀乐、声色、气味、是非,有谁能来正名呢?而且我的这番言论也未必不是迷乱的表现,更何况鲁国那些君子都是最为迷乱的人,怎么能解开别人的迷惘呢?"老聃坚信仁义是道德失落以后的产物,不明大道,人世是不可救的。唯一的救世办法就是无为而治。对于鲁国孔丘一派的仁义治世之说,他既哀其不明大道,又恨其蛊乱人心,所以他很干脆地对逢氏说:"带上干粮回家去吧!"①

逢氏回秦国之后,鲁国叔山无趾又来拜访老聃。叔山无趾因少年时处事不谨慎触犯刑律,被斩断脚趾,后悔不已,决心潜心问学、努力道德修养。他听说孔丘不仅能给学生以礼乐射御等知识和技能,而且注重学生的修身德行,就满怀希望地来向孔丘求教。脚趾没有了,他就用脚后跟走着去见孔丘。孔丘一见叔山无趾狼狈的样子,知道他是刑余之人,下意识地产生了轻慢的念头,竟脱口说道:"你不谨慎,以至犯罪受到断趾之刑。虽然现在来向我请教,不是来不及了吗?"无趾不卑不亢地答道:"我虽然断了脚,但还有比脚更为宝贵的东西,我要保全它。天大是无所不覆的,地大是无所不载的。过去,我崇敬您,把您看作天地一样无私而伟大,想不到您竟是

① 见《列子·周穆王篇》。

这样的人!"

孔丘意识到自己说了错话,诚恳地请叔山无趾进屋说话。但是叔山无趾头也不回地走了。叔山无趾知道孔丘刚从老聃处问学回来,于是又艰难地来到相邑见老聃。他向老聃讲述了在孔丘处的遭遇。

"你知道你是怎样罹祸的吗?"老聃问。

叔山无趾回答说:"我因为生活顺利,盲目自得,违背了自然,才招致断趾之祸。今后,我一定顺自然而行。"

老聃笑道:"幸福倚在灾祸的旁边,灾祸藏在幸福之中,祸与福是可以转变的。断趾固然是祸,但它让你认识到顺自然而行才能保持人的本胜,这就是福。"

叔山无趾请求跟随老聃学习。老聃回答说:"你已经体验到大道了。至人为道日损,顺自然以把握万物之本源,又何必像一般人那样孜孜学习有限的片面的知识呢?"

无趾说:"那么,孔丘大概还没有达到至人的境地吧! 他为什么常常来向您求教呢? 他希望名扬天下,而按照您的观点,至人是把名声看作枷锁的。"

老聃听了无趾的话,心中很高兴,觉得他对自己的思想理解得很快,就叮嘱无趾:"你回到鲁国,要使孔丘懂得死生一贯、可与不可一样的道理,解除他思想上的束缚。你可以做到吗?"

无趾回答说:"孔丘思想上的枷锁正是自然加给他的,怎么可以解除呢!"①

过了几年,鲁国人崔瞿又来拜见老聃。

孔丘从老聃问学回到鲁国后,虽然不能完全接受老聃的观点,但无为思想已多少渗入他的思想。他在与弟子闲谈时,想到自己的治世主张得不到实现,也时而流露出一种无为的思想,甚至在解《易》时还说出了"无思无为,寂然不动"的话。② 崔瞿了解到孔丘思想上的这种变化,感到老聃一

① 《庄子·德充符》。
② 《周易·系辞上》。

心通老子

定是一位了不起的人,于是来到相邑求教。但是,他却错误地理解了老聃的无为的含义,一见面就提出问题:"不治理天下,怎样引导人心向善?"

老聃知道他来自鲁国,一定是受到了孔丘等人的影响,便回答说:"你要小心别扰乱了人心!"

"引导人心向善,怎么会是扰乱人心呢?!"崔瞿疑惑不解地问。

老聃说:"你要知道人心是很危险的啊!当它受到压抑时,就会消沉;当它受到推进时,就会昂扬。无论是消沉还是昂扬,都是对人性的戕杀,是自苦自累。一个人当它饱受折磨时,心境便时而急躁如火,时而忧恐如寒冰,其间变化的迅速,就像倾刻间往来于四海之外。人心安稳时深沉而寂静,跃动时悬腾而高飞。可见,强傲而不可羁制的就是人心哪!"

"而人性是安静朴实的。"老聃接着说:"人本来无知无欲。一切顺自然而行。无知,也就不知道诈巧;无欲,就没有追求。无诈,无求,就没有贪欲与罪恶。反过来,只有守静,无知无欲,才能使人的朴实本性得以实现。这就是我说过的,要见素抱朴,少私寡欲,绝学无忧。治理国家和天下也是一样的道理,只有无为才能无所不为,治理天下的人,要以不骚扰人民为治国之本。古人说过:我无为,人民就自然顺化;我好静,人民就自然纯正,我不扰民,人民就自然富足;我没有奢欲,人民就自然淳朴。"

"让我们看看历史。"老聃沉思一下,接着说:"过去。黄帝以仁义之说扰乱了人心,以致尧为仁义而奔波,大腿上没有肉,小腿上不长毛,挖空心思去施行仁义,苦费心血去规定法度,然而还是不能改变人心。于是,尧将谨兜放逐到崇山,将三苗投置在三恑,将共工流配到幽州,但也还是无法治理好天下。由此可见,大道废有仁义。提倡仁义,无非是一种推进人心昂扬的办法;但心有昂扬,就必然有沉落,人们就会以仁义相标榜去讥刺攻诋对方,就会相争,人们淳德含和的本性干是丧失。所谓以仁义引导人心向善,实在是扰乱人心啊!所以我说:君王无为,天下自治。"

老聃居相期间,前来问学或研讨问题的除孔丘、叔山无趾、崔瞿外,还有一位士成绮。士成绮听别人介绍了老聃的无为学说,认为老聃是一位圣人,便不畏山高路远,走了百日,连脚跟也长了厚茧,来到相邑。他先观察了老聃住宅的情况,见到院子里挂满了各种腌腊食品,仓库里谷圈堆得满满的,连老鼠洞口也都撒满了粮食;待见到老聃后,又看到屋里地上也有被扔弃的食品,心中不禁十疑惑。他不了解,老聃出身于世代史官世家,自己又是为周守藏史数十年,土地是有的,储藏也有一些;他归家之后,由于他的高贵的身份和渊博的学识,邑中百姓对他十分崇敬,不时送些野物给他;他在邑中试行无为之治,几年来邑中百姓相安无事,生产发展,家家都比较富裕。从动荡穷困之乡来到这比较富裕安定的相邑,士成绮竟错把老聃当成了盘剥百姓的财主。他十分气愤地说:"我听说先生是一位圣人,所以不怕路远来拜见你。但是来到这里,见到府上谷物抛在鼠洞边,食物丢在地上,这是不仁的行为。你的仓库里粮食堆积如山,但还是不断地收聚财物,这是不义的行为。依我看,先生算不上圣人。"

听了士成绮的批评,老聃一言不发,脸上没有丝毫的表情。

第二天,士成绮再去见老子。他对老聃说:"先生,我昨天讥刺了您,今天我心里明白自己错了,这是为什么呢?"

老子回答说:"你称我为圣人,我自认为不是(你讥刺我不仁不义,我亦不辩解)。你喊我是牛,我便称为牛;你喊我是马,我便称为马。我不以毁誉挂于心,一毁一誉,如果我挂在心上,那就受名实双重之累。"

士成绮听了老聃之言,感到老聃心胸确实开阔,顿时肃然起敬,自惭形秽。于是侧身而行,蹑步向前,问道:"请问,怎样修身才能具有先生这样的胸襟?"士成绮的提问,表明他并没有理解老聃的话,把老聃通达人生根本的哲理仅仅看作是修身之术。

老聃只得直言相告:"你的容态高傲而自命不凡;你的眼睛双目突出,目光不敛,额头高亢,毫不谦让;你夸夸其谈而毫无实据验证;你的形状巍峨,但好似一匹被系住的奔马,奔驰之心蠢蠢欲动却强自抑制,一旦放开就会如疾矢飞出。你的夸夸其谈显得似乎很智巧,但却流露出骄横之色。这些(包括形态与语言)都不是你的真实本性,你所讲的修身,只是矫揉造作,不是顺乎自然。边境上有一种人,被人称为取巧,你现在所做的就是这样。你应该怎样做,还用我说吗?"

九　避乱居沛　探求天道

公元前551年起,吴、楚之间不断争战,吴军攻到楚国的夷(今安徽亳州市东南之城父),战火乱兵不时骚扰着相邑。老聃在弟子和家人的劝说下向东来到沛泽隐居。有人说老聃隐居之地是沛县,此说值得商榷。春秋战国时期,并没有沛之县置,当时只有偪阳国,先被鲁所灭,以后又成为宋国属地,直到秦时才置沛县。老聃隐居的沛,并不是这里。据《水经注》说:"泗水又东,过沛县东。昔许由隐于沛泽,即是县也,县盖取泽为名。"可见,春秋时的沛,即沛泽。这里草木繁茂,是禽兽蔽匿的地方,是田猎、隐居的好场所。老聃的思想受许由的影响,仰慕许由之为人,所以避难隐居也特地选择许由隐居过的地方。

在沛泽隐居期间,老聃把对现行社会制度的批判以及救世方略的思考升华为对宇宙生成及万物本源问题的探讨。

老聃在任周守藏室之史期间,研读了大量商周典籍,其中之一就是《易》。《易》六十四卦的基础是八卦。《易》的作者是谁,虽然现在还难以断定。但在老子时代,一般都认为是伏羲画八卦,文王演为六十四卦。它是卜筮之书,周人每遇大事都要问卜求神。作为史官的老聃对《易》定然是很熟悉并深受其影响的。八卦就是天(乾)、地(坤)、震(雷)、巽(风)、坎（水）、离（火）、艮（山）、兑（泽）等八种自然物。用这八种自然物作为宇宙间一切存在物的最基本的东西，似乎把与人们关系密切的一切自然物都囊括无遗了，在商周时代的人也许觉得已经是穷尽了天地万物之理了。但是，随着生产的发展，科学的进步，人的思维能力增强了，自然要提出这样一个问题：这八种自然物之间是什么关系，它们可以互相产生吗？其中有更根本的东西吗？于是人们在思索中又把天地这两种自然物作为八卦的始基，作为天下万物的父母。乾（天）的性质是阳刚，坤（地）的性质是阴柔，阴阳交合而产生万物。《易》中的这些基本观点，老聃是熟悉的，由这些基本观点，特别是阴阳两种力量的斗争与统一的观点，使他进一步对伯阳甫的学说发生了兴趣。

伯阳甫是西周末年周王朝的史官。老聃对伯阳甫是熟悉而且敬仰的，曾为自己取号老阳子，表示要做伯阳甫那样的史官。

伯阳甫用阴阳两种势力的矛盾冲突解释自然现象，并且用自然现象的变化来解释社会变化。伯阳甫认为天地阴阳之气的变化有一定的秩序，如果阴阳二气的关系失去固有的秩序，就会引起动乱。当阳气蛰伏不能发出，阴气被胁迫而不能升腾，这就会发生地震。①

伯阳甫的这一观点对老子的影响是深刻的。用阴阳二气的矛盾冲突可以解释地震的发生，当然也可以解释其他自然现象。老聃通过对自然现象的广泛考察，认识到一切事物都是背阴与向阳的统一体，是阴气与阳气均匀调和而构成的统一体；事物是一，又是二。整个宇宙万物的本源是一，也就是古代以来人们常说的混沌一气，混沌一气之中同样包含着阴与阳两个方面，宇宙本源也就是一种最大最初的均匀调和的统一体。伯阳甫不是说过"天地之气，不失其序"吗？看来，这天地一气是有规律的，这应当叫作道——天地之气运行的道路和秩序。道在一气之中，主宰着一气，这应当叫作"道主一"。有规律（道）才使得阴阳二气的均匀调和，宇宙自然才能不失其序的变化，这也可以叫作"道生一"。天是有秩序的一，因而它是

心通老子

---

① 据《国语·周语》。

清明的;地也是有秩序(道)的,因而它是安宁的。天地合起来是二,它们是由阴阳混沌一气化生而来,这应当叫作"一生二"。阴阳接,天地合,又形成和气,由此而产生万物,这应当叫作"二生三,三生万物"。① 混沌一气的有始,是没有具体形状的,是无,是无法给予其名称的,勉强把它叫作道,或者称为大。② 道虽然是无形无名的,但确实是客观存在的,是先于天地万物而又产生天地万物的存在。③ 老聃想到了童年时代的家乡的房屋、碗罐、车毂,它们给他留下十分深刻的印象,启迪他去思索,"有"给人们提供便利条件,但正是在"无"处才有了房屋、碗罐与车子的功用。从王都回到相邑,他看到在家乡也有了冶铁用的风箱,那巨大的风箱中间是空的,但是正由于它是空无的,所以才能一收一张,从而鼓出了气,吹旺了火,才烧红了铁,打制出各种农具。宇宙不也像一个大风箱吗?④ 天地为炉,造化为工,这才产生了万物。是的,有与无的统一,阴与阳的统一,一切都是相反相成。相反的两个方面的矛盾冲突,推动了事物的变化,反(否定)的力量是积极的,是运动的动力。

早在商周之际,我们的祖先从日常生活中和农业生产中,就已经找出了五种与我们的生活息息相关的元素,即金木水火土五行。在民间人们还编造了歌谣:"努力啊,不要懈怠,水、火是老百姓饮食所依赖的;金、木是老百姓发展生产所离不开的;土,是万物所赖以生长的,是为人所用的。"⑤ 以五行作为宇宙万物生成的本源的思想与《易》的八卦阴阳思想差不多形成于同一时期。对于五行说,老聃当然也是熟悉的。老聃的思考更深一层:五行之中究竟以哪一行为根本的东西呢? 在郑国,人们认为"以土与金木水火杂以成百物。"⑥ 似乎有把土作为万物本源和始基的意思。齐桓公之

① 《老子·四十二章》:"道生一,一生二,二生三,三生万物。"
② 《老子·二十五章》:"吾不知其名,强字之曰道,强为之名曰大。"
③ 同上:"有物混成,先天地生。……可以为天地母。"
④ 《老子·五章》:"天地之间,其犹橐籥乎?"
⑤ 《尚书大传》:"武王伐纣,至于商郊,……士卒皆欢乐以达旦,前歌后舞,……咸曰:'孜孜无怠,水火者,百姓之所饮食也;金木者,百姓之所兴生也;土者,万物之所资生,是为人用!'"
⑥ 见《国语·郑语》。

相管仲曾提出"地者,万物之本原"的观点,①但管仲更主要的还是主张水为万物之本原。他曾经说过:"水者,万物之准也,……集于草木,根得其度,华得其数,实得其量。鸟兽得之,形体肥大,羽毛丰茂,文理明著。万物莫不尽其几,反其常者,水之内度适也。"②管仲的水为万物本原的观点引起了老聃的注意。老聃隐居的沛泽,是齐桓公还师滨海大陷于其中的地方,③这一带人讲起齐桓公与管仲的当年故事是很熟悉的。老聃最感兴趣的只是管仲的水为万物之本原的观点。老聃幼年生活在涡河边,对水怀有一种极深的感情,他曾经从对水特性的研究出发去思考处事待人的原则。他认为只有像水一样柔弱谦下才能立于不败之地,才能成就伟大的事业。"上善若水"。④ 老聃体会到真正体道的(上善)人处事确实如水一样。现在,他又进一步深化了对水的认识,他在思考水能否作为万物之本源。水无所不在,没有固定的形体,它可以变换成各种形态,存于各种事物之中,水确实很像无形无名的混沌一气及其主宰一道。"水几于道"。⑤ 老聃确认这一点。但是,水毕竟还是一种具体物,它怎么能作为万物的本源呢?作为万物本源的东西必定是不同于万物的非具体事物,它只能是无形的一般,或者就是主宰于气中的道。老聃探讨的结果,终于统一了从商末以来就已经存在的五行本源说与阴阳混沌一气构成天地万物说这样两大系统,并以阴阳说为基础,吸取了五行说,尤其是水本源说的合理因素,在阴阳五行之上提出了更普遍更一般的范畴——道。

　　老聃从与周礼决裂开始,走向探索新的治世方法,再进而探索宇宙本源,形成道法自然,以无为本,有无统一的天道观。就在这一时期,在鲁国的孔丘仍为苦苦探索天道不得而苦恼。当他听说老聃隐居沛泽,经过探索

　　① 见《管子·水地篇》。
　　② 见《管子·水地篇》。
　　③ 《公羊传·僖公四年》:"齐人执陈袁涛涂。涛涂之罪何? 辟军之道也。其辟军之道奈何? 涛涂谓桓公曰:'君既服南夷矣,何不还师滨海而东,服东夷且归。'桓公曰:'诺。于是还师滨海而东,大陷于沛泽之中。'"
　　④ 《老子·八章》。
　　⑤ 见《老子·八章》。

心通老子

已获得天道的消息后,便决定再一次访问老聃。他带了学生,向南一直来到沛泽老子隐居之所。

老聃见到孔子,便说:"你来啦!我听说,你现在已经成了北方的贤者,你也已经懂得了天道吗?"

孔丘回答说:"还没有懂得天道。"

老聃问:"你是怎样寻求天道的呢?"

孔丘说:"我从制度名数来寻求,五年还没有得到。"

老子问:"你又怎样去寻求呢?"

孔子说:"我从阴阳的变化中来寻求,十二年了,还没有得到。"

老子说:"是的。阴阳之道是目不可见、耳不可闻、言不可传,是通常的智慧所不能把握的。因此所谓得道,只能是体道,如果试图像认识有形、有声之物一样去认识道,用耳朵去听,那是听不到的,用眼睛去看,是看不到的,用言语去表达,也是没有恰当名辞可以表达的,确实是不会得道的。你说你寻求了十二年而不得,那是当然的。如果道是可以奉献的,那么人们就没有不把它奉献给君王的;如果道是可以进贡的,那么子女就没有不把它进贡给父母的;如果道可以告诉别人,人们就没有不告诉兄弟的;如果道可以给予他人,人们就没有不给与子孙的。然而这些只是假设,是不可能实现的。原因就是道不可见,不可听,不可言,不可赠送。你努力寻求道,关键在于内心的觉悟。心中不自悟则不能保留住道;心自悟到道,还需与外界环境相证。如果得不到印证,道就不会畅通无阻。所以,当有了内心的领悟但还不能被外人理解承受时,圣人便不以道告诉干人。如果一个人仅仅从外界获得关于道的认识,但心中并没有真正领受时,圣人便不会教诲他。名,是天下公用的工具,但不是大道,不可以多取。你所宣讲的仁义也只是先王使用过的旅舍,也只供他们在人生旅途上居留一宿,而不是可以长久居住的。大道是没有形迹的,一个人的形迹太昭著,不懂得和其光、同其尘的大道,一定会遭到很多责难。"

老聃停了一下,想起在相邑时与孔丘关于仁义问题的谈话,便就仁义的实质问题再一次陈述自己的观点。他说:"古时候的圣人,不过假借仁义之名,实际是行自然之道。仁义只是可见的外形和手段,而他们的精神却遨游于逍遥之墟。在他们生活的土地上一切都是很简朴的,也没有任何施舍。得道之人是无为的,是简朴而满足的,是不以施舍者自居也无所耗费的。"老聃进一步针对当时的社会现象继续说道:"以财富为追求对象的,便不肯让人以利禄;以荣誉为追求目标的,便不会让人以荣誉;迷恋权势的,便不肯给人以权柄。当这种人得到财富荣誉权势时,内心又战栗不安,唯恐失去它;当他们舍弃财富荣誉时,便又陷入忧伤之中。这种人心中实在一团漆黑,反视一下他们所不停追逐的东西,从自然无为的道理看,他们就像是受着刑戮人的。我们通常说,怨、恩、取、与、谏、教、生、杀,这是八种治理人的手段,但也只有去私寡欲的人才能够顺任自然,从而正确地使用它们。所以我说,自正的人才能正人。如果内心不能正确领悟大道,心灵活动便不通畅。"①

孔丘见老聃把关于大道的话题转向了仁义与功名问题,心中是不赞成的。但当他听老聃说仁义是圣人的手段,并没有像从前那样把仁义一棍子打死,觉得老聃确实把握了大道。特别是关于"内心不能正确领悟大道,心灵活动便不通畅"的话,孔丘尤其觉得有道理。这些年来,他钻研周礼,赋予仁礼以新的内涵,把仁与礼结合起来,构成了仁学体系。他还以此为基础,试图在改造社会上干一番大事业。他感到要使仁学更具有理论力量,需要天道观作为其理论基础。为了这个目的,他才特地率弟子来向老聃求教。老聃关于自正的人才能正人的观点,他是完全同意的。他常常向学生说:"己不正焉能正人!"

从老聃处回到客栈,孔丘心中一直在琢磨老聃所说的大道,但总觉得恍恍惚惚。整整三天。他一言不发。弟子们问他:"老师见到老聃有什么规谏呢?"

孔丘回答说:"鸟,我知道它们善飞;鱼,我知道它们善游;兽,我知道它们善奔走。对于善奔走的野兽,可以用网缚捉;对于善游的鱼,可以用钩去

---

① 《庄子·天运》。

钓取;对于善飞的鸟,可以用箭射获。关于龙,我不知道它是怎样上九天的。老聃所讲的道,就像是龙,合起来成一体,散开来成文采,乘驾云气而翱翔于阴阳之间。我听了这些道理,还觉得忧惚,怎么能去规谏老聃呢!"①

孔子的学生子贡这时才二十岁,听老师如此形容老聃的道,心中很不服气,便主动上前说:"人当中居然有安居不动而精神如腾龙见于天,缄默不语而感人之深犹如雷鸣,一旦发动起来如同天地之运的吗?我可以去看看他吗?"

得到老师的允许后,子贡便以孔丘的名义去拜见老聃。老聃正在堂中静坐,见子贡气昂昂地来了,便低声说:"我已老迈了,你来,对我有什么指教吗?"

子贡说:"三皇五帝治理天下的方法固然不同,但同样都在历史上留下名声。听说先生您认为他们不是圣人,请问这是为什么呢?"

老聃说:"年轻人你往前来一些。刚才你说三皇五帝治理方法不同,怎样的不同呢?"

子贡回答说:"尧传给舜,舜传给禹,禹治天下用辛劳而汤用武力,文王顺从纣王而不敢违逆,武王违逆纣王而不肯顺从,所以我说他们治天下的方法不同。"

老聃说:"年轻人,你再往前来一些,我告诉你三皇五帝治理天下的情况。黄帝治理天下,使民心淳一。有人死了,亲人不哭泣而别人也不非议。尧治理天下,使民心相亲,有人为了亲近亲人而减除礼节的限制,别人也不非议。舜治理天下,使民心竞争,孕妇十个月生产,婴儿生下五个月就能说话,不等到长成儿童就开始区分人我,人开始有短命的出现。禹治理天下,使民心多变,人们各怀心机而以用兵为顺事,认为杀盗不算是杀人,自以为独尊而奴役天下的人,因此天下震惊,由此才有儒墨的兴起。(三皇五帝)治天下,开始时还有伦序,到现在却变成这副模样(天下大乱),你有什么

① 据《史记·老子传》及《庄子·天运》。

传记读库

话能为它辩解呢！我告诉你，三皇五帝治理天下，虽说是治理，但实际弊乱可大了。三皇依仗他们的心智，上而不见日月的光明，下而违反了山川的精华，中而破坏四时的运行。（由此可见）他们的心智毒如蝎子的尾端，连微小的动物，都得不到安定性命之情，却还自以为是圣人，不是可耻吗，他们是很无耻啊！"

老聃这一番猛烈抨击奴隶制度的话，是子贡闻所未闻的，吓得他惊慌失措。①

几天来，孔丘心中总是不安。他此行的目的是问大道，但上次刚谈到正题又岔开了。他决心要问个究竟。一天，老聃正在家中静坐养神，孔丘又来拜访。孔丘开门见山地问道："今天安闲。请问什么是天地间最根本的道？"

老聃并没有直接回答孔丘的问题，而是先开导他："你要斋戒，疏通你的心灵，洗净你的灵魂，去掉你过去所知道的一切。你要知道，道是深奥两难以用语言表述的。"老聃见孔丘确实诚心问道。只得说；"我为你讲讲关于道的大概情况吧！"

"一切显明可见可听可感的东西都是从不可见不可听不可感的冥暗之中生出来的。有形的东西是从无形中生出来的，精神是从大道中生出来的，形质是从精气中产生的，而万物都是按照不同种类的形体互相产生的。所以九窍的动物（含人类）都是胎生的，八窍的动物都是卵生的。道的来临没有痕迹，它的离去也没有界限，没有门径，没有归宿，四面通达，广大无边。一个人顺着道去做，就会四肢强健，思想通达，耳目聪敏。他处事时用心并不劳苦，他接应外物从不拘执。道主宰一切，由于道，天不得不高，地不得不广，日月不得不运行，万物不得不昌盛，这就是道啊！"

"知识渊博了。岂不容易掌握大道吗？"孔丘问。

老聃回答说："学问渊博的不一定就能懂得大道，擅长辩论的人不一定就具有真智慧，圣人早已摒弃那些所谓的知识和辩术了。得道的圣人总是

---

① 见《庄子·天运》。

保持这样一种状态:增加了知识但却看不出增加,减少了知识也看不出减少。这就是体道。道渊深似海(河水流注进去,你能看出来它增加了吗?海水在骄阳下蒸发,你能看出来它减少了吗),道巍巍高耸如山(在它上面增加一些土石,你能看出山增高了吗? 取走一些土石,你能看出它减低了吗),道总是周而复始地循环运行,它在运行中主宰着万物赋予万物以动力而永无穷尽。由此看来,君子所得之道,难道只在外表么? 天地万物都依赖着道而不会匮乏,这就是道啊!"

"中国有人,处于天地之间,我们姑且称他为人。(为什么是姑且称他为人呢?)因为人总是要返本归宗的。从本源考察,所谓生命,就是气聚而成的东西。有生命的物类中,虽然有的长寿,有的短命,但长寿与短命又能相差多少呢。人的一生也只是俄顷之间而已,还值得分别尧与桀、是与非吗! 瓜果有瓜果的生长规律(人类当然也有自己存在与发展的规律),虽然人伦关系要复杂因难得多,但也是可以依一定秩序相处的。圣人处理人事关系从不有意违拒,处理过了也从不拘守不忘。他们对一切人事总是那样调和顺应,这就是德;如果随机应变,那就是道;帝之所以兴盛,王之所以确立,就是凭借了它。"

"人生于天地之间,就像阳光掠过空隙那样短暂,忽然而已。万物蓬蓬勃勃,没有不生长的,变化衰萎,没有不死去的。一会儿变化而生,一会儿又变化而死,(对于这样快的由生而死)生物都为之哀伤,人类也感到悲痛,(其实)解开自然对人的束缚,毁坏自然对人的桎梏,生命功能的变移转化,精神将要消散,身体也随着衰亡,这正是返归根本啊! 从无形变为有形,由有形返归为无形,这是大家都知道的,不是得道的人所从事的;是众人所共同议论的,而得道之人是不议论的(道可道,非常道)。从明处寻求就不会遇见,逞口舌之辩不如沉默不语。道是不能由听闻得到的,与其到处打听不如把耳朵塞起来不听(因为别人告诉你的所谓大道,都不是常道,不如自己去体认),这才是真正的得道。"①

---

① 据《庄子·知北游》,参用陈鼓应译文。

老聃的这一番关于天地万物生成变化之根本大道的宏论,除了关于"人生几何"那些带有伤感的议论外,孔丘是基本上接受的。天道虽然支配一切,却是无形无言无意志的,它不是上帝鬼神,它只是自然本身变化的巨大力量罢了。后来,孔子很感慨地对学生说:"天何言哉!四时行焉。百物生焉,天何言哉!"①他在教导学生时,也把从老聃处学到的关于天道的道理告诉学生。有一次子夏问孔丘:"商闻易之生人及万物、鸟兽昆虫,各有奇偶,气分不同。而凡人莫知其情,唯达德者能原其本焉。天一,地二,人三。……故人十月而生,其余各从其类矣。鸟鱼生阴而属于阳,故皆卵生。是以至阴主牝,至阳主牡。敢问其然乎?"孔丘回答说:"然,吾昔闻老聃,亦如汝之言。"②

　　从这一段记载着,老聃不但向孔丘讲述了生物以形相生的道理,而且还讲述了道生一,一生二,二生三,三生万物这一宇宙万物生成论的根本观点。

　　孔丘觉得这样的观点虽然精辟,但不够具体,希望找个机会能再多问一些。一天,孔丘又去见老聃。老聃刚沐浴完毕,头发披散着待干,精神正沉浸在沐浴后的舒适超逸的感觉之中,像个木头人似的,正在小事休息,孔丘退到屋外等着。过了一会,孔丘进屋见老聃,说:"我是眼花了呢,还是真的? 我刚才见到先生的形体直立不动如同枯木,似乎超然物外离人而独立自存。"

　　老聃回答说;"刚才我的精神沉思于万物的本源状态。"

　　孔丘说:"这怎么理解呢? 请讲得仔细一些。"

　　老聃说:"沐浴后,我倦得很,精神困倦不能知道得很明白,口倦而不能畅说。我试试为你讲个大概情况吧!"

　　"(万物开始的时候)至阴寒冷,至阳炎热,寒冷出于天,炎热出于地,阴阳互相交通融合而化生万物。万物的化生中有着某种规律,但却无形象可见。在死生盛衰中,(道)时隐时现,日迁月移,(道)无时不在作用,却看

　　① 《论语·阳货》。
　　② 《孔子家语·执辔篇》。

心通老子

不见它的功绩。生有所始,死有所归,生死始终相反而又循环无端,因而不知道它的穷尽。如果不是(道),又有谁是万物变化的根本呢!"

孔子说:"请问精神沉思于万物本始境界时的状况。"

老聃说:"这是至美至乐的境界。能体味至美而游于至乐的人,称为至人。"

孔丘说:"我想听您讲讲达到这种境界的方法。"

老聃说:"吃草的兽类不怕变换草泽,水生的虫类不怕变换池沼,(这些)只是小的变换而没有失去本性,喜怒哀乐的情绪也不会侵入心中。天下万物都有共通性,了解它们的共通本性而同等看待,那就能够把四肢百骸视如尘垢,也就能够把死生终始之变视同昼夜的变化,精神就不致受扰乱,得失祸福又算得什么!(这样的人)舍弃得失祸福如同舍弃泥土一样,懂得自身比得失祸福更为可贵。可贵之处就在于我并不因(生死祸福)变换而丧失自身。千变万化是没有穷尽的,得道的人了解这个道理,生死得失祸福之变就不会困扰内心。"

孔丘听老聃讲完,十分感激地说:"先生德配天地,还不倦地借大道来说明做人的道理。古时的君子,谁能超过你呢!"

老聃说:"你没有理解我的意思。就像水的奔流,无为而本性自然。至人的德行不需要修饰而万物自然离不开,就像天自然的高,地自然的厚,日月自然的光明,何需修饰!"①

老聃这一番关于宇宙万物生成本源及阴阳变化的大道理,使孔丘大开眼界。他记得过去读书的时候见到关于五行的记载,就顺便提出来向老聃请教。老聃说:"天有五行,水、火、木、金、土,分时化育,以成万物,其神谓之五帝。"②

孔丘在回鲁国的路上对颜渊说:"我过去对大道的了解,多么像瓮中的小飞虫!如果不是老聃先生以大道启发我,我真不知道天地的根本道理。"孔丘一边回忆一边说:"我在三十岁时领悟到周礼的精髓。以仁礼为立身

---

① 据《庄子·田子方》,参用陈鼓应译文。
② 《孔子家语·五帝篇》。

之本,这可以叫作三十而立;四十岁时,我访问老聃于相邑,坚持仁义之说,不受老聃无为之说的迷惑,这可以叫作四十而不惑;但我对天道的认识一直未入门,今年我五十一岁了,从老聃处得悟天道,这可以叫作五十而知天命。尽管人生短暂,但天既生我,我们就应当努力修身立业,仁义是救世之方,是不可须臾舍弃的,这是我与老聃始终不同的。但行仁义,亦需懂天道。老聃说:'君子得其时则驾,不得其时则蓬累而行,'不入世奔走,焉知不得其时? 用之则行,舍之则藏,你我今后共勉吧!"①

心通老子

---

① 据《庄子·因子方》《论语·为政》《论语·述而》诸段意译综合而成。

十　杨朱·柏矩·庚桑楚

老聃避乱隐居沛泽期间,有柏矩、杨朱前来问学。

柏矩是一位对现实十分不满的具有强烈正义感的人。他跟老聃学了几年之后,希望能游历天下,更多地了解社会现实。老聃很喜欢这个敢于和周礼制度决裂的弟子,舍不得让他走,就劝他说:"算了吧,天下到处和这里一样。"在柏矩的一再请求下,老聃只得同意。他问柏矩:"你先到哪里去?"柏矩说:"先去齐国。"

柏矩到了齐国,看见有受刑后仍被示众的尸体,便推倒尸体,脱下衣服覆盖他,极其愤怒地抨击统治者的罪恶。他说:"古时候的人君,把成功归于人民,把过失归于自己,认为正确的是人民,以为错误在于自己;只要一个人无辜地失去生命,他就退而自责。现在则不然,统治者把真相隐匿起来而责备人民不认识,有意制造困难却归罪于人民不敢承担,蓄意加重役务而惩罚力不能胜任的人,让人们到远方去服役而诛杀不能按期到达的人。人民知穷力竭,只好以虚伪来应付,(人君)常常欺骗,士民怎么能不做假谎报呢!能力不足便做假,智慧不足便欺骗,财用不足便盗窃。(现在)盗窃风行,应当责备谁呢!"①柏矩的控诉,揭露了统治者压迫人民的实

---

① 《庄子·则阳》,参用陈鼓应译文。

质和真相,比较正确地揭示了人民反抗的原因。在对旧制度的批判上,柏矩不愧是老聃的好学生。

老聃的另一位弟子是杨朱。杨朱是秦国人,家中有些资财,娶有一妻一妾,还有三亩之园。① 他热心于功名利禄,为人敏捷果断,头脑清楚,洞达事理,他试图探索治理天下之道,实现明王之治。在秦国,他也讲学接徒,对鲁国孔丘的学说有所闻。有一次他遇到逢氏,逢氏的儿子患有精神失常症,到处请人医治。杨朱便建议他到鲁国去向孔丘请教救治心病的办法。② 逢氏经过相邑时遇到老聃,听了老聃的一番话,取消了去鲁国的计划。回到秦国后,他可能把遇到老聃的情况告诉了杨朱。老聃那一番关于举世皆迷惘的话,深深影响了杨朱。恰好这个时候发生了一件小事。杨朱的邻人丢掉了一只羊,邻人邀集了亲属又来请杨朱家的小童儿一道去追羊。杨朱感到奇怪,追一只羊,何需那么多人去追寻呢?邻人的回答十分耐人寻味。邻人说:"岔路太多啊!"众人寻羊空手而回。杨朱问,为什么这么多人去追,还是让羊跑掉了呢?邻人的回答更加令人寻味:"岔路之中又有岔路,我不知道沿哪一条路去追才是,只好回来了。"听了邻人的回答,杨朱似乎受到很大的触动,好几天不谈不笑。他的弟子不理解老师为什么心情如此沉重。后来心都子特地去求教,才理解了杨朱心情沉重的原因。心都子向他的同学说:"大地上因为岔路太多,所以让羊跑掉了,学者也因为方术太多以致丧本。学术的根本是一个,而其末流却千差万别。现在先生所思考的是如何归同返一,如何把握道之根本。"

心都子确实准确地理解了杨朱。杨朱反复思考歧路亡羊的教训以及从逢氏那里听到的老聃所讲的道理,意识到老聃可能是一位真正得道之人,遂率弟子离秦东来,想拜老聃为师。

途经宋国国都时,他们住在旅店里。旅店的主人有两个妾,其中一人长得美,另一人长得丑。丑陋的小妾受主人宠爱,美丽的小妾反而被冷落。

---

① 《说苑·政理篇》:"杨朱见梁王,言治天下如运诸掌然。梁王曰:'先生有一妻一妾不能治,三亩之园不能芸,言治天下如运诸手掌,何以?'"

② 《列子·周穆王篇》:"秦人逢氏有子……及壮而有迷罔之疾。……杨氏告其父曰……"

杨朱对这一反常现象疑惑不解，就问店主人是什么原因。旅店的老板对杨朱说："那个美丽的自以为美丽，但是我并不觉得他美；那丑陋的自以为丑陋，但是我并不觉得他丑陋。"杨朱觉得这位小老板讲得很有哲理，就对他的弟子说："弟子们记住，行为贤良而能克服自以为贤良之心，到哪里都会受到人们的爱戴！"杨朱的这一观点已多少有一点老聃的无为而无不为的意思了。

杨朱到沛泽见到老聃，一见面就不客气地问："现在有这样一个人，反应敏捷，行为果断，头脑清楚，洞达事理，学道又勤奋不倦，这样的人可以和明王相比吗？"杨朱自视甚高，自以为自己的作为可以与明王相比。

老子回想起了十多年前孔丘在相邑向他提出的问题，也就以几乎同样的意思回答说："这种人对于圣人说来，只不过是被技能所束缚的治事胥吏，是既劳苦形体又困扰心神的人。虎豹因为它的皮有好看的花纹，所以成为人们田猎的对象，猿猴因为行动敏捷，所以才被人捉来拴住。这样的人，还可以和明王相比吗？"

杨朱听了老聃的分析，惭愧地说："请问明王是怎样治理天下的？"

老聃说："明王处理政事，功绩遍天下却好像和自己不相干，教化施及万物而人民并不觉得（自己）依赖什么，他（明王）虽有功德却不能用恰当的语言说出来，他使万物都各得其所，而自己却立于让人不可测识的地位。（顺乎自然）行无所事。"①

杨朱随老聃学了一段时间，他年纪轻，建功立业匡治天下的欲望十分强烈，希望到各国去游历一番。老聃并不勉强他。于是杨朱离沛往齐鲁。

柏矩、杨朱走后，老聃更加孤独了。一位年已八旬的老人隐居荒凉的沛泽，生活是十分不便的。吴楚之间的争战不断，吴国的力量越来越大，短期内是无法安定下来的。老聃想寻找一个安定的隐居场所，在当时，只有

---

① 《庄子·应帝王》："阳子居见老聃……"阳子居，学术界一般认为即杨朱。唐钺认为杨朱倡为我主义，是"贵己""轻物重生之士"，与阳子居响疾强梁，物彻疏明，主明王之治。相反，笔者认为唐钺的意见不可取。阳子居即杨朱，杨朱思想经历了一个从主张明王之治到贵己重生的转化过程。

西出关入秦才行。这使他记起早年听说的关于由余的故事。

由余的先人是晋国人，后逃亡至戎人部落。戎王听说秦穆王贤明，就派遣由余入秦考察。秦穆公特地把豪华的宫室和积聚的财物给由余看，以显示秦国的富裕。不料由余却说："（这些宫殿）使鬼来建造，则太劳神了。使百姓来建造，也太辛苦百姓了。"秦穆公感到奇怪，就问由余："中国以诗书礼乐法度来管理国家，然而还不断发生混乱。你们戎夷没有诗书礼乐法度，用什么治理国家，不也太困难了吗？"由余笑笑说："所谓诗书礼乐法度，这恰恰是中国所以不断发生动乱的原因。让我们看看历史。从上圣黄帝开始制作礼乐法度，自己带头执行，但也仅仅得到小小的治理。到后世，（君王）日甚一日地骄淫奢侈，借法度之威，对下层老百姓变本加厉地压迫，在下的老百姓困苦贫弱到极点就自然埋怨上面的大人，但又希望大人们能施行仁义，上下互相斗争指责，互相篡夺杀戮，以至于灭了整个宗族。这都是由诗书礼乐法度造成的。而戎夷却并不这样。在上之人饱含道德以对待在下之百姓，在下的百姓胸怀忠信以侍奉他们上面的大人，一个国家的管理如同一个人一身之治，不知用什么治，这才是真正的圣人之治。"由余讲的道理，使秦穆公大为吃惊，担心由余扶住戎王，戎会强大起来，成为秦国的后患。他采纳内史廖的意见，使用离间计，终于使由余归秦，秦国由此强盛。① 这是发生在一百年前的事。由余的治国之道，他对诗书礼乐法度的批评，令老聃折服，和自己现在的看法又是多么一致。秦国现在是一个强大的国家，老聃多么想去秦国看一看，归隐在那里啊！弟子杨朱是秦国人，如果能由他陪着去，是再好不过了。但杨朱已去鲁国，老聃向邻人留下话，如果杨朱来了，就转告杨朱，自己打算去秦国隐居，先顺道回故里处理一些事情，然后在秦都之郊等候他。

老聃回到阔别十余年的故里，满目一片荒凉，亲故大半亡散。过去在相邑时一直随伴身边的弟子庚桑楚，如今也居住在鲁国的畏垒山。正在老聃思念庚桑楚的时候，庚桑楚在畏垒山的学生南荣趎来到相邑。

---

① 《史记·秦本记》。

庚桑楚是距相邑不远的陈国人,随侍老聃问学多年。他对老聃的学说思想领别又深,在陈国很有名气,被许多人视为圣人。① 陈大夫出使鲁国,以私人名义拜访叔孙氏。叔孙氏向陈大夫介绍说:"鲁国有位圣人,名叫孔丘。"陈大夫不卑不亢地说:"我们陈国也有一位圣人。"当叔孙氏询问陈国圣人的姓名时,陈大夫回答说:"老聃之弟子有亢仓子者,得聃之道,能以耳视而目听。"②亢仓子因此被鲁侯聘至鲁国。当鲁君向他请教如何能"耳视目听"时,亢仓子回答说所谓"耳视目听",完全是传说之妄;我只能视听不以耳目,而不能使耳目互换其功能。当鲁侯向他请教如何视听不以耳目时,亢仓子回答说:"我的形体与心智合一,心智与气合一,气与神合一,神与无(道)合一。不管是远在八荒之外,还是迫在眉睫之内,凡接触我的,我都可以知道,我是以神知,并不觉得是通过耳目四肢感知的。"③亢仓子的这段话讲的是老聃的直觉认识,也就是老聃讲的"弗行而知,弗见而名,弗为而成",强调形、心、气、神、道的合一,由形心直接与道冥合,而无须经历感性经验。亢仓子即《庄子》中所讲的庚桑楚,此人虽受聘至鲁国,并不想做官。后来就居住在鲁国的畏垒山。④ 这块地方大概是鲁侯赏赐给他的。他在鲁侯赏给他的仆人中,挑选纯朴勤劳的留在身边,凡是自以为聪明和好表现自己仁义的,都被疏远。在畏垒山一带领地内,他实行老聃的无为而治的办法,不干扰百姓。三年下来,畏垒获得了丰收。畏垒的人民准备推举庚桑楚做首领。庚桑楚知道后,心中很不安。他的弟子不理解,劝他接受畏垒百姓的要求。庚桑楚对他们说:"你们有什么不理解的呢!春气勃发而百草丛生,秋季时果实成熟。春季和秋季,(这种差异和变化)难道是没有原因的吗? 这是自然之道运行的结果啊! (自然是如此,社会也当如此),圣人总是安居斗室,让百姓都能随心所欲悠然自得地生活。畏

---

① 《庄子·庚桑楚》:"老聃之役,有庚桑楚者,偏得老聃之道。"林希逸解'偏得'为'独得';成玄英疏云:"门人之中,庚桑楚最胜,故称偏得也。"

② 见《列子·仲尼篇》。据此,则老聃不是陈国人。不然,陈大夫为什么不称崇老聃为陈国圣人? 学术界亦持亢仓子为楚人说,可能是指陈被楚灭后。

③ 《列子·仲尼篇》。

④ 《庄子·庚桑楚》。

垒百姓要奉我为贤人,难道是让我表现自己吗?(这样不是违反了自然大道吗?)想想我的老师老聃的教诲,我深感不安。"

庚桑楚在畏垒山所收弟子中有一位年纪大的,名叫南荣趎。[①] 他听了庚桑楚关于自然之道的谈话,心中很是震惊,担心自己年太大了,学道已晚。他向庚桑楚提出一个问题:"我的年纪已经大了,要怎样学习才能达到您所说的境界呢?"庚桑楚告诉他:"保全形体,养护生命,不要使思虑焦化。三年下来,就可以达到我所说的境界了。"庚桑楚告诉他的是养生之道,这也是老聃学说的一个重要部分。当南荣趎表示对他讲的养生之道只能入耳而不能理解时,庚桑楚就介绍他去向老子求教。

南荣趎带着干粮走了七天七夜来到相邑。[②] 老子问:"你是从庚桑楚那里来的吗?"

南荣趎说:"是的。"

老子又问:"你为什么和这么多人一起来呢?"

听了老聃的问话,南荣趎不由得大吃一惊,(自己明明是一个人来的,怎么说这么多人一起来呢?)不自觉地回头看了一眼。

老子问:"你不懂得我说的是什么意思吧?"

南荣趎羞惭地低下头,又仰天叹息说:"我忽然忘记了我的回答,所以也就忘了想要求教的问题。"

老子问:"什么意思?"

南荣趎说:"说自己无知吗?人家会说我愚昧;说自己有知吗,反而会危害自身。为人不仁慈就会害人,行仁慈反而危害自身;为了不行义便伤了他人,行义反而要危害自己。我怎样才能逃避这些矛盾呢?这三个问题,是我所忧虑的。我希望由于庚桑楚的介绍而能够向您请教。"

老聃说:"刚才我从你眉目间的神色,便知道你心中有困惑,现在又从

---

① 南荣趎,姓南荣,名趎。南荣即南容,鲁人姓氏。或云姓南,《通志·氏族略》:"鲁有南氏。"

② 南荣趎见老聃于何地,有人认为是沛。笔者认为是在相。因为从鲁北到沛泽不需要七天七夜。

你的话得到证实。你那种茫然的样子好像丢失了父母,好象是一个想以竹竿去测量大海深度的人。你是一个迷失了人生之路的人,正在迷惘之中啊!你想回复你的本性而找不到回归的途径,可怜啊!"

老聃的话打中了南荣趎的要害,他请求留在馆舍跟老聃学习,希望通过学习能吸取自己所爱好的,舍弃自己所厌恶的。学习了十天,自己感到依然忧愁困惑,又去见老子。

老子说:"你自行洗静内心的污促之念,去知去欲,静观自然,做到内外两忘,为什么还是郁郁不安呢?可见你的心中还有不好的念头在袭扰。你要记住:不要被外界事物对你的束缚缠住不放,内心要善于检束;内心的困扰也不可执着不解,要杜绝外界对它的诱惑。身心内外都受束缚的人,即使已经有道德的人也不能自持,何况仅仅是效法道德的人!"

南荣趎又说:"村里的人有病,邻里去问候他,生病的人能讲清楚自己患了什么病,他能把病当作病,那就不足为病了(不难医治了)。像我听您说了大道,心中反而更加愁闷不解,好像吃药反而加重了病情。我只要能听听关于养卫生命的道理,于愿已足矣!"

南荣趎在几十年的生活经历中,已经习惯于世俗之见,对于什么是知,什么是无知,什么是仁义,什么是罪恶,他受传统教育的影响,已经形成基本固定的观点,也就是说他是一个世界观早已成熟的人,对庚桑楚、老聃宣讲的绝学去知、非礼不尚贤、以仁义为人之桎梏等观点,他是无论如何也接受不了的。十天思索,十天自愁,学道原为解除思想上的苦闷,现在苦闷反而更严重了。南荣趎终于认识到自己学道已晚,还是从实际出发,学一学养卫生命的道理吧,这对自己的下半生有用。

老子理解南荣趎的心情,便对他说:"养卫生命的道理在于:能(使精神和形体)合一,使二者不分离吗?能不用占卜便知道吉凶吗?能不追求分外的一切吗?能适可而止吗?能舍弃外求而反身自求吗?能无拘无束吗?能纯真无知吗?能像婴儿吗?婴儿整天号哭而喉咙却不沙哑,这是和气淳厚的缘故,婴儿整天瞪眼而目不转睛,这是不驰心向外的缘故。(一个人)行动时自由自在,安居时无挂无碍,顺物自然,同波而随流,这就是养生

的道理。"

南荣趎说："你说的这些,是否也就是至人的境界呢?"

老聃回答说："不是的。这只是人的执滞之心的消释,哪能算得上至人境界。圣人求食于地而与天同乐,不以人物利害而受搅扰,不立怪异,不图谋虑,不务俗事,无拘无束而去,纯真无知而来,这就是养生的道理。"

南荣趎又问："要是做到这样,就达到最高点了吗?"

老聃说："还没有。我前面告诉你说:'能像婴儿吗?'婴儿的举动无意识,行动自由自在,身体像枯木而心灵如死灰,不为外诱所动。能做到这样,祸既不来,福也不来,祸福都没有,哪里还会有人为的灾害呢!"①

鲁定公十三年(前 497)孔子率领子路、颜回等学生离开鲁国,开始他长达十多年之久的周游列国的颠沛流离的生活。他在鲁国任司寇期间表现出相当出色的管理才能,但是鲁国最高统治者和执政的腐败,使孔子无法施展他建设鲁国以王道统一天下的抱负。年初,齐国送给鲁侯十六名擅长歌舞的美女,引诱鲁侯耽于女色,离间鲁侯与孔子之间的关系。果然,鲁宣公与执政季桓子连日观赏美女歌舞,不问朝政。孔子看着朝中乌烟瘴气的情况,决心离开鲁国到各国去游说,宣讲自己的仁学。这年底,孔子一行离开鲁国先到了卫国。在卫国,孔子虽然年俸很高但无实职,也只是被当作摆设而已。鲁哀公二年(前 493),由于卫国发生内乱,孔子带领一部分学生离卫,过曹,适宋。宋本是孔子的先祖之国,经过孔丘的请求,宋景公才勉强接见了他。按见时,宋景公向孔丘提出了一大堆难题;尤其使孔丘气愤的是,宋司马桓魋故意找孔丘的麻烦,孔子师生只好离宋适郑。因为离宋时是秘密潜行,仓促逃难,孔丘在郑国被人讥笑为"像只丧家狗"。鲁哀公三年(前 492),孔丘一行到达陈国。陈闵公对这位北方圣人是很尊重的,待以上宾之礼。但孔子在陈国也还是无事可做,思念故土而又不甘心一无所成地回去,加之吴军即将入侵陈国,孔丘只得率领弟子赴楚,但又绝粮于陈蔡之间,七天后才被叶公派车辆接到负函(蔡)。鲁哀公九年(前

---

① 见《庄子·庚桑楚》。

486),孔丘离开负函,准备再到卫国去,但途经陈国时停留了大半年之久。孔丘从鲁定公十三年离开鲁国,至今已十年,历经卫、宋、晋、郑、蔡、叶、巢、陈,向这些国家的最高统治者陈述了自己的政治主张,但始终得不到信用。他时而情绪昂扬,知其不可为而为之;时而悲哀,幻想乘筏漂泊于海上。他找不到光明的出路,也难以弄清自己受挫折的原因。他坚信仁义之说,忠恕待人,克己复礼,爱人以德,这些都是治世良方,但为什么不被人所接受呢? 陈地离宋之相邑不远,他决定再去访问老聃。

孔丘对老子说:"丘研究《诗》《书》《礼》《乐》《易》《春秋》这六种典籍,自认为时间已很长了,已经熟悉其中的道理了。我用这些道理去晋见许多君主,向他们讲解先王之道,阐扬周公、召公的业绩,但是没有一个君主愿意实行。太艰难了,人真是难以被说服吗? 或者说是道理难以明白吗?"孔子回想着这十多年游说各国的艰难的历程,十分感慨地向老子述说。

老聃回答说:"幸好你没有遇到治世的君王啊! 你所说的六种典籍,只不过是历史上先王留下的陈旧的足迹,并不是足迹的根源。你现在所说的一切,也还是足迹。足迹,是由鞋踩在地上留下的痕迹,难道足迹能算是鞋吗? (你知道什么是本性吗?)比如白鹇鸟雌雄相互注视对方,连眼珠也不转动一下,就这样生育了后代;虫,雄的在上面叫,雌的在下面应,这样也生育了后代。有种叫"类"的动物,身兼雌雄两性,所以自身可以生育。(生物各有自己的本性)本性是不可改易的,命(必然)是不可变更的,时间也不可停留,大道(规律)不可壅塞。如果得到道,怎么做都可行得通;失去道,怎样做都行不通。(你的仁义道理是否合乎大道?)"①

孔子从老子处回到陈国后,有三个月没有出门,一直在思考老聃所讲的道理。他认识有把握自然和社会变化的根本规律才能找出使人性向善的办法。他对老聃的避世态度并不欣赏,但从与老聃的交谈中确实受到启发。也许自己所主张的一切还未能尽合大道。他打算在回到鲁国后重新

---

① 据《庄子·天运》:"孔子谓老聃曰:'丘治《诗》《书》《礼》《乐》《易》《春秋》六经……失焉者,无自而可。'"意译,参用陈鼓应译文。

整理和研究商周典籍。三个月后,他又去找老聃,说:"我已经懂得了。乌鸦、喜鹊都是孵化生育后代,鱼濡沫而生,细腰的蜂类是化生的,弟弟出生,哥哥因失去父母宠爱而啼哭(这一切都是自然变化的规律)。很多年来,我没有了解自然变化的规律,不贴近自然和了解自然的变化规律,怎么能去变化人!"

老子点点头说:"不错。你终于懂得道了。"

真正懂得道谈何容易!理论上谈谈也许像是懂了自然造化和万物一体的道理,但是一遇到实际问题就会显露出理论上的不彻底。就在这时发生一件小事,显示出孔子思想境界的局限性。陈国附近,楚国有人遗失一张弓,被别人拾去了。有人劝丢弓的人去索要回来,那位丢弓的楚人笑笑拒绝了,并说:"楚国人丢了弓被楚国人拾得,还要索要什么呢!"这是楚人一家的观点。孔子听到这件事以后说:"何必限于楚国人呢,可以去掉楚字,天下人失弓,天下人得之。"这是天下一家的思想。老聃听了孔子的评论后说:"何必局限于人呢!人是天地间一物,来之天地,回到天地,无所谓失,也无所谓得。去掉人的观念的束缚就可以了。"这是天地万物一体的思想。后来《吕氏春秋》的作者评论说:"老聃的观点才可以说是大公的思想。"①

---

① 以上据《吕氏春秋·贵公》意译。

孔子走后，表面平静如止水的老聃心情却久久不能平静下来。他望着孔丘疲于奔波的背影，不断地叹惜。孔丘十余年来热心救治天下，游说诸侯。可惜不得道本，不了解周制已经无法挽救，硬要以仁义治天下，只会越治越乱。诸侯争战越来越频繁，周王室形同傀儡。老聃完全失望了，他料理完家事，骑着一头青牛向西缓缓行去，准备在秦都之郊等待杨朱。

杨朱到鲁国后住在孟氏家中。孟氏问他："人为什么要有名？"杨朱说："因为有名才能富。"孟氏又问："已经富了，为什么还不断地追求名？"杨朱回答说："为了取得高贵的地位。"孟氏继续追问："已经有了高贵的地位了，为什么还要不断地追求？"杨朱说："那是为了死后。""已经死了，还为了什么？"杨朱答道："为了子孙。"孟氏问："名对于子孙有什么好处？"杨朱说："一个人有了名誉，可以惠泽宗族，可以给乡党以利益，何况子孙！"由这件事可以看出，杨朱到鲁国后把老子的教诲都给丢在一边了。老聃主张以无私成其私，人人无私助人，每个人也就得到他人之助己；而杨朱却认为人只要贵己就行，人人贵己，天下自定。老子强烈批判社会现实，对现实极其失望，从而主张"自隐无名"；而杨朱却怀有一种出人头地的强烈愿望，他自以为自己可以实现明王之治，富贵可以唾手而得。杨朱确实不是老聃的得意弟子。但是他却还常惦念着老师。他从鲁国南下到沛泽想看看老师生活得如何。到沛泽，老地原来的邻居告诉他老聃已先回相邑，准备去秦国，约他到秦国国都之郊会面。

杨朱骑马，老聃骑牛，杨朱急着赶路，老聃如同闲云野鹤悠悠西去，杨朱当然要快得多，所以到大梁(今开封)这个地方，杨朱就赶上了老子。两人走了一段路，老聃想起了从鲁国来人所传关于杨朱与孟氏的那场对话，不禁仰天长长地叹了口气说："最初你从秦国到相邑来，我还认为你可以教诲，现在看来，你是不可教诲的。"

杨朱听着老师的批评，一言不发，到了旅店，杨朱周到地侍奉老师，为老子拿来梳洗用具。自己把鞋脱在户外，然后跪着膝行到老子跟前说："刚才弟子想请教先生，先生没有空，所以不敢问，现在有空了，请问，我犯了什么过错？"

"名者实之宾，你知道吗？"

杨朱意识老师生气的原因了，但他仍然坚持说："现在有名就能得到尊荣，没有名就会处于卑辱的境地。有了尊荣的地位生活就可以逸乐，处于卑辱境地生活就忧苦。忧苦是违反人的自然本性的；逸乐，才是顺从人的自然本性的。所以名是实所依赖的。怎么能丢弃呢？但是要防止为了保守名誉而妨害实际利益。"

老子说："你的神态那样傲慢，谁愿和你相处呢？最洁白的东西表现出来总好像含垢面污浊，最富于道德的人让人看起来总好像不足的样子。一个人要知其雄守其雌，水给予万物以利益但它从不争名利，甘心处于众人之所恶的地位的人才是接近于道的。重要的是实质而不是名，名总是附属于实的。"

杨朱羞惭地说："弟子敬领老师的教诲了。"

说完话，师生两人同到大梁街上看看。

杨朱和老聃来到旅店投宿时，旅店的人看到他那一副高傲的架势，以为是什么大人物，敬而畏之，原先坐在那里的人给他让位子，旅店主人为他安排座席，女主人为他送来面巾梳子，连厨师也不敢当灶(唯恐饭菜不合这位贵人的口味)。但等到老聃和杨朱从街上回来时,旅店的人看到杨朱已变得十分平易近人,大家甚至敢于和他争席位取乐了。①

在西去的路上,有一位文子求见问道。老聃收他为弟子,对他说:"天地间一切由气构成的生命,一切有具体形态的事物,都是不长久的。自然造物开始之时,只有阴阳混沌一气,一切造化都是阴阳所变,生是阴阳之变,死也是阴阳之变。阴阳变化是有一定秩序的,其中存在一定之数,如果能够穷尽这一定之数,就可以通达阴阳之变。但是造物是十分巧妙的,其造化之功很深,人们是很难穷尽的。"这位文子继承和发展了老子的唯物主义思想,又吸收其他各家的理论长处,开战国黄老学之先河。东汉大学者王充把老子比为天,把文子比为地,给予文子以很高的评价。②

到达函谷关后,老聃拜访了老友关尹子,向他讲了自己准备出关入秦隐居的打算。关尹子是秦国人,并不是函谷关令尹,而是家住函谷关。他和老聃是老朋友,关于他们过去的交往,史料缺乏,我们难以交代。但是我们可以说,关尹与老聃持有相同的学术观点。后人评价他们的学术观点时是这样讲的:"以天地万物之本为精致,以有形之物为粗杂,认为储积实际是不足,恬淡地独自与造化之神妙共处……这是关尹、老聃所爱好的道术。(他们)建立了常无与常有统一的学说,把一切归本于最高的太一,以柔弱谦下为处事的范式,以空虚不排斥万物为实质。"可以说老聃与关尹是道家学派的两个创始人,《庄子》《列子》都把他们并列。③

关尹原居郑国,有一位徒弟名叫列御寇,人称列子。据说列子学射箭,射中了靶心,高兴地报告给关尹子。关尹子问他:"你知道你是怎样射中的吗?"列子回答说:"不知道"。关尹子说:"那还不行,再去练习!"列子回家又练习了三年,然后又来禀告关尹子。关尹子仍然问:"现在你知道你之所以射中的原因了吗?"列子答道:"知道了。"关尹子高兴地说:"可以了。牢

---

① 以上据《庄子·寓言》与《列子·杨朱篇》意译。

② 见《列子·周穆王篇》"老成子学幻于尹文先生,……尹文先生……曰:'昔老聃之徂西也,顾而告予曰……。'"此处"尹文子",笔者认为"尹"字衍,当作"文子",即《文子》的作者。《文子·道德》:"平王问文子曰:吾闻子得道老聃。"

③ 见《庄子·天下篇》《列子·杨朱篇》。

牢记住其中的道理不要丢失了。不仅射箭要知本,治国与治身都是如此。所以圣人并不注意存亡现象而关注存亡的原因。"①这里,关尹子提出了透过现象把握本质的思想,与老子的"知常"说以及"既认识万物,又持守着万物的根本"的要求,同是认识论的重要原则。

关尹不仅是一位哲学家,也是一位气功大师。他的学生列子有一次向他请教一个问题:"至人潜行水中不受阻碍,脚蹈火上不觉热烫,行走在万物之上而不畏惧战栗。请问(他)为什么能做到这样?"关尹说:"这是保守纯和之气的缘故,不是凭普通的知巧和勇敢就能做到的。凡是有具体的形貌声音颜色的,都是人,但是不同的人之间为什么差别很大?大家都是有形貌声色的,为什么有些人能够超越在他人前面呢?而至人能达到不露形迹而不变灭的境界,能够达到这一境界而穷尽大道的人,他物怎么能阻挠他!至人要处于不过当的限度,而藏心于无始无终的变化之中,神游于万物的本源与归宿,始终专一地守持本性,涵养自己的精气,与天地合德(本性一体),以通向自然造化。像这样的人,他的天性完备,他的精神凝聚,外物怎么能侵入呢?"关尹又对他说:"酒醉的人从车上坠下,虽然受伤却不会摔死。他们的骨节和别人完全一样而伤害却大不相同,这是因为他(酒醉之人)的精神凝聚,虽乘车而不知道乘车,也不知道从车上坠下来,死生惊惧都进不了他的心胸,所以他触撞外物而不惊惧。酒醉的人都可以这样,何况得自然之道的人呢?圣人与自然统一,所以外物也伤害不了他。"②关尹与列子的这一番问答,实际上讲的是气功学原理。潜行水中呼吸不窒息,脚蹈火不会被烧伤,都是被现代气功所证实了的。从原理上说,那就是要保守纯和之气。要做到保守纯和之气又必须懂天地万物之根本大道,才能不为外物所侵扰,从而保守纯和之气。这个观点与老聃所说的"专气致柔"完全一致。

两位老朋友阔别几十年,一旦相见,其欣喜之情是不难想象的。《史记·老子列传》曰:老子"至关,关尹喜曰"。这个"喜"是欣喜之喜,喜,并

① 见《列子·说符篇》。
② 据《庄子·达生》意译。

心通老子

非关尹之名。刘向在《别录》中说关尹名喜，并没有什么根据。

关尹盛情款待老聃，两位老友切磋学术观点。老聃回忆并述说了自己近几十年的生活经历，从任周王朝守藏室之史到被贬居鲁，从复官回王都到经历王子朝之乱又丢官归家，从与孔丘问辩到避居沛泽探求天道，以至现在准备出关隐居，这几十年的思想的变迁，政治观、人生观上的重大转变。关尹听得很有兴趣，建议老聃把它写下来传给后世。按老聃的本意是不想留文字的，但经不住关尹的劝说，终于答应把自己的道术观点总结一下，写出来。经过几个月的努力，老聃写出了五千言，分上下篇。上篇以"道可道，非常道；名可名，非常名"起首，被后人称为"道篇"；下篇以"上德不德，是以有德；下德不失德，是以无德"开头，被后人称为"德篇"，合称《道德经》。这部五千言的《道德经》由关尹保留，经列子传诸后代，至庄子时，《道德经》的观点才得到流传。

老聃西出关之关通常都认为是函谷关，此地在灵宝境，是入秦的必经之处。葛洪在《抱朴子》中说"老子西游，遇关令尹喜于散关"。散关是秦国西部关口，出了散关就是西域，这是道教徒为"老子化胡"说而杜撰的伪证。

老聃入秦游历秦国各地名山大川，了解风俗人情和历史传说，后隐居于扶风一带。距扶风不远的宝鸡县东有一位南伯子綦，是周文王之弟虢叔之后。[①] 南伯子綦听说老聃隐居于扶风，赶来拜见老聃，求老聃收他为弟子，老聃答应了他的要求。

南伯子綦生有八子，请九方歅为他的儿子看相。九方歅告诉他，那个名叫梱的孩子将与国君同食以终其身。南伯子察深受老聃愤世嫉俗思想的影响，对梱的这种与君同食的命遇很难过。他认为与国君同食只是一种口舌之福，而他和儿子追求的是超然于混浊现实之外的游于天地。他只希望顺自然本性而不愿孜孜追求功业和物相搅扰。过了不久，梱被派到燕国，途中被强盗掳获断了双脚后卖到了齐国，替渠公看门，确实也是食肉终

---

① 《路史》："虢叔之后有南伯氏。"

身。① 南伯子綦为寻找儿子,离秦东来,曾到过商丘。② 在《庄子》一书中,《齐物论》《人间世》《大宗师》《寓言》《徐无鬼》都记述了南伯子綦的事迹,③把他描述为已达"至人无己"境界的至人。如此推崇,或许庄周曾从学于南伯子綦,老子之学由此传于庄子。④

老聃高寿,活到一百六十多岁,老死于扶风。老聃作为长者,平素待人慈祥,他那与天地一体的阔大胸怀,他那守柔处静忍辱含垢的性格,得到乡邻老少的敬爱。人们络绎不绝地来吊唁,痛哭失声。老聃的好朋友秦佚也赶来再见老朋友一面。他来到老聃灵前,不跪拜,不痛哭,只长号三声就出门而去。老聃的邻人及弟子不理解地问:"您不是先生的朋友吗?"

秦佚回答说:"是好朋友。"

"那么这样(无情)的吊唁,讲得过去吗?"

秦佚答道:"我的做法是对的,原先,我以为他是至人,现在看来他尚未达到。"秦佚看众人不解,就解释道:"刚才我进去吊唁的时候,看见老年人哭他如同哭自己的儿子一样,少年人哭他如同哭自己的母亲一样。老少都这样悲伤地哭他,一定是情感执着不必哭诉而哭诉。这些表现都是违背自然违背实情的,忘掉了我们所禀赋的生命来于自然。该来的时候,老聃应时而生,该去的时候,老聃顺时而去。安心适时而顺应自然变化,这样哀乐的情绪便不能侵入人心中,古时候把这叫作解除倒悬。生亦不喜,死亦不悲,这才合乎自然之道。不理解这些,即不懂得老聃,怎么能算是老聃的朋友? 所以我不悲。"⑤

老聃曾在槐里讲学,那里的百姓深深地怀念老聃。他们要求把老聃葬

① 《庄子·徐无鬼》。

② 《庄子·人间世》。

③ 《庄子·齐物论》为"南郭子綦",《大宗师》为"南伯子葵",均即南伯子綦。《寓言》中有"东郭子綦",似有误,亦当为南伯子綦。成玄英说:"南郭子綦"是楚昭王之庶弟,是由于把九方歅误为九方皋所导致的错误。《庄子·徐无鬼》中记南伯子綦自述:"田禾一睹我而齐国之众三贺之",可见他在田禾时是一位老者,与楚庄王之司马子綦决非一人。

④ 关于庄子的老师,成玄英说庄周"师长桑公子",韩愈疑庄周原为儒出自田子方之门,郭沫若疑庄子为"颜氏之儒",也有人认为庄子师庚桑楚。

⑤ 见《庄子·应帝王》。

于槐里。扶风百姓想到老聃平素教给他们的不争的待人原则，就协同槐里百姓一起把老聃安葬于槐里。① 老子的儿子名宗，没有随父入秦，而是留在故里，以后成为魏国将领，被封在段干。宗的儿子名注，注的儿子名宫，宫的远孙名假，假在汉孝文帝时为官。假的儿子解是胶西王刘印的太傅，以后就在地安家。

庄子在写完老聃之死一段文字后，写下一句含义十分深刻的话；"蜡烛和柴薪的燃烧是有穷尽的，火却传承下去，永远没有穷尽的时候。"

老聃逝去已经两千多年了；他的学说却经过庄子、黄老道家，淮南子以及历史上众多的道家学者传承下来，对哲学、政治学、军事学、文学艺术、自然科学都产生了极其深远的影响，深深地印入中华民族文化心理的深层，并以新的形态与现代文化相结合，绵延不绝，永无穷尽！

---

① 释道宣《广弘明集·辩惑篇序》："李叟生于厉乡，死于槐里。"道宣跋孙盛《老子疑向反讯》："老子遁于西裔，行及秦境，死于扶风，葬于槐里。"《路史后记》注："郾县柳谷水西有老子墓。"今陕西楼观台附近，尚有老子墓。《水经注·十九》："就水出南山就谷，北迳大陵西，世谓之老子陵。"

老子百问

一　老子其人其事

（一）　历史上有过老子这个人吗

老子是我国古代一位伟大的思想家和哲学家。但是，关于老子的生平、著述和思想，历史上流传下来的材料非常少，而且相互矛盾，以至长期以来众说纷纭，难以决断。战国诸子的著作中或者未曾提及过老子其人其书，或者有所言语却又一鳞半爪，未尽其详。

现存最早专门记述老子生平和著作情况的当推《史记·老子传》。司马迁在其中写道："老子者，楚苦县厉乡曲仁里人也。姓李氏，名耳，字聃，周守藏室之史也。"在司马迁的笔下，老子有名有姓有谥，有籍贯和身份，记载相当详细和明确。接下来，司马迁还记述了孔子问礼于老子的传说，并称老子之学是"修道德""以自隐无名为务""无为自化，清静自正"。老子受关尹之请，"著书上下篇，言道德之意五千余言"。之后，老子便"而去，莫知其所终"。最后还说道："世之学老子者则绌儒学，儒学亦绌老子。"可见，司马迁对老子的思想特点、著作情况以及与儒学的关系，都记述得相当清楚，虽然其中也有细微的模糊之处，但大体上已清晰地勾画出了老子的生平和著作的基本情况。

但遗憾的是，司马迁在记述上述情况时，还穿插地提到了另外两个人：一是老莱子；一是太史儋。司马迁说："或曰老莱子亦楚人也，著书十五篇，言道家之用，与孔子同时云。"根据这里说的老莱子"亦楚人也"的话，老莱子与老聃显然不是一个人。不过《庄子》书中记述老莱子对孔子说过的话，又恰好与司马迁在此书中记述老子回答孔子问礼时所说的话基本上相似，这就颇为令人困惑了。

太史儋的情况更为麻烦。司马迁的话说得很不确定，只说有人认为孔子死后一百二十九年，曾见过秦献公的周太史儋就是老子，也有人认为不是。但不论怎样这都非同小可，因为太史儋与孔子相差一百二十九年，那就已经是另一个时代——战国了。如果太史儋就是老子，还必定牵涉到另外一个问题：究竟是孔子在前，还是老子在前？

因此，司马迁的记述的确给后人了解老子其人其书带来了很大的困难，虽然这也表现出司马迁作为一位大史学家所具有的严谨的学风。同时，这也表明了关于老子其人其书至少在司马迁时代就已经发生疑问了。

最初对老子其人其书提出疑问的是北魏的崔浩，但其说已佚。之后，韩愈否认孔子师从老子却无证据。宋清两代都有人考辨老子其人其书的真伪。特别是汪中和崔述所论最详，前者主张太史儋就是老子，否认老子与孔子同时，并认为孔先老后；后者则认为孔子无问礼于老聃之事，《老子》不过是杨朱之徒的伪作。至 20 世纪 20 年代，因胡适著《中国哲学史大纲》置老子于孔子之前，受到梁启超的批评，而梁又反遭张煦的驳难，遂引起一场老子考辨的激烈笔战，前后持续了十五六年。新中国成立以后，五六十年代的老子研究又提旧话，论战有年。时至今日，又有陈鼓应先生再论老子早于孔子。可见，老子其人其书确实是一个令人感兴趣而又难于卒下结论的问题。

不过，多数参与考辨和讨论老子其人其书的学者并不否认老子其人的存在，只是对其生存年代有不同看法，或者认为老子生活于春秋末年但早于孔子，或者认为老子在孔子以后，是战国时人。

唯有孙次舟先生在二三十年代的笔战中，完全否认老子其人的存在，认为老子不过是庄子所捏造的一个子虚乌有的寓言人物，《老子》一书也是庄子后学收辑而成的。其根据是：①《论语》《墨子》《孟子》均未提及老子，至《庄子》始忽有老子；②《庄子》内篇云老子之事为后世关于老子之种种演化之根基，而《内篇》所言老聃者，不过是为诋毁孔子而虚造的一个人物，后来庄周后学又辑佚成《老子》一书"以实其人"。至于《史记·老子传》则荒诞不可信。这确是一种十分大胆的意见。

但是，据学者们在讨论中所举证的各种史料来看，否认老子其人的存在是没有充分理由的。首先，《史记·老子传》虽然有模糊之处，但并不是完全不可以辨明的。从《老子传》所表明的主要倾向上看，司马迁肯定了老子即老聃，其年代早于孔子，并著有《老子》一书。更重要的是，先秦诸子所记老子虽属一鳞半爪，但合而观之，又成一完整的老子这个人物及其思想，这又是没有疑问的。当然，《老子》一书未必一定为老子所自撰，或者是由后人所记述，甚至也有后人所附益的成分。

其次，退一步讲，《庄子》之外，并非仅仅是道家记述了老子其人其书，儒家系统的著作也有种种记载，包括《论语》《墨子》都依稀可见。既然儒墨著作都不否认老子其人其书的存在，怎么能说完全是《庄子》的捏造呢？

再次，《庄子》一书据专家的考证，虽然"寓言十九"，但有关于历史人物的记载多数还是真实或至少是可能的。

由此可见，在《庄子》为主要代表的先秦诸子著作均未否认过老子其人其书存在的情况下，仅凭《史记·老子传》中的记载有某种模糊之处，便断定老子是一个捏造的人物的看法，未免不妥。对老子其人的存在与否，仍应相信胡适的话，即在没有找到足够的理由加以否认之前，还是应当肯定老子确是我国古代一位伟大的思想家和哲学家。

（二） 老子与孔子是同时代人吗

老子的年代问题是长期以来老子研究中一个十分棘手的问题。学者们在这个问题上,也还有着不同的看法。

一种意见认为老子与孔子同为春秋末年人,并略早于孔子,孔子曾向他问礼。持有这种意见的人所依据的材料主要是《庄子》《礼记·曾子问》《吕氏春秋》以及《史记·老子传》等书中的记载。其所述内容大致是:老子曾做过周朝史官,熟知礼仪,但又重质轻文。孔子曾几度问礼于他,他对孔子有所批评。以后他曾出关入秦,不知所终。据说他很长寿,活了一百甚至两百多岁。据此有人推测,他约当生于周灵王初年(前570)左右,长孔子二十岁。

另一种意见则否认这种看法,认为上述书中关于老子的记载均不可靠,因为各书的记载不仅有相互矛盾的地方,而且不少情节在事实上是根本不可能的。比如关于孔子问礼于老子的记载,不仅孔子没有可能去见老子,老子批孔子的话也是无的放矢。他们认为,之所以会有这种记载,完全是由于《庄子》"寓言"笔法所造成的恶果,至于《论语》中所说的"老彭",有人认为他根本就不是老子,有人虽然同意有这样一位知礼教人的老子,孔子也确曾向他问过礼,但他与写《老子》一书的老子是两回事,后者是太史儋。这样一来,作为《老子》作者的老子不仅不会早于孔子,而且晚于孔子一百二十九年。

可见,对老子年代问题的分歧,主要还在于如何解释诸子和《史记》的记载。依其说,则可肯定老子与孔子同时并略早于孔子;不依其说,或只信其中的一部分说法,则必须说老子晚于孔子。

大体认为老子晚出者中,或说老子在孔墨之后孟庄之前,或说竟在庄子之后,但其论证的基础一般都在于对老庄书之异同的分析,即按照所谓思想线索来推测的,但这往往是不大可靠的。

因而比较起来,诸子书及《史记·老子传》的记载更有价值。就此,我们虽然不能像陈鼓应先生那样把各种相互矛盾的看法索性全部接受下来,给以一个大体合理的推测,如认为孔子问礼于老子不止一次,也不止一地;但有一点可以肯定,即不能认为关于孔子问礼于老子以及关于老子思想特点的所有记载都是庄子及其后学捏造的结果。因为在庄子以前的《论语》

和《墨子》佚文中的许多虽不明确但实际是在暗指老子的话,这些与后世包括《庄子》在内的诸子书中的记载以及现存《老子》一书的基本精神是大体吻合的,至少决不全是无中生有的。退一步说,即使孔子并未向老子问礼,但《论语》中的许多话语显然是针对老子的思想而发的,这就不能否认在孔子的时代或之前确曾有老子这个人,站在这一点上再来看老孔关系,既然无论道家还是儒家都记载了孔子问礼于老子的事迹,而这又发生在儒道对立的背景下,那就断非是靠造假所能解释的。再者,先秦诸子所描写的老子具有大体一致的面貌,司马迁的记载虽有模糊之处,但基本精神又与此一致,后人的怀疑岂不是有点"杞人忧天"了吗?

至于老子的卒年,有一点可以相信,他很长寿,至少活了八九十岁。只不过,那种一定要论证他活了一百乃至两百多岁,以此来弥合司马迁记述所留下的缝隙的做法,则近于穿凿,难于令人信服。因此,所能肯定的只是,老子与孔子同时而略早于孔子。

（三） 老子是楚人、陈人,还是宋人

今本《史记·老子传》说:"老子者,楚苦县厉乡曲仁里人也。"但据孔颖达《礼记·曾子问》疏引《史记》则云:"老聃,陈国苦县赖乡曲仁里人。"这就有了楚、陈异说。不仅如此,罗根泽和谭戒甫两位先生征引诸书,罗列关于老子故里的记载或传说竟有十几种之多,国籍和县名以及乡里均有异说,且彼此错杂。国有楚、陈之别,县有苦、相之异,乡有厉、赖、獭之差。

据清俞樾《诗评议》证明厉、赖、獭古时通用,不成问题。又据边韶《老子铭》说:"春秋之后,相县虚荒,今属苦。故城犹在,在濑乡之东,涡水处其阳。"因此,高亨先生认为,"谓老子为相县人。探古以为言也;谓老子为苦县人,据今以为言也。二说虽异,两地则一。"

至于楚、陈之差,其关键则在于它们与苦(相)县之间的关系。司马贞《索隐》说:"苦县本属陈,春秋时楚灭陈,而苦又属楚,故云楚苦县。至高帝十一年立淮阳国,陈县苦县皆属焉。"因此有楚、陈二说流行。阎若璩

心通老子

《四书释地又续》则说："苦县属陈,老子生时,地楚尚未有。陈灭于楚惠王,在春秋获麟后三年,孔子已卒,况老聃乎! 史冠楚于苦县上,以老子为楚人,非也。"此后,一些人便肯定老子为陈人,虽然也有人仍然认为老子乃楚人无疑。高亨先生据《史记·老子传》下文"老莱子亦楚人也",肯定《史记》原文当作楚,不作陈。因为事实上,老子死在孔子的前后和死在楚灭陈的前后还不可确证,所以说楚苦县并无甚妨碍。但"老子生于陈,仕于周,老死于秦,谓之陈人较为差胜耳"。

然而,在高亨先生之前,清人姚鼐和近人马叙伦先生却均言老子乃宋人。姚鼐说:"老子所生,太史公曰楚县,或曰陈国相人。《庄子》载孔子、阳子居皆南之沛见老聃。夫宋国有老氏,而沛者宋地。言者所生,三者说异。而庄尤古,宜得其真。然则老子其宋子姓耶? 子之为李,语转而然。"

不过,马叙伦先生认为:"老子之为子,姓之老氏与否,又当以所生之地为断。"那么,老子所生之地在哪里呢? 马氏认为,《史记》所记不当为楚之苦,而应是"相人"。并且老子既非赖乡又非曲仁里人,《史记》此文乃唐以后人刊改,不足为凭。而且,所谓"相人",也非陈之相人,当是宋之相人。因为春秋经传不见相为陈地的记载,而庄子所说的孔子、阳子居"南之沛"见老聃的"沛"与所谓"陈之相"相距甚远。但《楚策》所说的相(即《汉书·地理志》中沛县之相)却与沛地相近,原属齐,君偃时为宋所取。庄子生当君偃之世,以其时之地而言,沛与相近,"老子盖尝居之,而其生则相人也"。

谭戒甫先生同意马叙伦关于老子乃"宋之相人,非陈之相人"的看法,但又把老子一分为二:一为老莱子,一为太史儋。前者为春秋末年人,即《论语》中的老彭,他"本生在宋都睢阳而长于相地,他后来还耕于蒙山之阳,其地在沛,但终竟又迁于苦地獭乡,度他的残年去了"。这样,谭氏就把苦与相看作是两地而非一处。苦在涡水之北,而相与沛地相近。战国时相为楚地,春秋时则为宋邑。

由此可见,老子究竟为楚人、陈人还是宋人的分歧,关键在于:第一,苦地在春秋时是否称为相,又是否为宋所有? 第二,老子是本来就生在苦地,还是生在另一个与沛相近的宋地？从《史记》到陆德明的十几种关于老子故里的记载来看，讲到县时多数是苦，少数是相，而讲相的又有两处同时标明今属苦者春秋时为相。单讲相的只有边韶的《老子铭》和陆德明的《经典释文·叙录》。《老子铭》说：“春秋之后，相县虚荒，今属苦。”《经典释文》说：“一曰，陈国相人。”高字先生认为，苦地即是相地，春秋时称相，汉时乃称苦。但春秋时相（苦）究竟是楚或陈，还是宋地，笔者未考，姑且仍依旧说，谓老子为陈国相人。

（四） 老子是隐士吗

老子的身份问题，《史记·老子传》中有两种说法，先说他为“周守藏室之史”，是有官职的；后又说他“修道德，其学以自隐无名为务”，但紧跟着还说他“居周久之，见周之衰，乃遂去。至关，关令尹喜曰：‘子将隐矣，强为我著书。’于是老子乃著书上下篇，言道德之意五千余言。”这一段话虽有不甚清楚的地方，但却明白告诉人们，老子先是在周朝做了很长时间的官，职位是守藏室之史，后来周朝衰败，官做不下去了，于是离开周朝。他出关将隐时，遇见关尹令喜，应其之邀，撰写了《老子》上下篇。这就把老子的一生划分成两块：一是为官；一是隐居。但是，夹在这两层意思中间的一句话是“老子修道德，其学以自隐无名为务”，它与下面的“将隐”和“言道德之意”虽然一致，可这是指老子在为官时就已“自隐无名”呢，还是指老子当其时仅仅有这个想法和愿望呢？造成如此情景的契机是什么？老子是在“见周之衰”以后才“遂去”的，这与他“以自隐无名为务”岂非矛盾大概正是这个原因，谭戒甫先生才认为，这段话实是把两个人的事迹捏合在一个人的身上了。事实上，“修道德，以自隐无名为务”的是老莱子，而做过周守藏室之史的则是老聃。

不过，说老子先曾在周朝做官，后又离国隐居，这在时间上是可以衔接起来的，是完全可以说得通的。至于其中所说“老子修道德，其学以自隐无名为务”，虽然有点突兀，但如就其主要的思想倾向而言，也与他曾经为官的身份并不矛盾。因为一个人一生中的思想倾向是可以变化的,问题的关键在于去发现这一变化的轨迹。在这里,高亨先生对老子生活史迹的考证值得一提。

高亨先生认为,《左传》中的东周王朝官吏老阳子就是老聃。老聃约在四十二岁以前曾经受到周王朝贵族的迫害,逃到鲁国,因此孔子得以向他问礼,从他助葬。后老聃又被召回东周王朝,继续掌管图书。但在昭公二十六年,周景王的儿子王子朝和悼王、敬王争夺王位,掀起了内战,最后王子朝失败了,于是他便带着东周王朝的图书逃往楚国,老聃不得不去官隐逸。这样来看,老聃一生坎坷艰难,他所处的东周王朝阶级矛盾十分尖锐,贵族阶级内部斗争也十分激烈。这种社会生活和个人生活对老子思想的形成起着重要的影响。

高亨先生的解释是有相当道理的,从《老子》全书来看,老子虽主张圣王以"无为"治国,但其目的仍在于救世图治,并未完全走到避世的道路上去。但另一方面,老子又猛烈地批判社会现实,对文明社会的种种弊端极为不满,同时又向往"小国寡民"的理想社会生活,这使他有可能走上隐居的道路。因此,从为官到隐居,这中间必定有一系列的社会事件和个人事件发生,并给老子以重大的思想影响。可以说,老子原是入世的,他的隐居则是出于无可奈何。

(五) 先秦记载老子的书主要有哪些

先秦典籍中关于老子其人其书的记载除《庄子》外,多是一鳞半爪,不成系统。但这些零星记载,却对老子其人其书的考证至关重要。虽然对这些材料应作如何解释和评估有着不同看法,但若根本上没有这些材料,老子其人其书的面目将更加云遮雾罩,终难辨清。

首先是《论语》。一般认为,《述而》篇中所谓"述而不作,信而好古,窃比于我老彭"中的"老彭"即是指老聃。此外,《述而》《卫灵公》《宪问》《泰伯》等篇中的一些话,如"以德报怨,何如""仁者必有勇,勇者不必有仁"

"无为而治者其舜也与？夫何为哉？恭己正南面而已矣""巍巍乎，舜禹之有天下也而不与焉"，均与老子有关：或直接引自《老子》并驳斥之，或受到老子影响，针对老子而发。这些被看作是老子早于孔子的一个方面的证据。

据《太平御览》卷 322 兵部 53 条所辑《墨子》佚文："墨子曰：墨子为守，使公输盘服，而不肯以兵知，善持胜者，以强为弱。"故老子曰："道冲而用之，有弗盈也。"可见《老子》不会晚于墨子。

《战国策》引用《老子》有两条，一是在《魏策》惠玉条目下："老子曰：'圣人无积，尽以为人，己愈有；既以与人，已愈多。'"另一条在《齐策》宣王条目下，颜斶与齐宣王对话时引证老子："老子曰：'虽贵，必以贱为本；虽高，必以下为基。是以侯王称孤寡不谷。'"这也在庄子述老子之前。

《庄子》记载老子事迹的材料多达十六条，其中除七条是记述老子与阳子居等人的来往外，其余九条全部是关于孔子就学于老聃，向老聃问礼求道的材料。这些材料散见于内外杂篇中。此外，外、杂篇直接引用《老子》原文的史料也多达十七条之多。《庄子》书中关于老子其人其书的记载被看作是《史记·老子传》所依据的主要材料，且是系统记载老子其人其书最古老的典籍。有人认为弥可珍贵；有人则认为是庄周及其后学的寓言伪造；也有人肯定其中的历史人物的关系是基本可信的。据《庄子》的记载，老子曾为周守藏室之史，后隐居沛地，孔子因而得以向他问礼。其弟子有阳子居、庚桑楚等人。老子最终"西游于秦"，客死秦地。如果《庄子》的记载确具有可靠的史料学上的价值，那么后世许多记载便基本上可以串联起来，得到合理的解释。

荀子也评述过老子，在《天论》篇中说："老子有见于诎无见于信。"

《吕氏春秋》提到老子有五处：①"……老聃闻之曰：'去其人可矣'。故老聃则至公矣。"②"孔子学于老聃……"③"老聃则得之矣，若植木而立。"④"老聃贵柔……"⑤"圣人听于无声，视于无形，詹何、田子方、老耽"耽与聃音相近而假用，说的都是老子。此外，《吕氏春秋》还有三处引用了《老子》原文。

心通老子

《韩非子》除有《解老》《喻老》两篇专门论述和引申老子学说的文字外,还有三条引述:"老聃有言曰:'知足不辱,知止不殆。'""老子曰:'以智治国国之贼',其子产之谓也。'""……其说在老聃之言'失鱼也',"分别在《六反》《难三》和《内储说》中。

因此,郭沫若先生认为,老子即是老聃,曾为孔子之师,在秦汉以前人并不曾发生过问题。而且,诸子书中所描绘的老子生平和思想的面貌是大体一致的。

(六) 《老子》一书是老子自己撰写的吗

《老子》一书的作者问题,与老子这个人是否存在,如果存在他是怎样一个人以及他的年代等问题是密切联系在一起的。如果其他问题不能解决,这个问题也无法得到解决。因而《老子》一书的作者问题也是长期为人们所争论不休的问题。

按照《史记·老子传》的说法,"老子乃著书上下篇,言道德之意五千余言"。可见,司马迁明确肯定了《老子》一书的作者就是老子。而且,司马迁所说的《老子》上下篇的结构和五千余言的篇幅,也与流传至今的《老子》面貌完全一致。

但是,由于司马迁的《老子传》中还提到了老莱子和太史儋两个人,加之《老子》书中又夹杂有战国时期的史实和用语,这就使不少人对《老子》书究竟是否为老子即老聃也即孔子曾问过礼的那个老子所著,产生了很大的怀疑。有人完全否认春秋末年与孔子同时有这么一位老子存在,而认为《老子》一书是庄周后学辑佚而成的。有人虽然不否认有这样一个老子存在,但认为《老子》一书并不是他本人所做的,而是由战国末期的某一个人所撰的。这个人,有的认为是太史儋,有的认为是詹何,也有的以为是关尹即环渊。郭沫若先生认为《老子》书的作者虽然是关尹(环渊),但书中的基本思想属于老子,或者说是老聃遗说的发挥。新中国成立以后,这种看法为多数人所接受。1973 年长沙马王堆三号汉墓帛书本《老子》出土以后,许多人又就帛书本《老子》的特点对其作者进行考察,但多数人的看法仍然认为是战国时的作品,其作者当然不可能是生活于春秋末期的老聃。不过也有人把《老子》作者肯定为老聃,但同时又把他的生活年代确定在战国。

由此可见,《老子》一书是否为老子所自撰,这是《老子》作者考证中的一个首要问题。如果能够确认《老子》一书是老子自撰的,也就无须再考证詹何、太史儋等人的作者身份了。最近,陈鼓应先生撰文指出,老子确实生活于春秋末年,略早于孔子。《老子》一书确是他自撰的,《论语》《墨子》都有对《老子》的引述,这是一个十分有力的证据。而且,老子的时代著书已很方便,《老子》正是第一部私人著作。

应当说,对待《老子》书的作者,也应像对待老子其人其书中的其他问题一样,不能完全否认历史上有关于它们的记载。胡适提出,对于古人的记载在没有找到充足的否定的证据之前,不要轻易下结论的看法还是对的。既然先秦诸子和《史记·老子传》都未否认老子自撰《老子》一书,看来要否认这种说法是比较困难的。张岱年先生最近提出,从语言形式上看,与《老子》同样的《孙子兵法》既然产生于春秋末年,那么《老子》也可能在春秋末年就已经写成。这为证明《老子》是老子自撰提供了一条重要依据。

当然,老子自撰的《老子》未必完全是流传至今的《老子》,后者一定有老子以后的人所附益的成分,因而出现许多与老子生活年代不符的史实和用语。这可能比较切近事实。

（七） 《老子》一书作于何时

《老子》一书的写作年代问题是《老子》考证中的另一重要问题,历经多年论战,至今尚未解决。

经过二三十年代两个阶段的笔战,似乎一般不再把它看作是春秋末年写的作品,而是认为它约成书于战国中期。因而,此后的哲学史、思想史和

心通老子

通史著作总是把它放在孔墨以后、庄子以前来加以论述。五六十年代的讨论结果也基本维持了这样一种看法。所以,近期提到《老子》的一些著作几乎全部这样来安排《老子》的时代位置。

但随着帛书本《老子》的出土,人们又重新提出这个问题,并进行新的论证。近来,伴随着学术界对道家文化和哲学在中国传统文化和哲学中的地位和作用所做的重新认识和深入探讨,陈鼓应先生更是大声疾呼:老学先于孔学,《老子》一书乃老聃自撰。

这确是一个必须弄清的问题。

《老子》一书的写作年代与它的作者问题是密切联系的,如果能够肯定它的作者就是老聃,而老聃又确实生活于春秋末年,其写作年代也就不证自明了。对《老子》一书的作者,前文已有所论述。

但是,否定《老子》一书作于春秋末年,还有几种特殊的理由:第一,《老子》一书的内容不成系统,不可能成于一人一时,而是纂集了道家学派中许多人的思想而成的,其中包括老聃、太史儋以及其他一些人的学说,因此是战国末道家纂录精言的产物;第二,春秋时期"学在官府",孔子以前无私人著述,《论语》是第一部私人著作,所以《老子》只能是战国时期的作品;第三,从思想史发展的线索来看,只有首先出现一种思想观点,然后才会有对这种思想观点的批评。老子反对仁义礼智和天命鬼神,当在孔墨甚至孟子之后。还有人对比《老子》与《庄子》和《吕氏春秋》中所共有的思想之多寡、成熟与否的情况,推断《老子》应在《庄子》乃至《吕氏春秋》之后,其成书年代晚至秦汉;第四,《老子》一书的文体既非孔孟那样的问答体,故应在《论语》《孟子》之后;但又是一种简明的"经"体,可见其为战国时的作品。此外,更有人从《老子》一书中所出现的一些文字、术语不可能是春秋时代的情况,进一步推断它只能为战国时人所作。70年代以后,帛书《老子》的出土,以十分确凿的证据否定了《老子》乃产生于秦汉年间的看法。但人们根据帛书《老子》的内容特点,由于持论不同,仍有作于春秋末年和战国中期的分歧。

张岱年先生认为,《老子》与《孙子》文体相近,《孙子》既可以肯定为春秋末年的著作,则《老子》出现于春秋末年也不是不可理解的。刘建国先生认为,帛书甲本《老子》中"邦""国"二字并用,"邦"多于"国",与《论语》一致,反映的是春秋末年的情况;其次,帛书《老子》的出土证明战国时已有帛书,据此推之,春秋末期帛书也是存在的,因而私人著书是一件很方便的事,那么说《老子》是孔子以前的私人著述便不是没有根据的了。

但是,余明光先生则不同意这种看法,他认为,从单一的一个字或一个词的使用来判断划分一个时代,既不全面,也缺乏有力的论断,而且战国时朝"邦""国"两字也是并用的。而帛书《老子》的出土并不能证明春秋末期就有帛书存在。他还认为,从帛书《老子》的文体字句来研究,《老子》一书决非春秋末期的产物,也非出于一时、成于一手,而是老子后学根据老子的思想和道家的学说不断增益编纂而成的,否则便不会在帛书本中出现前后重复和矛盾的现象。余氏还据帛书《老子》中一些器物名称和语气,参之以考古发掘和其他文献,以及思想史发展的线索,肯定《老子》一书出于战国,在孔墨之后。

应当承认,《老子》书的写作年代与他的作者问题,是联系在一起的。本书肯定老子确有其人,且早于孔子,生活于春秋末年。《老子》书不但保留了老子本人的思想,且在很大程度上是老子自撰的。这是因为,我们认为否定《老子》一书产生于春秋末年的根据是并不充分的。从思想史发展线索考虑,早已被胡适称之为是一把双刃的剑,可以两边割的。就文体来看,张岱年先生将《老子》与《孙子》比较,肯定《老子》作于春秋末年是有一定道理的。至于孔子以前的私人著述问题,老子本人就是官府之人,其从事私人著述无疑比较方便。从总体上看,否定《老子》一书作于春秋末年的论据中没有绝对可以确定的款项,以此来推翻长期以来人们的看法,是缺乏说服力的。当然,这并不是说现存《老子》就写定于老子之手。真实的情况可能是,虽然《老子》一书的主体部分成于春秋末年的老子本人,但最后写定当在战国中期以前,因而流传下来的今本《老子》中掺杂有老子后学的附益,但掺杂的成分并未影响到《老子》的基调及其系统性和完整性。

心通老子

（八） 唐代傅奕的《老子古本篇》的确是古本吗

唐代傅奕的《老子古本篇》（又名《道德经古本篇》）是依据北齐武平五年（574）项羽妾冢所得的抄本，参之以寇谦之所传安丘望之本和仇狱所传河上丈人本校定而成的。《老子古本篇》的最大的一个特点是虚词较多，文句后面常出现"矣""也"一类的词，与魏晋以来较为流行的河上公注本和王弼注本有很大的不同，河、王注本文句简朴，傅本则显得文辞蔓延，因而人们认为简朴者较古，傅本应在河上公注本和王弼注本之后，更有人明确提出傅本就是依据王弼注本发展而来的。

但是，1973年马王堆汉墓出土的帛书《老子》同样有较多的"也""矣"之类的虚词。据此，张岱年先生认为，帛书《老子》的发现，证明虚词较多的才是古本，虚词较少者反而是经过后人剪裁的。因而傅奕所依据的确是古本。

不过，与帛书本不同，傅本是《道篇》在前，《德篇》在后，这又与河上注本和王弼注本是一致的。

傅本是《老子》校勘中颇受重视的一个古本，清人毕沅曾据傅本作有《老子考异》。之后，近人校勘《老子》往往把傅本作为一种重要的本子来使用。傅本中虽然也有不少错字，但又有不少地方可以刊正他本的误失。陈鼓应先生在《注译及评价》中曾举数例以明之。如二十五章傅本作"强字之曰道"，他本皆无"强"字，不妥。又如同章傅本作"道大，天大，地大，人亦大"，他本皆作"王亦大"，未如傅本确当。

傅奕为隋末唐初学者，新旧《唐书》均有其传。传称傅奕反对以佛模道，危害国家。傅奕是唐初坚决反对佛教的思想家，集魏晋以来反对佛教的思想家的言行，为《高识传》，他又著述《老子注》和《老子音义》，阐扬道家学说。

（九） 何谓帛书本《老子》

　　帛书本《老子》是指 1973 年 12 月长沙马王堆三号汉墓出土的两种《老子》书的帛书抄写本,分别称之为甲本和乙本。甲本字体介于篆隶之间,乙本字体为隶书。甲本不避汉高帝刘邦讳,乙本则避刘邦而又不避汉惠帝和文帝讳。该墓墓主为文帝时人,故而人们认为甲本必定抄于高帝以前(亦有人认为更早),乙本则在甲本以后,但与甲本相隔不远。这是目前所能见到的最早的《老子》书的抄本。

　　帛书《老子》的出土引起学术界的极大兴趣。1974 年 9 月,文物出版社首次影印出版马王堆汉墓帛书《老子》原文。1974 年第 11 期《文物》杂志登载了《马王堆汉墓出土〈老子〉释文》。1976 年 3 月,文物出版社又出版了马王堆汉墓帛书《老子》的释文和注释。书后附有帛书《老子》甲乙本与唐傅奕本的对照表。许多学者包括著名古籍专家高亨、唐兰等先生,纷纷著文加以介绍和评说。港台及海外学者对此亦十分重视,台湾老学专家严灵峰先生著有《马王堆〈老子〉试探》,陈鼓应先生在其《老子注译及评介》再版时增补了帛书《老子》的释文。大陆学者张松如先生亦据帛书《老子》作《老子校读》,许抗生先生著有《帛书〈老子〉注译与研究》。而且,围绕帛书《老子》的评价等问题,学术界还展开了一场颇有价值的争论。

　　帛书甲本文字脱落较多,乙本则基本完整,且相当清晰。乙本上下篇末缀有篇题:"德"和"道",但不分章次。甲本虽无篇题,但篇次与乙本同。甲本以圆点符号分章,因残缺不全已无法复原。据学者们考证,帛书甲乙本的篇次和章节的顺序,较接近于《老子》的原文,因为韩非的《解老》也是《德篇》在前,《道篇》在后。武帝时人严遵的《道德指归论》的考证亦是如此。然而,就老子的思想来看,"道"则更为根本。所以,河上公本、王弼本、傅奕本均是《道篇》在前,《德篇》在后。不过,也有人认为这种排列,是后人对《老子》的误解所致。但也有另外的人认为,《道篇》《德篇》的次序不同,说明《老子》有着不同的传本。而且,甲乙两本之间虽然在篇次、章次的顺序和文字上有较多相同的地方,如就文字方面讲,多用假借字,句末又常用"也"字;但两本文字亦有出入,这说明它们本是源于两种传本,而不是乙本抄自甲本。

有人主张,既然帛书本《老子》是最早的抄写本,因而应该依据它的篇次,改《道德经》为《德道经》。但多数人还是主张称其为《道德经》乃是据于全书的思想内容和精神实质而言的,且原书本来可能并无"经"名,最早也是到了汉景帝时才有此称的。

帛书《老子》的价值是多方面的。一般认为,帛书《老子》在学术上的意义是:第一,它证明了《老子》决非汉代的作品,至少在秦代以前就已流传。有人并据此进一步考证它为战国中期的作品。第二,作为最早的抄写本,对于校勘《老子》提供了可靠的依据。但也有人认为不能把帛书本抬得过高。他们的理由是,帛书本虽然是最早的本子,但并不是最好的,有些地方尚不及现在的通行本。因而应将其与通行本相互参校。当然,多数人还是肯定它在许多地方胜过通行本,更有助于准确地把握《老子》的思想。第三,它也为考察老学发展提供了新的资料。帛书本与通行本之间的异同应是老学发展史上的重要内容。

(十) 《老子》一书的王弼注本与河上公注本有何不同

魏晋以来,《老子》注本最为流行的是王弼注和河上公注两种。朱谦之先生认为,"河上本近民间系统,文句简古,其流派为景龙碑本,遂州本与敦煌本,多古字,亦杂俗俚。王本属文人系统,文笔晓畅,其流派为苏辙、陆希声、吴澄诸本,多善属文,而参错己见,与古《老子》相远。自开元《御注》本出,因时世俗尚,依违于河上、王弼二本之间。"(《老子校释·序文》,中华书局 1984 年版)对王弼注本与河上注本的文字风格,陈鼓应先生也有大致相同的看法。但对两本优劣的评价,朱陈两位先生的看法却大相径庭。

朱先生说:"《五千言》古本唯河上本相差仿佛,虽今传较之《意林》《治要》,谬误实多;而分章标题尤为道流者所妄作。唯在河上、王弼二注俱行之中，河上相传已久，王注则多后人所改。"（同上）朱氏认为，河上本的优点在于：①文字较古；②于义为优；③合韵；④与严遵本、景龙碑本、遂州碑本多相合；较王本为早。

陈先生虽然同许多论者一样，认为今传王注本注文与正文有出入，因而已非原貌，但仍认为："关于注文，王注远胜于河上注；关于版本，则互有优劣。"（《老子注译及评介》，中华书局 1984 年版）陈氏认为，王注很能掌握老子"自然"的主旨。他扣紧了老子哲学上的几个基本概念，并加以阐释。他所采用的方法，就是魏晋玄学所通用的"辩名析理"的方法，因而不仅精确地解释老子哲学名词的原意，并且也精辟地发挥了老子哲学的含义。河上注虽有文字简明、清晰精确的优点，但河上注也有不少曲解老子原意的地方，甚至带着道教的有色眼镜去注《老子》，因而出现许多乖谬的言辞。

关于河上注的道教色彩，王明先生也早有所论。王氏说："《河上公章句》者，盖当后汉中叶迄末造间，有奉黄老之教者，为敷陈养生之义，希幸久寿不死，托名于河上公而作。"（《道道家和道教思想研究》，中国社会科学出版社 1984 年版）"河上公辩《老子》之常道，为自然长生之道，而非经术政教之道。章句之意显与汉初黄老之学远，而与桓帝时老君之教合。《河上公章句》，以'治身'为主谊，此所谓治身，非修善积德之谓，乃养生益寿之谓也。"（同上）

在我们看来，陈鼓应先生的看法还是较为允当的。

（十一） 魏晋人为何把《老子》一书列入"三玄"

魏晋时期，玄风大炽。一时间，士大夫阶层解《庄》注《老》，谈玄论虚，蔚然成风。道家思想取代儒家经学而为人们所崇尚，终于酿成魏晋时代的学术主流——玄学，并对当时以及后世的学术文化产生了重大影响。玄学主要就是研究《老子》《庄子》和《周易》这三部书。由于《老子》一书中"玄而又玄"一句，加之这三部书的内容都很抽象，颇有玄妙味道，所以这个历史时期的学术思潮就称为"玄学",这三部书就称为"三玄。"

玄学的出现与当时特定的社会历史条件和学术发展不无联系。就前者而言,东汉末年的种种无法解决的社会矛盾终于引发了声势浩大的黄巾起义,给东汉政权以沉重打击。随后便是长期的豪强兼并,三国鼎立的局面,司马氏政权虽然结束了这一分裂局面,但不久又爆发了"八王之乱"和"五胡乱华",直到东晋偏安江南,南北朝长期对峙。这期间,政权交相更迭,战火频繁,政治黑暗,被称为是中国历史上最痛苦不堪的混乱时期之一。

魏晋时代是门阀士族地主阶级占统治地位的时期。士族阶级内部也是矛盾重重,各个不同利益集团互相残杀,人人自危。各派知识分子往往又首当其冲。他们为了维护既得利益,逃避政治动荡给他们带来的风险,也力图消弭复杂的社会政治斗争,求得社会的相对安定,从而不得不去寻找作为安身立命的精神武器。

另一方面,自汉武帝采纳董仲舒所提出的"罢黜百家,独尊儒术"的建议之后,儒家经学在皇帝君权的支持下取得了统治地位。但经学后来的发展却日益暴露出它荒唐、迂腐、粗陋、烦琐的弊端,已经到了尽头。与此同时,汉初黄老之学盛行,为道家思想的影响奠定了深厚的社会基础。东汉时期随着道教的形成和发展,道家的影响重又大振。更重要的是老庄思想虚渺旷远,自然天成,完全适应魏晋名士追慕清谈、放浪形骸、不拘礼法、顺应自然的精神追求。正是在这样的背景和条件下,老庄道家思想才为玄学家们所接受、利用和改造,从而发展为魏晋玄学的。

按照有些学者的研究,何晏和王弼属于玄学发展第一阶段即正始玄学的代表人物。何晏、王弼均好老氏之学。《晋书·王衍传》曰:"魏正始中,何晏、王弼等祖述老庄,立论以为天地万物皆以无为为本,无也者开物成务,无往而不存者也。阴阳恃以化生,万物恃以成形,贤者恃以成德,不肖恃以免身。故天之为用,无爵而贵矣。"因而,何晏注《道德经》,又作《道德论》,王弼注《老子》。《老子》是最早受到玄学家所推崇的"玄言"。"玄学"之"玄",正是取自于《老子》中的"玄而又玄"这一说法。

（十二） 《老子》一书的篇章结构是怎样的

　　《老子》一书的篇章结构原来究竟是怎样的,怎样看待今传《老子》诸本在篇章结构上的歧异,以及前人关于《老子》篇章结构的不同说法,是很久以前人们就在讨论的一个问题。至1973年长沙马王堆三号汉墓帛书本《老子》出土后,由于其上下篇的顺序与通行诸本不同,且又出现不分章的情况,因而又引发了人们重新讨论《老子》篇章结构的兴趣。

　　一般认为,《老子》很早以前就可能已有两个传本:一是从篇序上看,有《道篇》在前,《德篇》在后的,如严遵、王弼、河上公、傅奕、吴澄、魏源等人的注本皆如此。但也有《德篇》在前,《道篇》在后的,如帛书本,韩非《解老》引文的顺序也是这样。甚至有人认为,现在所传的王弼注本已不是原貌,原来的王弼注本也是《德篇》在前,《道篇》在后,理由是王弼的三十八章注文最长,且在全段原文的最后而不是夹在文句中间,因而很像是注文的一个总序。从注文内容上看,它写出了一个思想体系,也可作为证明。二是从分章与否和章次上看,情况更为复杂。帛书本乙本不分章,甲本有以圆点分章的,但与今传八十一章本的顺序颇为不同。在分章的诸本中,有分八十一章的,也有分七十九章、七十二章、六十八章的,还有超过八十一章的情况。因此,《老子》有两个传本无疑。有人认为,可能早在简牍时期就已出现了两个传本。

　　关于《老子》上下篇的顺序,人们还有不同的看法。有的认为,从《老子》全书的思想内容上看,司马迁说:"老子修道德""著书上下篇,言道德之意",还是确当的。《老子》书中也屡言:"道生之,德充之""尊道而贵德""道之尊,德之贵"。所以,先道后德的顺序是恰当的。但有的人则以为,尽管德从属于道,是道派生的,从命名上说理应为"道德",但在叙述上应当由简入繁,由易入难,从易懂的德入手,然后步步深入到道。所以,应该把《道德经》的顺序颠倒过来,成为《德道经》。

　　对于道上德下的顺序被固定下来的时间问题,有人认为是在唐玄宗时。其根据是,天宝元年(742)四月,玄宗曾下《分道德为上下经诏》,称"其道经为上,德经为下,凡庶乎道尊德贵,是崇是奉。"(《全唐文》卷三十一)但事实上在此以前就已有道上德下的本子了。

关于章节划分的问题,不少人认为《老子》原书可能是不分章的,帛书乙本就不分章。但后来为了讲解的需要开始出现分章的本子,河上公注本甚至还有章题,但大多并不适当。有人认为,虽然西汉时就已经有分章的本子,但八十一章成为主要流传下来的本子,还是唐玄宗借助行政力量来实现的。但今传八十一章本确有不少分章不当的地方,比如今本二十章的首句"绝学无忧",实应是十九章的末句,放在二十章里文意难以连贯。此外,许多章节的内容往往层次错杂,不够明晰。加上"一句多出",长短不一等问题,不少人感到,八十一章确实不利于反映老子思想面貌,也不便于人们的理解。因而许多人主张打破八十一章的章次顺序,重新按照内容来安排结构,并已有人尝试这样做了。我们认为,思想史的研究重在按照一定的原则对思想资料作历史的解释,轻易地对原作加以改动或重新组合,并不是十分严肃的。

(十三) 怎样认识老子的哲学体系

《老子》五千言,文约义丰,具有很高的抽象思维水平,加之普通名词和哲学范畴的混合使用,给人们认识《老子》一书的哲学体系带来重重困难,也造成很大分歧。不同的研究者从不同的角度,使用不同的方法,依据不同的版本,得出了不同的结论。可谓仁者见仁,智者见智。

曹锡仁先生认为,"道"是老子学说的核心,而其"道"的体系则是由"道"的内在结构和"道"的外在化形式构成的,其内在结构是主体,其外在形式从属于内在结构,组成其思辩的哲学体系。所谓"道"的内在结构是由四大因素(或四大特征)组成的,即:自然基础,理性原则,复归本性,内向心理。这是说,老子"道"的内在结构是建立在客观实在的自然基础之上的。老子又运用理性思辩的原则,揭示了肯定与否定、有限与无限、有与无的辩证关系,从而建立起"以无为本"的"道"的学术体系。老子肯定事物的运动、变化,但这一运动、变化的总趋势是向"道"的复归,从而导致他陷入了循环论。由于"道"的最高追求是"复归","复归"是"道"的本质特征,所以,"道"的旨趣便不在外求,而是内向,从而形成"道"的结构内向心理特征。"道"是宇宙的总根源,它生化万物,这个生化过程即是其外在化的过程。"道"的外在化的结果和体现是"德"。"德"体现和代表了社会、人和人的认识的最高原则。"德"在社会领域里表现为"无为而治""小国寡民"的理想原则,"德"体现在人自身,形成消极遁世、无所作为的人生态度;"德"运用在人的认识中则要求"静观""玄览"的认识方法。

洪家义先生则提出了另一种看法,他认为,《老子》书中"玄之又玄"的"玄"用如动词,意为追溯始初,追溯到尽头,便什么也没有,剩下的只有一个"无"。"无"是物质存在的原始状态,不是"真空",也不是"真实",即处于有无未分的状态,它是产生天地万物的最终依据。但要把这个始基变成天地万物,还必须有一个动态的"众父"相配才行,这个"众父"就是"道"。"道"是天地万物产生、发展、变化的动力,也是天地万物产生、发展、变化必须遵循的规律。而"道"的性质就是"自然"。"自然"是老子哲学的最高范畴。所谓"自然"就是自己成为那样,本来就那样。这是对传统的"上帝"观念的一个挑战。

涂又光先生把老子哲学放在古代哲学产生过程中加以考察,以《老子》三十八章为依据,指出:老子的哲学体系是以道结构为主体,否定而又包含仁结构,因而是由道、德、仁、义、礼这五个成分(或五个层次)所构成的。他又认为,老子的"恒道"是对立统一,"恒道"虽不可"名",但可以"言"。"德"与"道"是一个相从关系,"德"是各物所得于"道"者。老子虽然否定仁、义、礼,但仁、义、礼在老子哲学结构中也有地位。老子于仁、义、礼是否定而又包含之。

由以上各家的观点可以看到,老子哲学中的自然、道、德、有、无、玄、常、仁、义、礼等范畴的相互关系,是构成老子哲学体系的关键。由于理解不同,人们对老子哲学体系的认识和阐述也就有了差别。从而也影响到对这个体系的性质的认识。曹氏和洪氏的看法从总体上看较为接近，涂氏的见解则有助于更深入地把握《老子》的意蕴以及孔、老或儒、道之间的关系。

当然。对老子哲学体系的看法既很难以、也不必过早做出结论。

（十四） 老子的哲学是形而上学的吗

对老子哲学的性质、特别是对老子哲学在发展观上的本质特征，新中国成立以来，学术界的看法大体上是一致的。一般都认为，老子在发展观上，虽有形而上学的因素，但在总体上是以朴素辩证法为基本特征的。然而，近几年来又有人提出不同的看法，并展开了争论。

罗炽先生在《〈老子〉哲学的形而上学本质》（《武汉师范学院学报》，1982 年第 4 期）一文中指出，《老子》哲学是道一元论的唯心主义形而上学体系，它对客观世界的存在方式的回答是形而上学的。在宇宙观上，把天地万物看作是存在于有限的时空之中的，"道"是天地万物的造物主；在矛盾观上，《老子》虽提出了相互对立的范畴，但又认为事物之间的差异和矛盾只是一种假象，其本质是同一的。作为天下万物的主宰的"一"（道）是卓然独立、无偶无陪的绝对的同一体；在发展观上，由于《老子》调和矛盾，泯灭了事物矛盾的斗争性，因而：①虽承认转化，但认为转化只是现象的变幻，是无条件的变动不居，乃至完全丧失了质的规定性；②转化没有质的飞跃，没有发展，而是无休止的循环。因此，罗氏认为，老子哲学与孔墨一起，标志着对以《周易》为代表的辩证法的否定，它在认识史上的地位也只能从这个意义上予以肯定。

罗文发表后，孙中原和黄剑两位先生都提出了商榷意见。黄氏在《〈老子〉发展观的主要倾向是朴素辩证法——与罗炽同志商榷》（《湖北大学学报》，1985 年第 4 期）一文中认为，无论是从矛盾的观点，还是从联系和发展的观点上看，《老子》哲学的基本倾向都是辩证法的。首先，《老子》承认矛盾的普遍存在，并未否认事物之间的差别与对立，它的贵柔、守弱的思想倾向恰恰是提倡一种特殊的斗争方法，实质在于以柔克刚、以守为攻、以屈求伸;其次《老子》又是承认联系的,它不但接触到了矛盾双方相互依存、相互联系的关系,而且接触到了矛盾双方互相包含、互相转化的关系。《老子》强调矛盾双方相互依存正是以相互对立为条件的。它对矛盾双方相互转化的条件虽然阐述得不够明确,但也有所论述;最后,《老子》是承认发展的,它把宇宙看作一个发展过程,其根本原因在于事物自身的矛盾运动。总之,《老子》哲学绝不是形而上学体系,而是生动的、朴素的辩证法。在朴素辩证法的基础上所能做的,《老子》都做到了。黄氏认为,罗文以庄解老,甚至以王解老、以葛解老,以无名氏解老,是对《老子》的曲解。

争论双方还就一些具体论据提出了不同意见。

我们同意争论中双方提出的一致看法,即分析老子哲学的本质特征,不应仅仅根据《老子》书中某一片断文字所表达的观点,而应进行综合分析,从总体上加以考察。此外,我们还认为,对古代哲学家的思想不宜完全站在今人的立场上加以评判,特别是不能以现代人才可能有的理论形态来与古人的思想进行简单的类比。对老子在发展观上的思想观点,重要的是从《老子》书出发。指出其中的哪些内容是辩证的观点,哪些内容是形而上学的因素。而不是以偏概全地归结为一种单一的倾向。这才符合老子哲学中既有辩证观点,又有形而上学因素的事实。

(十五) 老子的哲学是唯物主义,还是唯心主义

关于老子哲学的性质,即老子哲学究竟是唯物主义还是唯心主义的问题,是五六十年代老子哲学讨论中的焦点之一,两派意见尖锐对立。直至70年代末和80年代初,仍有许多学者就此展开争论,相持不下。

对于老子哲学性质之所以形成这样两种对立的判断,乃是取决于人们对"道"这一范畴的不同理解。这是因为,老子哲学体系就是以"道"作为中心或最高范畴建立起来的,"道"的性质决定着老子整个哲学体系的性质。

那么,老子"道"的性质究竟是怎样的呢?

　　"道"一词在老子以前就已得到广泛使用,《周易》《国语》和《左传》中都出现过"道"字。据学者们的解释,其含义或指"道路",或指"道理",而后者又是从前者引申出来的。人们行走所遵循的路线谓之道路,人们思想和行事所遵循的路线则谓之道理。《国语》和《左传》中所使用的"道"和"天之道"多指"道理",含有自然法则的意思,具有了哲学意味。

　　老子的"道"是在此基础上发展而来的。《老子》书中总共出现"道"字多达七十四次。对于"道"的含义和性质主张其为唯心主义的人认为,"道"是宇宙万物的最后实体,是抽象的观念。"道"具有超时空、超经验的永恒性。"道"是"无",由"无"生"有",即产生物质性的天地万物。并且,老子有时又把"道"叫作"一",而"一"显然是抽象的数的概念,所以老子的"道"是唯心论的。他们认为,在认识论上,老子以为"道"不是感觉所能认识的,因而把"玄览"和"静观"的思维活动看作知识来源,这也说明老子的哲学是唯心主义的。

　　与此相反,主张老子哲学是唯物论的人则认为,"道"是物的自然法则,因而排斥神或"天志"的存在和作用。"道"永远存在,是永恒的物质世界的自然性。"道"是万物的本质,它通过自己的属性"德"来显现。作为万物本质的"道"是世界的物质基础及其变化法则的统一。"道"虽然不能为我们的感官所感知,但在逻辑思维中是可以认识的。因而应该说老子哲学是唯物主义的。

　　此外,还有人主张老子哲学兼有唯物主义和唯心主义的成分或因素。

　　主张老子哲学是唯物主义和主张老子哲学是唯心主义的两种意见彼此都未能说服对方,这一分歧或许有可能长期存在下去。对此,任继愈先生认为,两派意见都有一定的根据,但又都不充分。问题的关键在于双方都把老子的思想说过了头,超出了老子时代的人们所可能有的认识水平。主张老子哲学是唯心主义的人,错在把老子的唯心主义体系与西方近代唯心主义相类比,把老子的"道"比做黑格尔的绝对精神。但是,在老子的时代,不可能达到像黑格尔那样高度抽象的程度。而主张老子哲学是唯物主义的人把老子的"道"解释为"物质一般"。但是,这一概念在近代科学产生以前的古代,同样是不可能的。任先生认为,上述两派意见,都是把老子的哲学体系说得太系统化了。其实许多问题,老子自己还不甚清楚,所以他本人也就未讲清楚。因此,任先生主张,把老子哲学放在当时的历史条件下来考察,看它在当时的思想斗争中处在什么地位,通过其社会历史作用来评判老子哲学的地位和性质。这样,任先生认为。从当时作为思想斗争核心的天道观来看,老子的学说无疑是进步的,因为它在客观上打击了"天道有知"的宗教迷信思想。在老子哲学中,大不具有人格和意志,只是一种自然存在,是万物中的最广大的一种客观存在。而这最根本的存在,即构成万物的原始材料的东西,老子把它叫作"道"。"道"是构成万物的原始材料的初步设想,还不是"物质一般"。但对"道"老子自己也没有讲清楚。使得后人既可以从唯物主义方面理解,也可以从唯心主义方面对其加以解释。但从当时的历史作用来看,老子的"天道自然无为"的学说是有利于唯物主义的发展的。

任先生的这些看法是值得重视的。但是,这并不等于说老子哲学,特别是他的"道",便完全不能从总体倾向上做出分析,并给以唯物主义或唯心主义的划分。就此而言,张岱年先生近来提出的观点则颇为中肯,他认为,老子的"道"不是物质性的实体,因为从春秋时代天道观念转化而来的老子的"道"超然存在于万物之上,成为超越物质世界的绝对。但老子的"道"也不是超时空的绝对精神。因为,老子的"道"仍然存在于"域中",不在时空之外。"道"是万物的根源,但不是主宰,它没有意识。张先生认为,老子的"道"是非物质性的绝对,可说是一种观念性的绝对。在这个意义上讲,老子哲学可说是一种唯心论(观念论),是客观唯心论的一种特殊形态。但老子的"道"还是有与无的统一,就是说,"道"又具有客观实在性。老子肯定了作为普遍规律的"道"的客观实在性,但"道"又不是物质的。总之,老子提出"道"的学说,为以后的唯心论树立了一个典型;老子推倒了关于主宰之天的信仰,对于以后的唯物论也有比较深远的影响。

张先生在这里所得出的关于老子哲学的唯心主义性质的结论,突出了老子道论的特殊形态的特点,是探索老子哲学性质的一个有益的思路。

（十六）　《老子》书中的"道"的含义是什么

　　"道"是《老子》书中的中心概念或最高范畴。老子哲学体系就是以"道"为核心建立起来的。《老子》书中共出现"道"字多达七十四次,且具有多种含义。唐君毅先生曾将《老子》书中的"道"概括为"虚理之道""形上道体""道相之道""同德之道""修德之道"及其"生活之道""为事物及心境人格状态之道"。著有《老子通解》一书的罗尚贤先生指出,老子哲学是唯"道"主义哲学,认为"道"在《老子》书中具有三层含义:一是客观世界固有的东西,称为"恒道";二是从认识上说,"道"是对客观事物的正确反映,即"论道";三是把"道"正确论述出来便成为"道理"。"恒道""论道"和"道理"构成老子"道"的外延;从内涵上讲,老子的"道"是主客观的统一。

　　此外,许多研究者都从不同角度对老子的"道"作了详尽地分析和概括:有的认为老子的"道"具有本体论、认识论、人生观和政治哲学等方面的意义;有的则认为老子的"道"在不同的地方分别指形而上学的实存者、规律以及人生的准则和典范。这些概括虽有差异,但在实质上并无不同。

概而言之,老子的"道"主要有两个方面的意义:首先,是指宇宙的本体。就是说,"道"被认为是宇宙的最根本的即最高的存在。"道"先于天地而存在,具有"独立而不改"的永恒性,是"周行而不殆"的运动实体。这一宇宙本体虽然无形无名,不能为我们的感觉所感知,但它是真实存在的,可以为我们的思维所把握。所谓"有物混成,先天地生。寂兮寥兮,独立不改,周行而不殆,可以为天下母。吾不知其名,强字之曰道。"(二十五章),所谓"道之为物,惟恍惟惚,惚兮恍兮,其中有象;恍兮惚兮,其中有物。窈兮冥兮,其中有精;其精甚真,其中有信"(二十一章),"视之不见名曰夷,听之不闻名曰希,搏之不得名曰微,……"(十四章)。这里所描写的就是作为最高存在的"道"的体状。

其次,"道"是指支配物质世界或现实事物运动变化的普遍规律。作为规律性的"道"其根本原则就是"反者道之动"(四十章)。一方面,事物彼此间都在相互对应的状态下形成和存在,并相互转化,所谓"有无相生,难易相成,长短相形,高下相倾,音声相和,前后相随"(二章)。"祸兮福之所倚,福兮祸之所伏"(五十八章)。另一方面,万事万物的运动最终又都将返本复初,回到原点,形成周而复始的循环运动。"大曰逝,逝曰远,远曰反"(二十五章),说的就是这个意思。

老子的"道"既然是宇宙本体和普遍规律,它就必定要落实到具体的政治行为和人生实践中去,也必将成为人们认识的主要的甚至是唯一的对象。因而老子的"道"便又具有了政治、人生以及认识论上的意义。

老子的"道"的根本特性就是"自然"。"人法地,地法天,天法道,道法自然"(二十五章)。所谓自然,就是自然而然。"道"的这种自然本性构成老子思想的实质,其政治与人生观上所提倡的无为、不争、贵柔、守弱等都是其自然本性的引申和推演。

（十七） 《老子》和《庄子》两书中的"道"论有何异同

老子和庄子同被看作是道家学派最为重要的代表人物,又称之为老庄学派。老、庄之所以这样合称,就在于庄子继承了老子的"道"论,并有新的发展,成为先秦道家思想的集大成者。那么,老、庄的"道"论异同何在?

老子论"道"的重点在于说明"道"对于天地万物的决定作用。在老子看来,先于天地而生的"道",是天地之始、万物之母,通过由一而二而三的过程,生成天地万物。"道"不但是宇宙万物的"玄牝""天地根""众妙之门"……,并且是天、地、人的"法式",万物又都复归于它。而这个决定天地万物的"道"本身,则是"独立不改""周行不殆",无依不傍,永远存在的。在老子那里,诚为李泽原先生所说,"道"是总规律,是最高的真理,也是最高的存在。"这三者(规律、真理、存在)在《老子》中是混而一体不可区分的"(《中国古代思想史论》)。

庄子继承了老子这种"道"为天地万物之元,道法自然,以及道体本身特性的思想。他说:"道,有情有信,无为无形,可传而不可受,可得而不可见,自本自根,未有天地,自古以固存。神鬼神帝,生天生地,在太极之先而不为高,在六极之下而不为深,先天地生而不为久,长于上古而不为老"(《庄子·大宗师》)。这就是说,"道"虽无为无形,不可受,不可见,但都是真实存在的。它以自己为本根,古已有之。它无边无际,无始无终。但又生天生地,神鬼神帝,连鬼神也为其所驱使。

刘笑敢先生认为,庄子继承了老子的"道"是世界本原的意义。在老、庄那里,道既是世界的起源,又是万物的依据,因而道既有宇宙论的意义,又有本体论的意义。而且,道的含义还比较含混,其宇宙论和本体论的意义尚无明确区别。这与上述李泽厚先生的看法是基本一致的。

不过,刘先生还特别提出了庄子之道所具有的另一意义,即在《齐物论》中所说的道的认识论的意义。他认为,《齐物论》所说的道是人的意识,是需要人有意追求或保持的最高的认识境界。这种道是最高的认识。

李先生则将这一意义认为人的本体的"道"。他认为，庄子的兴趣不在于去探究或论证宇宙的本体是什么，也不在于去探究论证自然是如何生成或演化。庄子的充满泛神论色彩的本体论在于，把人作为本体提到宇宙高度来论说。这一人的本体存在，与宇宙自然存在具有同一性，也与认识论是一致的。

赵明先生则直接认为，庄子把具有宇宙本体论意义的外在客观的"道"下落内化而成为人生心灵的境界，从而把"道"和"人"更紧密地联系在一起。庄子把"道"内化而为人生的一种精神境界，恰恰是对老子思想的重要发挥。

综上所述，可见三位学者有意无意地比较研究了老、庄"道"论的异同，并且其看法又都是比较接近的。这是不无道理的。

庄子在老子"道"论的基础上进一步论"道"，既然也肯定了"道"与天地万物的决定作用，便无须更多地阐述"道"与天地万物的这种关系了。所以，庄子"道"论中有关这方面的论述，除了《大宗师》中有一段话（见上文所引）以外，便不多见了。庄子把他论"道"的重点放在了人们对"道"的认识论。这样做的结果，就更多地突出了"道"的"真知"的一面，并在此基础上化之为人生的一种极高的境界，把主、客两个方面在"道"上统一起来了。这既是老庄"道"论的区别所在，也是庄子发展老子，把老子整个思想向前推进的关键之所在。

（十八）　《老子》书中的"一"的实质是什么

"一"的概念，在《老子》书中共出现了十五次。对"一"的内涵及其实质，人们的理解还有很大分歧。分歧主要集中在对"道"和"一"的关系的认识上。

有人认为，除了"三十辐共一毂"（十一章），"一曰慈"（六十七章）等几处中的"一"是单指数目字外，在多数场合下，"一"与"道"都是同义语，指的是尚未形成的天地，即宇宙洪荒，天地未辟时的状态。

也有人更进而认定"一"就是"先"，是构成天地万物的原初质料。《老子》四十二章所说的"道生一，一生二，二生三，三生万物"就是说的宇宙混沌状态而成为有形、有象的天地万物的发展过程。其中，道是混沌状态的宇宙全体，一是元气，二是阴阳之气，三是天、地、人。有了天、地、人，才有万物。也有人认为，这里说的是三种气，一是冲气，二是阴阳，三是多数的意思。"二生三"就是说有了阴阳二气，很多东西就生出来了。

但是，也有人不同意把道和一等同起来的看法。如有人认为，"一"指的是"无物"，由无物生出物，而道则是包罗万象的大道，包括宇宙万物起始、变化的道理，人之行为活动的道理，如此等等，这是一种解释。

另外一些人虽不同意把一等同于道，但并不认为一就是无物。相反，他们认为"一"是"有"，是指道作为万物母的方面。而"道生一"也就是无生有。虽然道是无与有的统一，但此处道是单言无，即是始的方面。在始、无和有、母这个异名同谓的结构中包含着时间的流逝，是一个始、无生成母、有的过程。

但这种解释也受到了批评。有人说"道生一，一生二，二生三，三生万物"这段话的意思只是讲，芸芸万物是由少至多，由简至繁，逐渐从道那里派生出来的。因而可以缩简为"道生物"。这种说法反对在道与物之间加进一个第三者，而主张道是有与无的统一，物也是有与无即实有与虚空的统一。

当然，把"道生一"理解为无生有，可能会把老子哲学简单地判定为一种一般形态的唯心主义。但反过来，否认从道到物之间有一个复杂的演变过程，又似乎把老子的宇宙生成观简单化了。这里的关键是对无应有一个正确的理解，无并不是绝对的虚无，而是指的无形、无象、无声；无物也不是绝对的空无，而是尚未出现有形、有声、有象这种具体之物的状态。道是有与无的统一。道不是物，因而是无；但道又能生物，因而又是"有"。由无物（无具体之物）到有物是一个逐渐衍化的过程，所以"一"并不就是道，而是由道到物之间的许多环节中的一环。

（十九） 《老子》书中的"有"与"无"的关系如何

《老子》书中专门讨论"有""无"问题的有十四章之多,其含义又极为丰富。《庄子·天下》评述老子学说时就高度概括为"建之以常无有,主之以太一"这样一句话。可见,"有"与"无"的确是《老子》书中十分重要的一对概念。但长期以来,人们对"有""无"的含义和两者的关系及其与作为最高范畴的道的关系,还有着不同的认识。

詹剑峰先生认为,道统"有""无","有""无"同出于道,复显于万物。"有""无"主要有三种含义:①"无"是宇宙万物的原始(气),"有"是天地万物的理由(理);②"无"指虚,重言之,即虚空;"有"指实或盈,重言之,即盈实;③"无"用以说明无形无象的规律。詹先生又认为,"有""无"之间的关系表现为"有无相生"。(二章)首先,任何具体的事物都是有与无的统一;其次,虚实必相反而相成;最后,万物生化过程表现为由无形之气生出有形之物,有形之物又复归于无形之气。可见,詹先生的这种看法是主张有与无统一于道的。

有的人虽然也同意有与无统一于道,但对有、无的含义又有另外的解释,他们认为,"无"乃天地之始之名,"有"乃万物之母之名。"始""无"和"母""有"都用以指称道,故曰"异名同谓"。但这个"异名同谓"还表现为时间上的进程,就是说,始存在以后,才可以有母。所以老子说:"天下之物生于有,有生于无。"(四十章)

对此,也有人提出反对意见。他们又认为,把"无生有"当作老子在世界起源问题上的主张是站不住脚的。实际上,有与无具有双重的含义:一是属于"变名"的有与无;一是属于"常名"的有与无。作为常名的有与无即"常有"与"常无"所指的实是同一对象的两个方面,即作为"天下母"的道的两个方面。因而老子说"天下万物生于有"中的"有",实即道,后面又说,"有生于无",不过是"无就是有"的另一种表达方式而已。但这样来解释似乎有点牵强。

在《老子》书中,有与无这对概念的使用确有两种情况,在"三十辐共一毂,当其无,有车之用。埏埴以为器,当其无,有器之用。凿户牖以为室,当其无,有室之用。故有之以为利,无之以为用"(十一章)中,"有"与"无"指的是实体或与此相联系的虚空,属于变名(可以说得出内容的)范畴。但在另一些情况下,"有"与"无"指的是不能说出内容的常名。这就是常有与常无。《老子》开宗名义,第一章就说:"道可道,非常道;名可名,非常名。无,名天地之始;有,名万物之母。故常无,欲以观其妙;常有,欲以观其徼。此两者同出而异名,同谓之玄。玄之又玄,众妙之门。"第四十章又说:"天下万物生于有,有生于无。"由此可见,老子的本意是有与无是道的两个方面。无是无物,讲道的无形无象。但道虽然无形无象,却非空无,而是客观存在的。经过无形无象的无物产生具体规定性的有并非外在于道,而同样是道的一个方面。在道与物之间确有一个深化过程,只是老子未必很清楚地认识到或断定它是怎样一种情形。

（二十） 《老子》书中提出了怎样的宇宙生成论

老子的宇宙论,包括了宇宙生成和宇宙演化两个方面的内容。前者讲宇宙是如何产生的,特别是天地万物是如何形成;后者则是讲天地万物产生之后,它们又是如何运动、变化的。老子的宇宙论是建立在他的"道"的本体论基础之上的,就是说,"道"决定着宇宙的生成和演化,"道"的本质和特性决定着宇宙生成的情形和演化的性质。

不过,这里有一个问题需要说明。这就是当老子把"道"作为宇宙本体并决定着宇宙的生成和演化之时,是否意味着他以"道"代替一切具体物的存在,或者至少是不重视具体存在物呢;既然一切都是由"道"所决定的。那么具体存在物岂不就显得无足轻重了吗? 当然不是这样的。因为"道"的本性就在于"自然""无为"。"道"并不是有意志、有人格的神或上帝,以一种创造者的姿态创设宇宙,安排天地万物。《老子》中说:"道法自然"(二十五章)、"大道氾兮,其可左右,万物恃之以生而不辞,功成而不有，衣养万物而不为主。"（三十四章）"道常无为而无不为。"（三十七章）以"自然"为基本法则的"道"虽然能够产生天地万物，但"道"并不君临万物，据之宰制，而是"无为而无不为"。这里的"无为而无不为"固然可以解释成因为"无为"所以能够"无不为"，但也可以解释成因为"无不为"所以才能"无为"。这个句式类似《老子》中一贯的思想和表达方式，如"非以其无私邪？故能成其私"（七章），"以其终不自为大，故能成其大"（三十四章），等等。总之，"道法自然"是老子本体论的核心，也是他建立宇宙观的基础。

那么，在老子看来，宇宙是怎样生成的呢？《老子·四十二章》说："'道'生一，一生二，二生三，三生万物。万物负阴而抱阳，冲气以为和。"这段话包含着老子关于宇宙生成的思想是没有疑问的。但对这段话的理解，人们还有分歧。有人说，由"道"到万物是一个连续的发展过程，包含着时间的流逝。有人则说，"道"生一、生二、生三乃至生万物，可以简单地说成"道"生万物，因为老子并未讲这里必得有一个先生一、后生二、再生三，最后生成万物的过程。有人据后面的"阴阳"和"气"的概念进一步推测"一"是什么，"二"是什么……如此等等。可见，要想弄清老子究竟是怎样一种思想，现在看来还是相当困难的，即使根据古人的一些注释来诠释，恐怕与原意也有一定的距离。或者既是老子对这个问题并未想得很清楚，在他那个时代亦不可能甚至也不必要把问题想得很清楚，因此在表述上也显得如此模糊，以至给后人的注解造成了相当的困难，但这也为后人的进一步的发掘提供了很大的余地。

从字面上看，老子这段话似乎包含了两层意思：第一，道生万物经过了一个由少到多的过程。老子描写这一过程使用的是数字的积累，量的逐渐增加，而未明确说出和划分出其中经过了哪些阶段，或者还为这些阶段加以命名并进行说明，只是说出了"道"生万物是一个由少到多的过程。对于量的积累和事物发展的过程问题，老子是比较重视的。《老子》书中有多处说道："图难于其易，为大于其细。天下难事，必作于易；天下大事，必作于细"（六十三章），"合抱之木，生于毫末；九层之台，起于累土；千里之行,始于足下"(六十四章),如此等等。至于"一""二""三"各指什么,老子没有说,我们似乎也不必强为之解释。当然关于宇宙生成,老子不可能具有近代进化论的思想,他所了解的仅仅是万物只能是从"无"到"有";这种"无"在老子看来就是"道";而"道"又能生出"有",故而"道"是有与无的统一。"无"不是"纯无",不是"空无",而是无形无象的无物,但又能产生出有形有象的万物,所以"无"又是一种"有"。《老子·四十章》说:"天下万物生于有,有生于无。"老子这句话有人解释成天下万物是"有'生成的,而"有"又是从"无"生成的。这种解释过于机械了。实际上,老子的"生于有"也就是说万物是"有",而"有生于无"也就是说"有"是从"无"产生的,从万物的"无"到万物的"有"是一个过程,这个过程就是"道生一,一生二,二生三,三生万物",并不是说在道和万物之间还有一个"有"或者"无"。但应当看到,老子既然把道生万物看作是一个过程,这个过程必定包含着时间的流逝。

第二,"负阴而抱阳,冲气以为和"是对万物构成来说的。"阴阳"是一对范畴,是对于对立面的总概括。在老子看来,一切事物都有其对立物,并进一步看到每一事物内部又有其对立方面的存在,因而概言之曰:"负阴而抱阳。"但是事物又是一个整体,是不可分裂的。所以老子在后面又说道:"冲气以为和。"因而,与其把后面这句话硬解释为前面的"一""二""三",不如老老实实地看成只是对"万物"构成的解释。而这种解释是具有鲜明的辩证特色的。

"道"产生了天地万物,其后的存在状态是怎样的呢?《老子·二十五章》说:"有物混成,先天地生。寂兮寥兮,独立不改,周行而不殆,可以为天下母。吾不知其名,强字之曰道,强为之名曰大。大曰逝,逝曰远,远曰反。"先天地而生的"道"独立不改,而又周行而不殆,这个"不殆"的周行过程,由大而逝而远而又反。"逝"和"远"在这里是指离"道"而去,也就是生一、生二、生三、生万物的过程。"反"是向"道"而来,由"万物"复归于"道",也就是"万物并作……各复归其根"(十六章)的过程。宇宙的演化,在老子看来就是这样一个周流不息、循环不止的反反复复的过程。这个过程就是"道"自身的运动过程,又是"道"产生万物,万物又复归于"道"的过程。

但是,老子并不认为"道"即寓于万物之中,他在一般与个别的关系上,还缺乏深刻的认识。当老子把"道"凌驾于天地万物之上,取代了"天"("神")的统治地位的时候,却又拖着一条尾巴,仍保留着独立自主的"道"对于天地万物的主宰(产生天地万物)的权利。他在肯定"道"的自然的同时,又认为天地万物终要复归于"道"。因此,老子的"道"的本体论与建立在本体论基础上的宇宙论就这样真假参半,瑕瑜互见了。

(二十一) 《老子》书中怎样看待"朴"与"器"的关系

《老子》书中"朴"字凡七见,分别在十五、十九、二十八、三十二、三十七、五十七章中。其用法有二,一是单用,含义分别指"道"或一种真质朴实的状态。前者如二十八章的"知其荣、守其辱,常德乃是,复归于朴"和三十二章的"道常无名,朴,虽小莫能臣也"。后者如十二章的"敦兮其若朴"和十五章的"见素抱朴"。二是与"器""欲"对应使用,其含义仍同上。前者如"朴散则为器"(二十八章)中的朴,即指"道"。后者如"化而欲作,吾将镇之以无名之朴"(三十七章)和"我无欲而民自朴"中的"朴",是指一种真质朴实的状态。

"器"在《老子》中共十二见,分别见之于十一、二十八、二十九、三十一、三十六、四十一、五十七、六十七、八十章。其用法有三:一是单用,如"埏埴以为器"(十一章)、"什伯之器"(八十章)等,含义指器物;二是与"朴"对应使用,如"朴散则为器"(二十八章),指"物";三是与其他词语联用,如"利器""器长"等,含义也是指器物。

陈鼓应先生在《老子注译及评介》中引河上公注曰:"器、物也"。又引释德清注文曰:"器、物也"。再引释德清注文曰:"朴'乃无名之譬。木之未制成器者,谓之'朴'。"既然尚未制成器之物的原始材料是"朴",那么"朴"即是器物之根基、始元。从这个意义上讲,"朴"亦即是"道"。但老子

心通老子

并未明确地指出"道"对于物来说就是原始材料,因为如果是这样的话,那么当"道"一形成物,其自身也就存在于物中了,它也就再也不可能独立自主了。因此,释德清的注解有把老子拉入唯物主义的倾向。我们从释德清那里所可接受的东西应该是,"朴"指的是与物相对而又产生物的那种"东西",也就是"道",而不应该把"朴"或"道"直接地理解成"原始"材料。至于指真质朴实状态的"朴",则是与"智者"相对而应的,它们之间就更不可能有必然的联系,因为这恰恰是老子所要竭力避免的,所以老子运用"朴"的概念是在一般意义上赋予了新的含义。在这个特定的含义上,"朴"就是指的"道"。

那么,"朴"(或"道")与"器"(一般的物,或"万物",而非个别的器物)的关系是怎样的呢?《老子·二十八章》说:"朴散则为器。""散"是分散、分开的意思,与"聚"相对。"朴"即"道","道"分散而成器。这与四十二章所说的"道生一、一生二、二生三、三生万物"是一样的;"道"生万物就是这样一个"朴散则为器"的过程,由少到多,由根基、始元到千差万别的器物,分化而成之,因此,"道"与"器"之间的关系,在老子看来,就是这样一个道生万物的关系。

但应指出,老子的重点并不在于仅仅说明万物由"道"而生,而是要人们认识并把握"道",以"道"的原则来看待万物。虽然最终要落实到万物,但要站在"道"的立场上来处理万物之间的关系。所以,"道"虽散而为万物,但"道"自身并不随之而消失。"道"仍然存在,并成为万事万物的法则,只是这个法则表现为"自然",并不干预万物的生成与毁灭,虽然万物最终仍将复归于"道"。

(二十二) 《老子》书中的"天"的性质是怎样的

在老子以前的夏、商、西周的各代社会生活中,上帝鬼神的观念牢牢地统治着人们的思想和行动,一切自然和社会现象的发生和变化都被看作是由有意志、有人格的"天帝"所决定的,因而人们无论进行何种活动都要事先占卜算卦,预测吉凶。这固然表明人们对自己的行为具有一定的自觉,力图使自己的行为更符合人自身的利益,也看到了人的行为与自然界和他人之间的内在联系,但实质上这又是一种缺乏科学道理而为宗教迷信所束缚着的无知的表现。

春秋以来,随着社会生产力的提高,社会生活的发展,人们对自然界和社会的认识的深化,出现了一股疑天、怨天、骂天的社会思潮。在思想界,人们也开始尝试运用带有唯物主义倾向的阴阳、五行学说来解释各种自然现象,对社会人事也更倾向于强调人为的作用。这就大大动摇了上帝鬼神观念的统治地位。老子便是其中的一个重要代表。

老子对"天"的性质的看法,是对神权思想的重大打击,较之于当时其他一些思想家,在这方面具有更大的进步意义。比如孔子,他虽然也不再强调上帝是人格神,甚至已有天道自然无为的思想,如说"天何言哉?四时行焉,百物生焉,天何言哉?"(《论语·阳货》)但同时又留着一条尊天信命的思想尾巴,把"天"仍看作有意志、能主宰生死富贵的统治者,他说:"获罪于天,无所祷也"(《论语·八佾》),又说:"死生有命,富贵在天。"(《论语·颜渊》)老子则完全把"天"降低为自然之天,置其于"天地根"的"道"之下。他认为,天地有始,且不能长久,总是处在变化之中。"道"乃天地之根,"无,名天地之始"(一章)。"天下有始,以为天下母"(五十二章)。"天"亦以"道"为根据,因而说:"天得以一清,……天无以清,将恐裂"。(三十九章)而"道"也并不是有意志、有人格的神,"道法自然"(二十五章)、"道常无为"(三十七章)决定了"道"主宰万物的作用仅仅在于天下万物都以其为法式:自然而然,无须借助外力。否则,如果老子以有意志、有人格的"道"代替"天",成为"帝"或"神",那么老子在对"天"的认识中所具有的进步意义也就不复存在了。

"天"既然出自于"道",那么"天"本身也就丧失了人格和意志。《老子》中说:"天地不仁,以万物为刍狗"(五章)。钱钟书失生解释这句话说:"刍狗万物,乃天地无心而不相关,非天地忍心而不悯惜"(转引自陈鼓应《老子注译及评介》)。这就是说,天地是没有情感意志的。《老子》中还说:"天道无亲,常与善人。"（七十九章）有人认为,老子的这类话是说天还是有意志的,因而未能完全摆脱尊天敬神思想的影响。但实际上,这句话的意思不外是说天道并不偏爱任何人,只要善人去争取就能得到。天道既然对于善人也并不是主动的,那么也就不能说它是有意志的了。老子的局限在于仍承认鬼神的存在。但是他把鬼神同"天"分割开了,并且又受到"道"的制约,因而是"不伤人"（六十章）的。

总之,老子的"天"只是自然之天。《老子》中多处出现"天"字,或单言,或与地合而言之,或称之为天下、天道等,都不外乎是指自然界、宇宙,或者把社会也包括在内。称"天道"则完全等同于"道"。这时,"天"就比地、人高出一层,更近乎"道"本身。但无论如何,"天"不是神或帝。

（二十三） 《老子》书中的"天道"与"人道"是统一的吗

老子作为一位重要的思想家、哲学家,他对天道与人道关系作了认真的讨论,他认为,"天"不是有人格、有意志的神或帝。并进一步认为,先于天地而作为天地之根的"道",也不是人格化的神或帝。但是,老子并没有因此认为道与天与地与人是毫不相干的,反而肯定了它们之间是具有内在联系的。他认为,人、地、天都统一于"道",并最终统一于"自然"。《老子》中说:"人法地,地法天,天法道,道法自然"（二十五章）。"法"在这里是"法则"的意思。因此,这也就是说人、地、天、道都是以自然为法则的。"道"是天地万物的根本,但并不因此而作为"天帝"主宰万物,因为"道常无为"（三十七章）,天地万物的变化都是自然的,所以可以说,老子是主张"天人合一"的,并不认为天道与人道毫不相干。

"天道"在《老子》书中共有七见,分别在九、四十七、七十三、七十七、七十九、八十一章中。也许是由于"天法道"的缘故,因而尽管"道"乃"天地根",但老子有时仍直接把"天道"或"天之道"看作就是"道"本身。"天道"所具有的品性和特点,正是"道"的自然无为的本性。如《老子》中说:"功遂身退,天之道也"（九章）;"天之道,不争而善胜,不言而善应,不召而自来,繟然而善谋"(七十三章);"天之道,其犹张弓与?高者抑之,下者举之;有余者损之,不足者补之"(七十七章);"天之道利而不害"(八十一章),等等。特别是当"天道"与"人道"对应而言时,"天道"也就是"道"本身,如七十七章说:"天之道,损有余而补不足。人之道,则不然,损不足以奉有余。孰能有余以奉天下?唯有道者。""庆道"等于"道","人道"则与"道"和"天道"相违。

那么,"人道"与"道"不相一致的说法,岂不与"人法地,地法天,天法道"的说法互相矛盾了吗?这是否也意味着"人道"与"天道"是不可统一的呢?当然不是的。老子的看法在于,"天道"("道")与"人道"之间的确存在差异、矛盾,但"天道"又是可见的,所谓"不窥牖,见天道"(四十七章)。这就是说,获得"天道"是有条件的,唯"善人"才可获得。陈鼓应先生说:"所谓'天道无亲,常与善人',并不是说有一个人格化的'天道'去帮助善人,而是指善人之所以得助,乃是他自为的结果。"(《老子注译及评介》)这"自为"就是获得"天道"的条件。而获得"天道"的人则被称之为"圣人",因而老子把"天道"和"圣人"并称,在八十一章说:"天之道,利而不害;圣人之道,为而不争。"两者是一致的。

可见,"人道"与"天道"固然有差异和矛盾,但这种矛盾不是不可超越的。老子哲学正在于引导人们超越这一矛盾对立,由"人道"进入"天道",成为"圣人"。所以,在理论上,"天道"与"人道"在老子那里不仅是应该统一的,而且是完全可能统一的。老子正是面对事实上的"天道"与"人道"的分裂,才明确提出并力图解决这一问题的。

（二十四） 《老子》的辩证法思想的特点是什么

《老子》一书具有丰富的辩证法思想。

《老子》首先抓住了事物之间的普遍联系,认为任何事物都处在相互矛盾的对立关系之中。自然界、社会、人事等都处在相互对立中,矛盾是普遍存在的现象。《老子》书中举出了众多对立的矛盾范畴。不但事物之间是相互矛盾的,事物内部也存在着相互对立的两种因素。《老子》中说:"万物负阴而抱阳,冲气以为和"(四十二章),就是说,事物是阴阳两相对立的统一体。《老子》中又说:"有之以为利,无之以为用"(十一章),把矛盾着的有与无这两个方面看作是事物存在的基本形式,失去其中的任何一方,其他一方也就将无所作为。甚至作为最高范畴的"道"也是这样的统一体。"无,名天地之始;有,名万物之母。……此两者同出而异名,同谓之玄。玄之又玄,众妙之门"(一章)。

老子十分重视事物的运动、变化,对事物作为过程而存在有深刻认识。首先是作为天地万物之始的"道"的运动,这就是"周行而不殆"(二十五章)。虽然"道"是永远存在的,但它同时也是不停地作周而复始的循环运动,从而带动万事万物的运动。"大曰逝,逝曰远,远曰反"(同上),万物由道而出,离道而去,归道而来,反反复复,无终无止。

老子又很强调处于永恒发展之中的万事万物之间不断地进行着相互转化。他说:"有无相生,难易相成,长短相较,音声相和,前后相随"(二章),"曲则全,枉则直,洼则盈,敝则新,少则得,多则惑"(二十二章)。彼此对立的双方都可以向着自己的对立面转化。

老子对事物由量变而发展到质变的过程也有所认识。《老子》中说:"图难于其易,为大于其细。天下难事,必作于易;天下大事,必作于细"(六十三章)。又说:"合抱之木,生于毫末;九层之台,起于累土;千里之行,始于足下"(六十四章)。事物总是由量变而达到质变,有一个逐渐发展的过程。

老子虽对某一事物自身的发展有所认识,但对整个宇宙的运动过程所具有的发展性质却缺乏认识,而陷入一种循环论。他不是把事物的转化看作向前发展的过程,而认为是向"道"的复归。并且,虽然他认为"道法自然""道常无为",万物可以"自均""自化",似乎有着事物运动、变化的原则和动力在于其自身的认识,但由于天地万物都由"道"而出,又复归于"道",事物就不但谈不上发展,最终也还是由"道"决定的。这些说明,老子的辩证法还拖着一条形而上学的尾巴,还受着它那唯心主义体系的限制。

另外,由于老子片面强调和夸大了事物之间向对立面的转化,看不到转化本身所带来的发展,从而主张人们守柔、处弱,缺乏积极的斗争精神,所以其辩证法也失去了进取的品格。这一点与《易传》相比尤为明显。《易传》主张刚健有为,积极进取,同时也不排斥柔弱,主张刚柔相济。李泽厚先生比较《老子》和《易传》辩证法的异同时指出,两者"都重视和追求事物的均衡、和谐和稳定。《老子》是以守柔、贵雌、主静来达到同一目标,《易传》则以主动,行健,重刚来达到同一目标。但《易传》仍强调'阳刚'必须与'阴柔'适当配合,'刚''柔'必须相济。刚、阳不能过分,否则就要失败、垮台、死亡"(《中国古代思想史论》)。诚哉斯言。

(二十五) 《老子》书中的矛盾观是怎样的

老子对事物矛盾的认识是深刻的。在老子看来,一切自然、社会和人事中的事事物物、方方面面,都是相互对立而又相互依存的。矛盾是客观存在的普遍现象。诸如大小、多少、长短、高下、前后、远近、厚薄、轻重、静躁、白黑、寒热、皦昧、朴器、歙张、光尘、壮老、雌雄、母子、实华、正反、同异、美丑、善恶、强弱、利害、福祸、生死、荣辱、愚智、吉凶、兴废、进退、主客、是非、巧拙、辩讷、公私、难易、真伪、怨德、贵贱、贫富、治乱、有无、损益、刚柔、胜败、攻守……如此等等,莫不是相反相成的。对事物之间这种普遍存在的矛盾现象的认识,是人类对世界的认识在混沌不分的基础上有所深化的重要表现。因为最初人们对世界的认识往往是混沌不分的,随着人们认识活动的不断增多和逐步加深,才开始把众多的事物区分开来,但互相区别的事物彼此间又是有联系的,这种联系首先就表现为矛盾对立、相互依存。

不仅如此,老子还认识到矛盾对立着的事物彼此间是相互转化的。《老子》曰:"曲则全,枉则直,洼则盈,敝则新"(二十二章),"物壮则老"(三十章),"明道若昧,进道若退,夷道若纇"(四十一章),"甚爱必大费,多藏必厚亡"(四十四章),"大直若屈,大巧若拙,大辩若讷"(四十五章),"祸兮福之所倚,福兮祸之所伏……正复为奇,善复为妖"(五十八章),"轻诺必寡信,多易必多难"(六十三章)。这就是说,事物之间的对立关系并不是凝固僵死的,而是变动不居的,其运动方向表现为矛盾双方的相互转化。任何事物、任何矛盾都不能永远保持静止不动,而总是处在不停地流转变化之中。

老子关于矛盾相互依存、相互转化的思想具有十分重要的意义,这是老子对于自然现象特别是对于社会人事中相互联系、变动无常的复杂现象长期观察和思索所获得的深刻认识。这一认识是事物客观存在的矛盾关系的主观反映。它对老子确立自己的政治观和人生观无疑是一个重要的理论前提。

但老子关于事物矛盾关系的认识也还是有缺陷的。首先,老子的"道"虽然就其本身而言包含着"有"与"无"的统一,但从它与万物之间的关系来看,却是绝对的。一切变动不居的事物都由它而出,又复归于它,它自身却是永恒存在、绝对自足的。这岂不意味着老子未能将其对立统一的矛盾依存和转化关系贯彻到底吗?

其次,老子虽对矛盾对立双方相互转化的条件有着一定的认识,把事物的发展"至极"的界限作为必然转化的征兆,但更主要的还是不适当地把转化看作为运动的唯一形式,在强调事物运动的绝对性的同时,对其静止的相对性有所忽视。

至于老子建立在其矛盾转化学说上的以柔弱为原则的政治和人生学说则又走向了另一方面,把事物发展的必然性归属于可以由人的主观意愿来改变的。这就不能说是正确的了。

(二十六)《老子》书中是怎样论"常"的

"常"也是《老子》书中的一个重要哲学概念。在《老子》书中,共出现"常"字三十次。其中既有副词用法,也有名词和形容词用法,以名词和形容词的用法最具有哲学意味。

陈鼓应先生在解释名词用法的"常"时指出:"常,指万物运动和变化

传记读库

中的不变之律则"(《老子注译及评介》)。那么,这种不变之律则是什么呢?陈先生所解释的原文是:"夫物芸芸,各复归其根。归根曰静,静曰复命,复命曰常"(十六章)。纷杂茂盛的万物都回归其本根,重新进入一种虚静的状态,这也就是复归本性,而复归本性也就是事物和变化的基本法则。这个法则在千变万化的具体存在物的运动中是不变的。詹剑峰先生也说:"老子的宇宙观是'变',但是,老子亦注重'常',因为自然之道诚然根本是运动、变化、周行、瞬见、不停,但在这生、灭、流、转、盈、虚、变化无休止的世界中,任何事物的'作''复'或'消''息'并不胡来乱动,都有其规律可循。这就是说,任何运动或变化都依照一定的规律而发生,依照一定的规律而进行,依照一定的规律而转化。自然界无不变的事物,然其变化亦没有无规律的。总之,一切在变,都有其常。所以老子自称其道曰:'常'。"(《老子其人其书及其道论》)

心通老子

正是由于"常"是这样一种不变的法则,因而它所具有的作用便是非常重要的。《老子》中说;"道常无名。朴,虽小,天下莫能臣也"(三十二章),"常无欲可名于小;万物归焉而不为主"(三十四章)。"常道"虽小,但天下莫能臣服它。尽管"常道"并不在万物之外主宰万物,但万物又不能不在其运动过程中复归于它。这是自然而然的。因此,《老子》中又说:"道常无为而无不为。侯王若能守之,万物将自化"(三十七章),"道之尊,德之贵,夫莫之命而常自然"(五十一章)。在这种"自然而然"中可以看到"常道"的存在,所以说是"常无,欲以观其妙;常有,欲以观其徼"(一章)。

因此,老子要求人们"用其光,复归其明,无遗身殃"(五十二章)。这意思是说欲使自身免遭祸殃,就必须"复归其明"。那么,何谓"明"?"知常曰明"(十六、五十五章)。所谓知常,也就是"复命",是复归于"和"(五十五章)的混然虚静的状态,否则,"不知常,妄作,凶"(十六章)。所以,老子反复告诫人们,"知其雄,守其雌""知其白,守其黑""知其荣,守其辱",以保证"常德不离""常德不忒""常德乃足",从而"复归于婴儿""复归于无极""复归于朴"(二十八章)。这就叫作"常知稽式,是谓玄德"(六十五章)。知常、守德、复命、归根,都无非是要告诉人们遵循事物自身的运动法则来行事,唯其如此,方能"知常容,容乃公,公乃全,全乃天,天乃道,道乃久,没身无殆"(十六章)。达到免于危殆的目的。

"常"既是事物运动的法则,也是人们行为的依据。"常道"与"常德"是并行不悖的。这就是老子所论证的"常"的哲学意义之的所在。

(二十七) 老子为何提出"反者道之动"

"反者道之动"这一著名的命题,是老子对事物运动规律的总认识,也是他对这一规律的总概括。老子认为,除了作为宇宙本体和最高存在的"道"之外,一切事物都处在不断地变化和运动之中。这一变化和运动的规律就表现为"反"。所以,"反"在这里有两个方面的含义:一是相反;二是返回。"相反"是指矛盾对立着的事物或方面向着自己相反的方面转化;"返回"是指万事万物向着"道"返本复初、归根回始。

关于事物之间的对立转化,老子说了很多,比如"曲则全,枉则直,洼则盈,敝则新,少则得,多则惑"(二十二章),"物或损之而益,或益之而损"(四十二章),如此等等,前文已有所论列。在这种对立转化的思想中,包含着"物极必反"的道理。老子说:"物壮则老"(五十五章),"勇于敢,则杀;勇于不敢,则活"(七十三章),"人之生也柔弱,其死也坚强。草木之生也柔脆,其死也枯槁……兵强则灭,木强则折"(七十六章),事物发展到一定的限度必定要向着它的相反的方面转化。

在"反者道之动"的总规律中,返本复初,归根回始,即一切事物都最终回归于"道"的思想,是更为重要的方面。返、复、回、归,指的都是"周行",即循环的意思。万物由"道"而出,最终又回归于"道",这就是"有物混成,……周行而不殆,……字之曰道,强为之名曰大。大曰逝,逝曰远,远曰反"(二十五章)。万事万物都从"道"(大)中分离出来,流转不息,远离本根,但最终仍然要归回到"道"上来,从而形成一个循环往复的运动过程。而这一切又恰是"道"本身的运动。老子说:"致虚极,守静笃。万物并作,吾以观复。夫物芸芸,各复归其根。归根曰静,静曰复命。复命曰常，知常曰明。不知常，妄作凶"（十六章）。在这里，老子把一切事物的运动都归结为向"道"的复归，并把这一复归的趋向看作是"常"，是事物发展的根本规律。

老子关于事物相互转化和循环运动的规律的认识是有深刻的根据的。如果说事物间的彼此转化在自然和社会现象中随处可见，还比较容易发现的话，但循环运动规律的揭示，既是老子经验观察的结果，又表明老子正力图在经验观察的基础上做出理论上的概括，这在认识史上具有重要意义。但也正是在这一点上，老子的运动观有着循环论的局限。

（二十八） 老子为何提出"弱者道之用"

老子所谓的"反者道之动"这一命题中的"动"与"反"，乃是他对事物的存在状态及其运动方向的概括。正是在此基础上，老子又提出了"弱者道之用"的看法和主张。"反"是道运动的必然方向，"弱"则是道生存的必然保证。

《老子》书中使用了诸如"虚""静""柔""小""下"等一系列概念来表达类似于"弱"的意思，与其相反的，是"实""盈""强""大""上"等概念。《老子》中反复以这样相对的概念或直接或以隐喻的方式来强调"弱"的价值和意义。

老子为何要这样强调"弱"，并把它上升为"道"之"用"呢？

应当看到，老子哲学的目的并不仅仅在于建立本体论和宇宙论，而是要以此为基础，最终落实到人生哲学和社会政治哲学上去。诚如陈鼓应先生所说，"老子的整个哲学系统的发展，可以说是由宇宙论伸展到人生论，再由人生论延伸到社会政治论。然而，如果我们了解老子思想形成的真正动机，我们当可知道他的形而上学只是为了应合人生与政治的要求而建立的"（《老子注译及评介》）。这也是整个中国古代哲学的一大特点。

李泽厚先生也说到，《老子》具有政治、社会和哲学三层意义。而且，老学亦同其他先秦各派哲学一样，基本上是社会论的政治哲学。这就使老子哲学不能仅仅满足于对道及万物的存在、运动、规律的认识和说明，而且还要从中确立人生和政治的行为准则。所以要在认识"道"之"动"的同时，还提出了"道"之"用"的问题。

"道"及万物都是处在运动之中，万物在运动过程中由"道"而出并复归于"道"，彼此对立的万事万物都相互转化，这是客观的规律。老子既然对于"道"及万物已有如此认识，那么他就本应对此持一种达观的态度。但是，老子并没有因此而完全否定具体存在物的意义和价值。由此可见，老子发现"道"、认识"道"其实是为了更好地认识具体的存在物，因而他便不能不考察具体事物如何才能长久存在和免遭危殆。正是出于这样一种考虑，老子提出了"弱者道之用"的认识和主张。

老子认为，"道法自然""道常无为"。虽然如此，但一切又可以做到"自均""自化"，从而达到"无不为"的目的和效果。相反，如果不是这样，而是烦扰不安，追强逐壮，必定"不道早已"（五十五章）。这样一来，如欲保护长久，"无遗身殃"（五十二章），"没身不殆"（十六章、五十二章），就必须守柔、处弱，以虚静为旨。这样一种社会政治和人生的准则就被概括为"道"所要求于社会政治和人生行为的"用"了。

老子的"弱者道之用"以"反者道之动"为基础，在维持事物的稳定存在，保持事物的正常发展上，有一定的理论意义，也有一定的经验依据，所以，它常被人们看作是老子智慧的表现。

（二十九）应当怎样看待老子的认识论

长期以来，人们尽管不完全否认老子的认识论也有唯物主义的因素，如他说过："以身观身，以家观家，以乡观乡，以邦观邦，以天下观天下。"（五十四章）这样的话，但总是指出，老子的认识论基本上是唯心主义的。其理由是，老子否定了感觉，否定了实践，否定了理性思维的作用，而宣扬一种唯心主义的直觉论。老子把"道"看作是一种超感官的存在，又不能为理性思维所把握，只能通过直观来体悟。因而，老子的认识论是非经验、非理性的神秘主义。

这就牵涉到怎样看待并评价"直观"在认识活动中的作用问题。长期以来，我们也总是把认识活动简单地理解为一种由感性到理性的机械过程，对丰富多彩的认识形式，对不同的认识途径，缺乏全面的了解。往往以对感性和理性的机械划分来代替复杂的认识活动本身。

但康中乾先生说得好："在主体把握客体时，不是只有从经验认识到理性认识这一条认识道路可走，经验认识→理性认识→理性直观的道路或经验认识$\frac{\rightarrow理性认识}{\rightarrow理性直观}$的道路是否可走呢？人们正在探索着。可贵的是，早在两千多年前成书的《老子》中就自觉地探索了这一认识过程，《老子》的理性直观的认识方法具有一定的价值和意义，值得我们重视。"（《〈老子〉认识论之我见》，《哲学研究》，1988 年第 9 期。）

康文认为《老子》的认识论包含了两方面的内容，一是从物抽象出了"道"，这就是说，老子的"道"是对自然和社会作了高度的概括化和抽象化了的哲学范畴，是人的理性可以把握的东西。这反映了人们认识水平的提高，表现了主体把握客体的广度和深度。二是从"道"的角度来认识物，"这就要求人们排除感性经验的干扰，免除理性认识的影响，在主体纯静、清静的境界中直接体悟到整体性的'道'，并领悟到它的特征。"（同上）因此，老子的认识论尽管神秘，但仍有重要的意义和价值。

"道"本身当然不是一种实存的东西，而只是一种思维的抽象，或者如陈鼓应先生所说："'道'的问题，事实上只是一个虚拟的问题。'道'所具有的种种特性和作用，都是老子所预设的。老子所预设的'道'，其实就是他在经验世界中所体悟的道理，而把这些所体悟的道理，统统托付给所谓'道'，以作为它的特性和作用。"（《老子注译及评介》）

在感性观察和理性思考基础上形成的"道"，已经体现出老子认识论的重大成果。而超越感性经验和理性认识，以直观的方式从整体上把握"道"的存在，是老子认识论的又一重要贡献。这是老子对人们认识活动的更深层次的探索，且现代科学的发展已在一定程度上予以证明。所以将

心通老子

其简单地斥之为唯心主义,显然是欠妥的。

即使仅就老子对人的认识活动的常规形式的突破而言,也足以启发人们从更多的方面去探讨主体把握世界的多种方式、多种渠道,以挖掘人们潜在的认识能力,使主体更贴近于客观世界,更深刻地把握客体世界的奥秘。

(三十) 何谓"玄鉴"

"玄鉴"是《老子》书中一个十分重要的哲学范畴,是体现老子哲学认识论基本特征的一个范畴。

"玄鉴"见于《老子·第十章》,原文曰:"涤除玄鉴,能无疵乎?"鉴,通行本作"览",这是据帛书乙本和高亨先生的考证所改的。高先生说:"'览'读为'鑑','览''鉴'古通用。……玄鉴者,内心之光明。为形而上之镜,能照察事物,故谓之玄鉴。《淮南子·修务篇》:'执玄鉴于心,照物明白'。《太玄童》:'修其玄鉴'。'玄鉴'之名,疑皆本于《老子》。《庄子·天道篇》:'圣人之心,静乎天地之鑑,万物之镜也。'亦以心譬镜。"高亨、池曦朝又说:"'览'字当读为'鉴''鉴'与'鑑'同,即镜子。……乙本作'监','监'字即古'鉴'字。古人用盆装上水,当作镜子,以照面孔,称它为监,所以'监'字像人张目以临水盆之上。后人不懂'监'字本义,改作'览'字"(转引自陈鼓应《老子注译及评介》)。因此。人们一般把"玄鉴"解释为"心灵深处明澈如镜"(同上)。

并且,还有人给"玄鉴"以现代科学的解释:"从现代科学所揭示的微观世界的奥秘看,肠胃'玄鉴'或'灵气',原来就是人体所具有的生物波,也可称之为生理信息(大脑中的电脉冲)的分泌物。这种生物波在外界电磁场、引力场、生物场等作用下,能够与自然信息波相接而发生某种感应,形成人们所常说的直觉"(萧汉明、严曼萍:《论〈老子〉"玄鉴"与"静观"的直觉主义认识论》,《哲学研究》,1986 年第 9 期)。该文还从气功养生学的角度。提出老子是通过意念来发现这一"玄鉴"之光,从而认为它能与恒道和合,能接受恒道的信息并能进行信息反馈。这也就是所谓"静观"的过程。老子当然不可能具有现代科学的观念,但他被认为是以一种特殊的方式发现和预测到了这一现代科学的奥秘。

詹剑峰先生则对"玄鉴"做了另外一种解释,他讲的是"玄览"。他说:"所谓玄览,从词义上看即深观远照。……深则察及极微,远则照见一切,然后就纷纭对立的现象而统观之,以探求整个自然何自而有,何由而成。"(《老子其人其书及其道论》)。

不管对"玄鉴"作何解释,是从认识方法说明也好,还是从认识目的解释也罢,但是大家都对"玄鉴"作为一种特殊的认识方式给予了充分的重视,对其科学价值和特殊意义进行了深入的研究。

那么,"玄鉴"作为一种特殊的认识方式其性质如何呢? 首先它不是一种感性的直观,因此《老子》中说:"不出户,知天下;不窥牖,见天道。其出弥远,其知弥少。是以圣人不行而知,不见而名"(四十七章),"为学日益,为道日损,损之又损,以至于无为"(四十八章)。这就排除了感官对于"为道"的作用。

其次,"玄鉴"也不是理性的思考。《老子》中说:"道,可道,非常道;名,可名,非常名"(一章),"视之不见,名曰夷;听之不闻,名曰希;搏之不得,名曰微。此三者不可致诘,故混而为一。其上不皦,其下不昧,绳绳兮不可名"(十四章),"道常无名"(三十二章)。这样一个无以名之的认识对象,当然是不能够通过理性思维来把握的。

但是,"玄鉴"作为一种特殊的认识方式,又不能完全排除感性直观和理性思考,而是要以它们为基础但又要超越它们,以达到理性的直观。何谓"理性直观"? 康乾中先生认为:"理性直观是《老子》认识论的核心。……把握'道'的唯一手段是理性直观法。这就要求人们排除感性经验的干扰,免除理性认识的影响,在主体纯净、清净的环境中直接体悟到整体性的'道',并领悟到它的特征。"(《老子认识论之我见》,《哲学研究》,1988年第 9 期)所以,《老子》中说:"道,可道,非常道;名,可名,非常名。无名,天地之始;有名,万物之母。故常无,欲以观其妙;常有,欲以观其徼"(一章)。

总之，"玄鉴"作为一种以"道"为认识对象的特殊的认识方式，需要具备特殊的条件，必须通过净化思维，剔除主观成见，排除经验认识的干扰，使认识者自身达到清净明澈，无一私念，方可达对于"道"的直观体悟。所以，《老子》说只有"涤除"私见以达到"无疵"，才可以实现"玄鉴"。

（三十一） 《老子》书中的"德"的含义是什么

《老子》书中出现"德"字者，多达十六章，共四十一处。从总体上看，《老子》全书八十一章，五千余言，"德"字出现的频率的确是较高的。"它"是《老子》书中重要性仅次于"道"的一个范畴。

但是。对"德"字的理解也还存在一些细微差异。《庄子·天地》中说："泰初有无，无有无名。一之所起，有一而未形。物得以生谓之德。"《管子·心术上》中说："德者，道之舍。物得以生生，知得以职道之精，故德者得也。得也者，其谓所得以然也以。"《韩非子·解老》中说："道有积而德有功，德者道之功。"这些话的意思基本上是："道指世界本原，德指本原居于物中。事物因得道方始成其为事物；言其所得，便叫德"（《中国大百科全书·哲学Ⅰ》）。《哲学大辞典·中国哲学史卷》中也说："指事物从道所得的特殊规律或特性"。陈鼓应先生说："无形无迹的道显现于物或作用于物是为'德'。"（《老子注译及评介》）。詹剑峰先生说："道是天地万物的本原，而德是天地万物之所自得。"（《老子其人其书及其道论》）如果这句话本来就理解成物之性乃由其自身所得，而非自道所外输，那么便与老子所谓的"生而不有，为而不恃，长而不宰"的本义相切合了。但是詹先生的解释却仍说天地万物由道而得方为"德"。

根据老子自己的说法，"道"与"德"之间还是有很大差别的。首先，"德"有"上德"和"下德"之分，"上德不德是以有德；下德不失德是以无德。上德无为而无不为，下德为之而有不为"（三十八章）。"下德为之而有不为"也有人认为应是"下德无为而有以为"，但不管怎样说，"上德"与"下德"是有区别的。"上德"与"道"的本性完全一致，是"无为而无不为",因而又叫"玄德"。《老子》中说:"生而不有,为而不恃,长而不宰,是谓玄德"(十、五十一章)。如果"道"与"德"之间没有差别,就不必对德作这种上、下的划分了,也不必有"玄德"的说法,甚至不必多用一个"德"了。

其次,"德"与"道"的区别亦不仅仅是体用、本末之别,而且还在于"德"虽是物之性,是事实上的存在,但又有成为"上德""玄德",成为"道"的可能性,只是并非天然地就是与"道"一体的。老子哲学就企求变"下德"为"上德""玄德",这是因为老子哲学的基本方法也就是从历史中抽取逻辑,又把逻辑还原干历史。因而,历史与逻辑在老子那里还是有差异的。而老子的目的就在于以历史符合、顺应逻辑。所以,《老子》中说:"故以智治国,国之贼;不以智治国,国之福。知此两者亦稽式。常知稽式,是谓玄德。玄德深矣,远矣,与物反矣,然后乃至大顺。"(六十五章)通过"反"或"与物反异"(河上公注),或"与万物皆反复而求其初"(林希逸语),从而顺应于自然。

总之,"德"只是物之自性,可以"上德",亦可以"下德";但在逻辑上,人、地、天都应师法道,道又应显于"德"而成为"玄德"。

(三十二) 《老子》书中"道"与"德"的关系如何

"道"与"德"是《老子》书中两个最为重要的范畴。"道"与"德"相通,"玄德"即是"道"。《老子》中说:"大道氾兮,其可左右。万物恃之以生而不辞,功成而不有。衣养万物而不为主,……万物归焉而不为主"(三十四章),"玄德"也是"生而不有,为而不恃,长而不宰"(十、五十一章)。"老子的玄德就是'道之德',这样的德与道同体,故老子直谓之为'道',有时则谓之为'天之道'或'圣人之道'"(詹剑峰《老子其人其书及其道论》)。

但是,"德"又有"上德""下德"之分。"上德"同于"玄德",即同于"道";"下德"则不然。而且,无论"上德""下德"都又不就是"道",而只能是"道"之体现,或者甚至不能与"道"相通(指"下德")。就"德"而言,与"道"不是在一个层次之上的,"道"是整体,是独立自主的世界的本体。

"朴散为器","器"分有"道",物中所体现的"道"是个别的,因而"失道而后德"(三十八章),"德"体现了"道",分有了"道",但并不就是"道"本身。对于物来说,"道"生之,"德"畜之,"道"与"德"具有不同的功用,因而也就有不同的地位,表现为"道之尊""德之贵"。(五十一章)

从逻辑上讲,物应当"尊道""贵德",也就是要求师"道",变'下德'为"上德",达到"德"。这样一个过程,老子命之曰"修"或"积"。《老子》中说:"修之于身,其德乃真;修之于家,其德乃余;修之于乡,其德乃长;修之于国,其德乃丰,修之于天下,其德乃普"(五十四章),无论身、家、乡、国、天下,都必须通过"修德"以接近于"道"。《老子》中又说:"夫唯啬,是谓早服;早服谓之重积德;重积德则无不克。"(五十九章)这里强调了积蓄涵养的必要性。

在《老子·二十八章》中,也说到了这样一个"修""积"而"反"的过程:"知其雄,守其雌,为天下溪。为天下溪,常德不离,复归于婴儿。知其白,守其黑,为天下式。为天下式,常德不忒,复归于无极。知其荣,守其辱,为天下谷。为天下谷,常德乃足,复归于朴。"詹剑峰先生解释说:"这章河上公题为'反补',实则阐发个人修养,复性进德而至于道。盖性复于婴儿,然后能达到无极,达到无极,然后复归于朴,此则更胜的程序。必先常德之'不离',然后至于'不忒',德之不忒,然后至于'乃足',此则进德的程序。"(《老子其人其书及其道论》)

照李泽厚先生的看法,"德"经历了一个由功能、规范义转而为实体性能义,最终变为心性要求义的过程。但在老子那里,已主要是以统治方术、品德(特别是统治方术)的含义被应用和讨论的。只是,老子把这种统治方术提高到哲学的空前高度。(参看《中国古代思想史论》)"德"作为一种人生的社会行为的规范、原则,被认为是"道"的体现,万物都必须尊道贵德,人更应如此。但在事实上,人与万物并不天然地即如此,因而要"修""积""反",入"德"体"道"。老子所要告诉人们的并不是别的什么,而就是这个道理。

（三十三） 什么是老子的"三宝"

《老子·六十七章》说:"我有三宝,持而保之:一曰慈、二曰俭、三曰不敢为天下先。慈,故能勇;俭,故能广;不敢为天下先,故能成器长。今舍慈且勇,舍俭且广,舍后且先,死矣! 夫慈,以战则胜,以守则固。天将救之,以慈卫之。"

"慈""俭""不敢为天下先"是老子的"三宝",是老子理想人格的基本要素。

其中"慈"尤为重要,它既是老子处理人际关系的基本原则,也是他珍惜生命的重要表现。"慈"是慈爱。老子把慈爱推广于一切人际关系之中。他说:"圣人常善救人,故无弃人;常善救物,故无弃物"(二十七章)。"善者,吾善之;不善者,吾亦善之"(四十九章)。无论人或物。无论善者或不善者,老子都主张善待之而不弃。老子还十分珍惜生命,他说:"何谓贵大患若身? 吾所以有大患者,为吾有身。及吾无身,吾有何患? 故贵以身为天下,若可寄天下;爱以身为天下,若可托天下"(十三章),又说:"名与身孰亲,身与货孰多"(四十四章),把人的生命看得极为重要,并责备轻身之举:"奈何万乘之主而以身轻天下!"(二十六章)老子还极力主张反战,指出:"大军之后。必有凶年"(三十章),主张对在战争中的死伤者以"哀悲泣之,战胜以丧礼处之"(三十一章)。

"俭",是节俭。老子主张以满足基本的生活需要为限,反对穷奢极欲,淫逸糜烂的生活方式。五十三章曰:"朝甚除,田甚芜,仓甚虚,服文绥,带利剑,厌饮食,财货有余,"一方面,是统治者奢侈的生活享受;另一方面,是田地荒芜,仓储空虚,其后果可想而知。老子对这种状况极为不满。大约在老子看来,只有一方面有着较多的积蓄。另一方面又严格限制过多的消费,这才能使人心不乱,社会稳定。

《老子》书中"不敢为天下先"的说法可谓甚多。"不自见,故明;不自是,故彰;不自伐,故有功;不自矜,故长。"(二十二章)。"以其终不自为大,故能成其大。"(三十四章)。唯其不敢为天下先,反而能够达到为天下先的目的。

"俭"是要求限制自身的过分欲望,"不敢为天下先"是防止侵害他人,其结果都能体现到对人慈爱上来。老子把"慈""俭""不敢为天下先"提到了关系自身成败存亡的高度上,认为如果违背了这样的原则,终将"死矣"。这充分体现了老子的人道主义的精神和情怀。

(三十四) 老子是怎样论人的

从一定意义上可以说,老子的全部思想,都是以人为中心来论证人的生存和发展的问题的,都是要解决人的"应有"和"现有"的关系问题的。

他的宇宙论和本体论,是要建立一个以"道"为中心的宇宙结构和存在模式,在"人法地,地法天,天法道,道法自然"的思想逻辑的统帅下,最终也还要落实到人的"应有"的生存和发展上来,并以"应有"来改变"现有",确立人的理想的生存状态。

他的社会哲学和政治哲学,也无非是要为人的这一存在状态提供一个良好的社会环境和政治秩序。

理想的人的生存和发展,是老子哲学的落脚点。

那么,人在老子哲学的宇宙结构和存在体系中处在怎样一种位置上呢?

《老子》中说:"道大,天大,地大,人亦大。域中有四大,人居其一焉"(二十五章)。"道"是老子哲学的中心范畴,是天地万物之本原和根基,又是天地万物生长运行的"立法者"。天地虽由"道"所出,但却处在一个特殊的地位上。《老子》中说:"天地相合,以降甘露,民莫之令而自均"(三十二章)。可见,天地是人生应有的基本环境,是人生存在所需要的各种物质资料的来源。这种看法,对于处在早期农耕社会中的老子来说,是很自然的。

而天地之外,尚有人与万物,但这里讲到四大,并没有万物,却特别提到人并列入四大之一。可见,老子是把人自身看得很高的,他言"道"是为了给人"立法",讲天地是予人以生存环境。人在宇宙结构中形式上虽在其末,但实质上乃是核心。按照老子的逻辑,宇宙体系应该是和谐的,因为"道"是中心,四大之间的关系是"人法地,地法天,天法道,道法自然。"以"自然"贯通于道、天、地、人,因而"民莫之令而自均""万物将自化"(三十七章)。这样就根本谈不上有什么"争益夺利",不会有任何混乱了。在理想的圣人人格的召唤下,所有人的人生都如"婴儿""赤子"般的淳朴敦厚,整个社会"甘其食,美其服,安其居,乐其俗"(八十章)。一片祥和安静,其乐无穷。

但现实的人生却蛮不是这么回事,"人之迷其日固久"(五十八章),"人之道则不然,损不足以奉有余"(七十七章),这又何谈"自均"?人人都在争益夺利,争强好胜,欲望如此之大难以阻挡,"祸莫大于不知足,咎莫大于欲得"(四十六章)。为了这不知足的"欲得",可以"食税之多",可以发动战争,"戎马生于郊",……这就是老子所看到的社会现实和真实人生。

为了改变这一切,纠正这一切,老子设计了一整套理想的宇宙图景和社会、人生模式,并提出了一条返朴归真的人生修养——修德归道的途径和方法。这一途径和方法的核心是,理想的圣人人格和以"婴儿""赤子"为特征的人生境界。它要求满足人们基本的物质需要,杜绝过多的物质享受,尤其是要人们禁绝可能给自身带来危害的"智慧",而沉浸在一种浑然不欲的精神生活中。老子认为,这样才是合乎"道"的。

老子就这样终于把人从复杂的社会关系、从对物质和精神生活的追求中抽取出来,化成为一种抽象的人格存在。它虽然是非现实的,但是从他这套理论中却返照出现实人生中的矛盾和痛苦。

(三十五) 老子刻画了什么样的理想人格

理想人格是人生理想的人格化,是将其人生理想寄寓于一特定人格形态中的表现形式。老子的人生理想寄寓于圣人(大丈夫)中,就形成了老子的圣人的理想人格形态。

圣人(大丈夫)是老子所着力刻画的理想人格形态,其人格要素主要是:

第一,圣人无为。《老子》反复阐述了圣人人格的这一最基本的特点:"圣人处无为之事,行不言之教,万物作焉而不辞,生而弗有,为而弗恃,功成而弗居"(二章),"圣人云:我无为而民自化,我好静而民自正,我无事而民自富,我无欲而民自朴"(五十七章),"圣人为而不恃,功成而不处,其不欲见贤。"(七十七章)这些话都表明了"道法自然""道常无为"的特性鲜明地体现在圣人人格之中。

但应当看到,圣人"无为"只是一种手段,其目的仍在于"有为"。两者的统一表现在"无为而无不为"。因而《老子》中说:"……夫唯弗居,是以弗去"(二章),"圣人……不为而成"(四十七章),"圣人无为故无败"(六十四章)。如果圣人只是"无为",也就失去了政治哲学上的意义。正因为圣人处在一种特定的地位,是"侯王""君主"的人格理想,所以还要求他在治民上做到"虚其心,实其腹,弱其志,强其骨,常使民无知无欲。使夫智者不敢为也。为无为则无不治"(三章),"圣人为腹不为目"(十二章)。

第二,圣人不争。《老子》中说;"圣人后其身而身先,外其身而身存"(七章)。"圣人抱一为天下式,不自见故明,不自是故彰,不自伐故有功,不自矜故长"(二十二章),"圣人处上而民不重,处前而民不害"(六十六章),"圣人自知不自见,自爱不自贵"(七十二章)。正是因为圣人具有这样的不争之德,反而能够获得"天下莫能与之争"(二十二章)的效果。

圣人不争也包括不争物质享受,故《老子》中说:"圣人去甚、去奢、去泰"(二十九章),"圣人欲不欲,不贵难得之货"(六十四章),"圣人不积"(八十一章)。正因为"不积","既以为人,己愈有;既以与人,己愈多"(同上)。

第三,圣人慈善待人。"圣人常善救人,故无弃人"(二十七章),"圣人无常心,以百姓心为心。善者,吾善之;不善者,吾亦善之;……信者,吾信之;不信者,吾亦信之"(四十九章),"圣人方而不割,廉而不刿,直而不肆,光而不耀"（五十八章），"圣人亦不伤人"（六十章），"圣人执左契,而不责于人"（七十九章）。

第四,圣人主重静而弃轻躁,处厚居实而去薄除华。《老子》中说:"重为轻根,静为躁君,是以圣人终日行不离辎重"（二十六章）,"大丈夫处其厚,不居其薄;处其实,不居其华"（三十八章）,"圣人被褐怀玉"（七十章）,"圣人云:受国之垢,是为社稷主;受国不祥,是为天下王"（七十八章）。可见老子所刻画的圣人这种忍辱负重,敢当大任,重实去华,谨慎从事,意志坚定、从容不迫的精神风貌,是一种极其感人的生动形象。

老子的圣人人格固然只是他赋予侯王、君主的人生理想,是一种"君人南面之术",但在客观上,这种无为不争、慈善待人、忍辱负重而担当大任的人格理想,是有利于社会安定和人民生活的。尽管这种人格理想未必能够取得社会的普遍认可,但它确实反映了社会生活中的某种要求。

（三十六）老子是怎样揭露和批判社会现实的

老子的人生理想和政治方略,都是针对当时的社会现实而提出来的。因此,从这种对人生理想和政治方略的阐发中,就可以看出老子对当时社会现实的揭露和批判。

老子认为,他所提出的一套以"道"为核心的人生理想和政治方略,是拯救社会现实的根本措施,但遗憾的是:"大道甚夷,而民好径"（五十三章）,"吾言甚易知,甚易行。天下莫能知,莫能行"（七十章）。原因就在于"人之迷,其日固久"（五十八章）,积重难返,灾难重重。"众人熙熙,如享太牢,如春登台。……众人皆有余,……俗人昭昭,……俗人察察,……众人皆有以"（二十章）,这是说,世俗的人熙熙攘攘,纵情于声色货利,沉湎于"五色""五音""五味"和"驰骋畋猎"的享受之中,用智逞强,追营逐利,为盗做贼,纷争不已。这就是当时一片混乱不堪的社会现状。

老子认为,出现这种状况的原因在于统治者不是以"道"理国,而是以"有为"治民。统治者"自见""自是""自伐""自矜"（二十四章）,"其政察察",因而"其民缺缺"(五十八章)。"大道废,有仁义;智慧出,有大伪;六亲不和,有孝慈;国家昏乱,有忠臣"(十八章),"天下多忌讳,而民弥贫;民多利器,国家滋昏;人多伎巧,奇物滋起;法令滋彰,盗贼多有"(五十七章)。总之,"民之难治,以其上之有为,是以难治"(七十五章)。

不但如此,统治者自身更是骄奢淫逸,"金玉满堂,……富贵而骄"(九章),横征暴敛,压迫民众:"朝甚除,田甚芜,仓甚虚;服文彩,带利剑,厌饮食,财货有余"(五十三章),"民之饥,以其上食税之多,是以饥……民之轻死,以其上求生之厚,是以轻死"(七十五章),"民不畏死,奈何以死惧之",(七十四章)老百姓的生命也难以保证。更为严重的是,统治者穷兵黩武,战争频仍:"师之所处,荆棘生焉,大军过后,必有凶年"(三十章),"天下无道,戎马生于郊"(四十六章),战争给社会生活和人民生命财产所带来的危害是极其惨重的。

老子不但揭露了这种令人触目惊心的社会现实,而且揭示了统治者与被统治者之间的严重对立,将其归结为人们的欲望所致。认为"祸莫大于不知足,咎莫大于欲得"(同上)。正是因为有欲望才有奸诈,有奸诈从而有争夺,这种为欲而用智,用智而争夺的社会现实为老子所唾弃。他称之为"天下无道"。他激烈地否定了当时的社会不公:"人之道则不然,损不足以奉有余"(七十七章),认为这是违背天道的。

可见,老子以伦理主义的原则对当时的社会生活进行揭露和批判,把一切罪恶归之于欲望和文明进步,认为这本身是不必要而且有害的。显然,这背离了历史主义的原则。

(三十七)老子是如何反对"仁"和"礼"的

老子动和批判"仁义",认为"大道废,有仁义;……六亲不和,有孝慈"(十八章),因而主张"绝仁弃义,民复孝慈"(十九章)。在老子看来,正是因为先有"六亲不和"也即有了不仁,而后才有"仁义"。如果先前没有不仁,后来又何需仁义? 这就是老子的逻辑。

老子反对和批判"礼",以三十八章所说最明确:"夫礼者,忠信之薄而乱之首。""礼"被看作是缺少忠信的表现,又是一切祸乱的根源。他主张万物平等,"不可得而亲,不可得而疏,不可得而是,不可得而贱"(五十六章),亲疏贵贱不必区别,而且,"贵以贱为本,高以下为基"(三十九章)。这与主张亲疏贵贱有差别的"礼"当然是背道而驰的。大约在老子看来,人们之间如果一律平等,便不会有任何冲突,就会彼此和平相处,相安无事。正是因为有了冲突。所以才有"礼"的需要,需要用一种外在的规范把人的不平等关系固定下来。一言以蔽之,"礼"是社会生活不平等的反映。

老子把"仁"和"礼"的产生看成是失道失德的结果,他说:"失道而后德,失德而后仁,失仁而后义,失义而后礼"(三十八章)。在老子那里,如果按照"道之尊""德之贵"的原则,"天地不仁,以万物为刍狗;圣人不仁,以百姓为刍狗"(五章)。天地万物同出于道,一律平等,无须特别提倡"仁",也无须强使人们接受"礼"的约束。当然,"仁"是在出现了非仁非礼之后,为维持符合统治者利益的社会秩序而提出来的有差等的爱。这种有差等的爱,是无法为老子所接受的。

老子所主张的是:"圣人常善救人,故无弃人"(二十七章)。"圣人无常心,以百姓心为心。善者,吾善之;不善者,吾亦善之"(四十九章)。并且,把这种具有博大情怀的"慈"作为"三宝"之一。这可以说是最高的"仁"。不过,老子的"仁"按涂又光先生的看法来说。是经过道的否定的。"否定的是有为之仁,包含的是无为之仁",是"以不救为救,就是人人自救"(《论帛书本〈老子〉的哲学结构》,《哲学研究》,1984 年第 7 期。)

老子也并未完全排斥"礼",《老子》中说:"君子居则贵左,用兵则贵右……吉事尚左,凶事尚有。偏将军居左,上将军居右;言以丧礼处之。杀人之众,以哀悲泣之;战胜以丧礼处之"(三十一章)。正如涂又光先生所指出的,老子是在理想中否定礼,在现实中实行礼;在理论上提出自然之礼,将社会之礼自然化。

总之,老子所反对的是那种有差等的"仁"和"礼",因为它们违反了自

心通老子

147

然的本性,与"道"相背。

(三十八) 老子主张"弃知""去智"吗

《老子》中说:"使夫智者不敢为"(三章),"绝圣弃智"(十九章)。从这些话来看,老子是反对"智"的。同时,《老子》中还说:"是以圣人之治……常使民无知无欲"(三章),"爱民治国,能无知乎"(十章)?这些话也表明老子是反对"知"的。因而,有人认为老子主张"弃知""去智"。

但是,对老子所指的"弃知""去智"应该做出深入、具体的分析。老子为何反对"智"?这是因为,在老子看来,"智慧出,有大伪"(十八章),"民之难治,以其智多。故以智治国,国之贼;不以智治国,国之福"(六十五章)。可见,老子是从"智"所能产生的社会危害来立论的。老子认为,社会之所以烦扰不已,皆因为人们之间争强好利所致,而人们之所以能够争强好利,又是"智"提供了它们所需要的条件。老子所希望和要求的恰是一种安宁、有序的社会生活,从消除纷争的理由出发,老子当然要反对产生纷争的原因和条件的"智"了。所以,《老子》中说:"虽智大迷"(二十七章)。这就是说,"智"从根本上讲,于人、于己、于社会都是有害的。老子看到了"智"的发展所带来的负面效应。

但是,老子并不一概反对"知",因为《老子》中也说道:"知足不辱,知止不殆,可以长久"(四十四章),"知者不言,言者不知"(五十六章),"吾言甚易知,甚易行"(七十章),"知不知,尚矣;不知知,病也"(七十一章),"是以圣人自知不自见"(七十二章),"知者不博,博者不知"(八十一章)。这里,老子告诉人们应该弄清什么才是真正的"知"。真正的"知"是自知,是自知自己不知,是对于"道"的知,是对于"常"的把握,而不是对那些纷纷扰扰的"杂事",那些引起"大伪"的"慧智"的知。所以,把老子看成是反对一切"知",那就未免失之于简单化了。

老子所要人们认识的是那根本的"道",即使这不为人们所认识和了解,老子也仍在孜孜以求。他虽然面对"大道甚夷,而民好径"(五十三章)

的局面,但仍然说"知我者希,则我贵矣,是以圣人被褐怀玉"(七十章)。

(三十九) 老子主张"守柔处弱"是懦弱的表现吗

《吕氏春秋·不二篇》载:"老耽贵柔"。守柔、处弱,乃是老子哲学的一大特征。那么,老子要求人们守柔、处弱,保持一种虚静的状态,是否就是一种懦弱的表现呢?

有人认为,即是如此。

其实,这是一种误解。因为,老子主张守柔、处弱并不是为守柔而守柔,为处弱而处弱,而是为了以"柔弱"胜"刚强"。事实上,在老子看来,柔弱确能胜刚强。老子以水为例,说:"上善若水。水善利万物而不争,处众人之所恶,故几于道"(八章)。水被抬得很高,所谓"几于道"。为什么这样说呢? 因为"天下莫柔弱于水,而攻坚强者莫之能胜,以其无以易之"(七十八章)。诚然,小者,滴水穿石;大者,洪浪滔天,一切皆席卷而去,莫可或止。水看似柔弱,却具有如此强大的威力。这本来是很浅显的道理,人们往往做不到,就在于没有抓住"柔弱胜刚强"的绝妙之处。

老子反复讲虚、讲静、讲柔、讲弱,不厌其烦,不一而足。比如说:"天下之至柔,驰骋天下之至坚"(四十三章),"见小曰明,守柔曰强"(五十二章),"人之生也柔弱,其死也坚强;草木之生也柔脆,其死也枯槁。故坚强者死之徒,柔弱者生之徒"(七十六章)。表面的强壮却阻止不了衰亡的实质的暴露,而表面上虽柔弱,但却具有刚强的生命力。詹剑峰先生说得好:"柔弱是指新生,是指充满着生命力,是指活泼、发展、流行、灵活、善变化、不凝滞等作用""老子所谓柔或弱是新生的本质,其力不可量,这是'生'的法则"(《老子其人其书及其道论》)。柔弱具有一种内在的生命力,不是虚弱,不是脆弱,而是柔韧,有一种不断发展、成长着的生机,必定能战胜"强大"。因为,"强大"也就意味着正在走向死亡,"物壮则老"(三十章)。

有人认为,老子所讲的"实质便不外一个装字"(章太炎:《訄书·儒道》)。这种看法,恐不无偏颇。与其说老子只要求人们以实质的强壮偏要装出一个脆弱,不如把老子的柔弱理解为实质上是发展着的强壮而必定要呈现为柔弱,更为恰当。因为,老子十分强调事物的运动,对事物发展的过程有一定的认识,所以,从发展的眼光来看待事物的强弱,对老子来说则是很自然的。老子的思想,被后世运用作为权术,成为阴谋者手中的武器,并不一定就是老子所希望的。因而,企图用一个"装"字来说明"老子"的"柔弱胜刚强"的思想,就难免失之于偏颇了。

（四十） 老子主张愚民政策吗

《老子·六十五章》说:"古之善为道者,非以明民,将以愚之。民之难治,以其智多;故以智治国,国之贼;不以智治国,国之福。知其两者亦稽式。常知稽式,是谓玄德。"《老子》中还多次讲到"圣人之治,虚其心,实其腹;弱其志,强其骨,常使民无知无欲使夫智者不敢为也"(三章),"爱民治国,能无知乎"(十章)?"圣人为腹不为目"(十二章),"绝圣弃智,民利百倍……见素抱朴。……绝学无忧"(十九章),等等。所有这些都表明,老子确是主张一种愚民政策。这可以说是老子政治哲学的一个重要方面。对统治者来说,老子主张其"无为",反对其一切法令手段和文化设施。同时,又要求统治者对民众采取一种蒙昧主义的愚民政策。就其本身而言,这当然是非常落后的。

但是,应当看到,老子是从他所谓于民有利的根本原则和保证社会秩序稳定的意义上提出这种主张的。他认为,民智一开,奇物滋生,于是竞争加剧,终将于民不利。所以必须弃知去智,只有永远"见素抱朴""无知无欲",社会才能安宁,人民才能获得纯朴祥和的生活。"无为"和"无智"是老子消除现实社会的种种弊病的两把利剑。

因而,我们必须看到,老子主张统治者无为,也并不是要把"自治"权还给民众。实际上,民众也必须"无为"——"无智"。老子是站在第三者的立场上,以社会安定为原则,阐发其政治主张的。

只看到老子主张"愚民",于是认为老子为统治者出谋划策,属于落后、反动的思想,这是片面的。但只看到老子主张统治者无为,因而不注意他主张愚民的一面,也是片面的。老子看到了人类生存的困境和社会发展的矛盾现象,但他的救世方略完全是反历史主义原则的。

（四十一） 老子是禁欲主义者吗

老子的确主张"少私寡欲"(十九章),他要求"不见可欲,使民心不乱……使民无知无欲"(三章)。这是因为,老子认为,"欲"是引起社会纷争、动乱的根本原因,是造成人自身危害的根本原因。所以,他说:"名与身孰亲? 身与货孰多? 得与亡孰病? 甚爱必大费,多藏必厚亡"(四十四章)。这是说。追名逐利必将危害生命。因此,保全生命比起追名逐利更为重要。他又说:"祸莫大于不知足,咎莫大于欲得"(四十六章)。这又是说,欲得、不知足,乃是造成一切祸患的总根源。反之,他认为:"知足不辱,知止不殆,可以长久"(四十四章),"知足之足常足矣"(四十六章)。可见,老子正是从维护人的根本利益上来立论的。

老子对统治者追逐声色犬马之乐尤为愤恨,因此他说:"朝甚除,……服文彩,带利剑,厌饮食,财货有余,是谓盗竽"(五十三章)。统治者的宫殿装饰得十分豪华,他们还披锦衣绣,宝剑佩身,贪享精美的饮食,搜刮无穷的财富,这就是大盗的行径! 而与此相对照的则是:"田甚芜,仓甚虚"(同上)。农田荒芜,粮仓空虚,老百姓又何以为生呢? 老子对这种由一部分人的贪得无厌所造成的社会不公,是十分痛恨的。他追求着一种人人得其温饱的均平生活,向往人人都能"甘其食,美其服"(八十章)的理想。由此可见,老子并不是一个绝对的禁欲主义者,而是坚决反对在社会财富尚且不足的情况下,由少部分人的贪得无厌造成社会的不均。由于这种过度欲望所造成的社会纷争和动乱,是他所竭力反对的,因而他必然要提出"少私寡欲"的主张。

总之,老子并不绝对地主张禁欲,而是要求人们在欲望的满足上要把握适"度"的原则。掌握"度",乃是老子十分重视的方法论原则。欲望的

心通老子

满足突破了"度"的界限,必然给自身和他人以及整个社会带来重大危害。权衡轻重,当然就不如"少私寡欲"了。

老子并没有看到人的需要本身是不断发展着的;更没有看到它们正是推动社会生产力向前发展的一个根本因素;也没有看到人类智慧和文明进步恰是实现这一发展的根本条件。毫无疑问,文明的进步,生产力发展以及人类需要的不断满足,并不是直接地联系在一起的,有时甚至是脱节的。老子发现并抓住了这一脱节现象,但却不知如何调整这一脱节,从而使人类智慧推动文明发展,文明发展促使生产力进步,生产力进步满足人们不断增长的需要。老子受时代的局限,是无法获得这些认识的。

(四十二) 为什么说老子提出了"君人南面之术"

《汉书·艺文志》中说:"道家者流,多出于史官,历记成败、存亡、祸福、古今之道,然后知秉要执本,清虚自守,卑弱以自持,此君人南面之术也。"这是说,道家学者多为史官出身,他们通过对社会生活中的成败、存亡、祸福以及历史变迁的观察和分析,得出了一整套以"无为""谦弱"为核心和原则的政治方术,作为管理国家、统治臣民的根本措施。老子也不例外。

老子的哲学思想是以人学为目的和归宿的,是为解决人类生存的困境而提出的,但这一目的又是通过政治哲学的建立来实现的。《老子》书中有大量关于"圣人""侯王""君"的思想和行为原则的论述,其核心就是"无为"。通过"无为"来达到"无不为"的目的,通过"不为大"来达到"成其大"的目的,通过"无私"来达到"成其私"的目的。总之,通过部分的失去而达到整体的获得通过暂时的失去而达到永久的占有。他们作为理想人格形态是"圣人",而现实的身份则是"侯王""君"。老子所抱有的使命就是使实际的"侯王""君"成为理想的"圣人",并借以达到拯救社会,改善政治的目的。

另一方面,对于臣民,老子则要求通过"圣人"使其"无智",实现"无知无欲"。圣人的"无为"和民众的"无智",共同构成老子的政治哲学。

所以,老子的哲学有着政治和社会的意义。诚如李泽厚先生所指出的:"《老子》把兵家的军事斗争上升为政治层次的'君人南面术',以为统治者的侯王、圣人服务""老子似乎满怀恐惧和慨叹在总结着历史上的'成败、存亡、祸福、古今之道','长治久安'的氏族社会的远古传统正在迅速崩溃,许多邦国在剧烈争夺,许多在争夺中变得强大,然后又很快地失败和覆灭了"。"在《老子》那里,'无为''守雌'是积极的政治哲学,即君主统治方术。但这种积极的政治层含义又恰恰是以其消极的社会层含义为基础和根源的"(《中国古代思想史论》)。

事实上,老子的"君人南面术"后来的确被韩非和秦汉黄老学派以及后世统治者所吸收和改造,用之于政治统治之中。

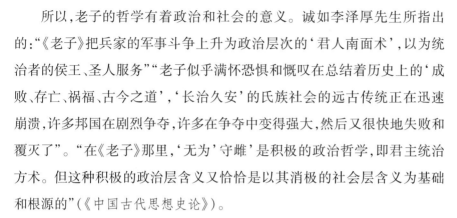

(四十三) 老子究竟是哪个阶级或阶层的代表

老子的阶级属性问题,是 50 至 60 年代老子哲学思想大讨论中的焦点之一。学者们在当时提出了老子是没落奴隶主贵族、中小领主阶级、小生产者(自耕农)、隐士等阶级(阶层)的政治代表或代言人等不同看法。目前,这些分歧仍存在于老学研究者中间。

主张老子代表没落奴隶主贵族或破落的中小领主阶级的学者们认为,老子在政治上是落后、保守甚至是反动的,对社会进步和文明发展竭力排斥以至于仇视,主张愚弄百姓,回复到原始社会那种愚昧、落后的生活中去,这都表现了失势的没落奴隶主贵族中破落的小领主阶级的无可奈何的悲伤和哀叹,是他们的一曲可悲亦可笑的挽歌。

主张老子代表劳动者利益的学者则认为,老子深刻揭露和批判了现实社会的种种弊端,对统治者鱼肉人民,滥杀无辜,扰民乱世的罪恶行径进行了无情地批判,反对统治者以仁义礼智破坏淳朴的社会风情和百姓的安宁、和平的生活,对人民所遭受的种种不幸寄予了深切的同情。

也有学者认为,老子属于破产的中小领主阶级,由于社会发展和阶级关系的改变，终于成为隐士阶层和小自耕农，因而他的思想在一定程度上反映了小生产者的利益和愿望。

以上这些看法，可以说都能从《老子》一书中找到一些证据，因而都有一定的根据和理由。但也都还有着偏颇，缺乏很强的说服力。

应当说，老子的思想中的确有批判社会现实，包括批判统治者的一面，同时对劳动者有着深厚的同情，而且他主张社会公平，主张社会生活的安定以及人民的安居乐业，主张国家之间相安无事，天下和平，这些至少在客观上于劳动者是有利的。但是，老子也有歧视、愚弄人民的一面，而且他把现实社会安定的政治目标寄托于统治者身上，反对文化发展，排斥文明进步，这是反历史主义的，对于社会历史的发展是不利的，也很难说是完全站在劳动者的立场上的。

那么，老子在政治上究竟是站在哪一种立场上呢？

老子的身份是"守藏史"，属于统治者中的一员，他无疑不属于普通劳动者。但是，他与掌握实权的统治者也有一定的距离。实际上，他是站在第三者的立场上，是作为一个知识分子，以拯救社会、管理国家为己任的一个思想家。他的政治主张与现实统治者的利益和要求不完全一致，同时也并不就是直接地代表着普通劳动者的利益，但在客观上于两者都有利：于统治者的长久统治有利；于减轻劳动者的痛苦有益。他要求社会稳定，人民能得到起码的生活条件，因而他是在调和对立、冲突的阶级关系。他主观上是要帮助"人君"实行"正确"的统治，而客观上又有利于劳动者的生活权益。即使他失官隐居以后，他所扮演的社会角色仍然如此。

总之，在职业身份上他是知识阶层，在社会角色上他执行着治理社会和管理国家的思想家的职能。相对于掌权的统治者和受统治的平民，他都保持着自己的独立性。或者可以说，他是统治阶级中有清醒头脑的进步人士，这在中国历史上并不少见。老子是如此，孔子也是如此。此外，历代都有许许多多这样的人物。

（四十四） 老子如何看待社会历史的演变

　　老子的社会演变观，从总体上看具有循环论的思想。他以政治统治的方式和社会生活的习俗为依据，从经验事实出发，把已经和将要出现的社会历史时期划作为三个阶段：远古、现世和未来。

　　远古时代，是"古之善为士者"（十五章）和"古之善为道者"（六十五章）所生活的社会历史时期。当时没有君臣关系，因而"太上，不知有之"。虽然从下文中"其次，亲而誉之；其次，畏之；其次，侮之"（十七章）来看，"太上"主要是指价值等级上的"最高"，但同时也含有远古盛世的意思。在远古时代里，不仅无君臣之别，而且连调节人际关系的各种礼仪制度也不需要，更没有烦令苛政。人际关系自然地六亲相和，孝慈充盈。

　　但是，"大道废，有仁义；慧智出，有大伪；六亲不和，有孝慈；国家昏乱，有忠臣"（十八章），"天下无道，戎马生于郊"（四十六章），"天下多忌讳，而民弥贫；民多利器，国家滋昏；人多伎巧，奇物滋起；法令滋彰，盗贼多有"（五十七章）。这就是现世社会的情景。统治者以仁义礼智治民，结果反而带来了无穷的祸患，法令扰民，战争频仍，人争民贫，一片混乱。老子对这种社会现实，给予了无情的揭露和批判。

　　在老子看来，这种社会现实，是不会也不应该长久地存在下去的。社会生活还是应该回复到远古盛世那种时代里去。"绝圣弃智，民利百倍；绝仁弃义，民复孝慈；绝巧弃利，盗贼无有。此三者以为文不足，故令有所属：见素抱朴，少私寡欲，绝学无忧"（十九章）。通过这样的改造，未来社会的情形将是："小国寡民。使有什伯之器而不用；使民重死而不远徙；虽有舟舆，无所乘之；虽有甲兵，无所陈之。使人复结绳而用之。甘其食，美其服；安其居，乐其俗。邻国相望，鸡犬之声相闻，民至老死，不相往来。"（八十章）

　　老子没有说出远古盛世是怎样进入污浊现世的。比如大道怎样废，仁义怎样出……老子都未加以说明。老子虽然指出欲与智是罪恶之源，但欲与智是怎样发生的,他并未做出交代。

但老子却明确提出了圣人在由现世社会走向未来理想社会中所能起到的重要作用。而圣人的作用,在社会意识上,就要通过像老子本人这样的圣人来启示人们,向人们灌输"大道"。另一方面,则要通过"侯王""君"来实现"绝圣弃智""绝仁弃义""绝巧弃利"。只有做到了这一切,才能回复到"见素抱朴,少私寡欲"的理想社会中去。不过,这时的理想社会已不完全相同于远古盛世了。因为,后者并无什伯之器和甲兵,而前者却无疑是具有的,只是不用、不陈而已。

老子对社会历史演变及其规律的认识当然还是比较肤浅的,对其演变途径的认识也是肤浅的。这并不奇怪,因为老子毕竟是两千多年以前的思想家,他不可能发现社会发展的真正方向。但老子对现实社会有所不满并渴望改变它,这本身就已经是难能可贵的了。

(四十五) 老子的理想社会是怎样的

《老子·八十章》描写了他的理想社会的图景:"小国寡民,使有什伯之器而不用;使民重死而不远徙。虽有舟舆,无所乘之;虽有甲兵,无所陈之。使民复结绳而用之。甘其食,美其服,安其居,乐其俗。邻国相望,鸡犬之声相闻,民至老死不相往来。"

可见,老子所描写的理想社会是这样的:国家规模不大,人口不多,与他国之间毫无来往,彼此绝无战争,因而相安无事。人民安土重迁,不用舟舆、不陈甲兵。吃得甜,穿得漂亮,住得安逸,乐于其俗,结绳记事,不用文字。一切文明进步都束之高阁,有而不用。不争不夺,无事无乱。但这里又有国,也有舟舆、甲兵,只是内外均无交往:政治、经济、军事都处在隔绝和封闭之中。有物质上的衣、食满足,但无精神上的追求和发展,因而无须文字,结绳记事即可。

那么,这是一种什么性质的社会呢? 是原始社会吗? 由于这里毕竟还有文明进步的各种产物:政治上的国、甲兵,物质上的什伯之器、舟舆、甘食、美服,思想文化上的文字,如此等等,所以并不能把它简单归结为原始社会。但这也不是当时的现实社会,而是老子针对当时社会生活的各种弊病所提出来的一种救世方案,但在这种理想社会中又依稀可见原始公社制度下的小农经济自给自足的生活景象。

老子认为,当时的社会现实是战争乱天下,民饥受煎熬,君主有为,智者用智,用智伪出,遂欲逐利,一片纷纷扰扰,可谓天下无道。民饥战多为果,为欲出智是因。所以,拯救社会必须除欲去智,返璞归真。除欲就只能要"甘其食,美其服,安其居,乐其俗",去智便只能要"复结绳而用之",而无须再用舟舆,陈甲兵。社会安定,男耕女织,自给自足。国家只是一种社会象征,并无多少实际意义。

老子的这种社会理想在客观上对统治阶级的满足一己私利的横征暴敛,穷兵黩武,骚扰民众是一种批判;对普通劳动者的生存困难则有所同清,也有利于他们恢复安宁的生活。但是老子的理想仅仅是一种良好的社会愿望,并不可能真正实行。历史只能在血与火中前进。但人类在这种历史发展中曾经付出多少代价,也必将从中取得多少偿还。对于这些老子当然是缺乏历史眼光的。

(四十六) 老子是反战论者吗

老子对战争持反对态度。《老子》书中说:"以道佐人主者,不以兵强天下"(三十章),"夫佳兵者,不祥之器,物或恶之,故有道者不处……兵者不祥之器,非君子之器"(三十一章),"善为士者不武"(六十八章)。这就是说,根据"道"的原则,强兵、用武都是君子所不取的。老子进一步认为,强兵、用武必定事与愿违,适得其反:"兵强则灭,木强则折"(七十六章)。而且,战争将带来种种祸端:"师之所处,荆棘生焉;大军之后,必有凶年"(三十章)。在老子的"理想国"中,也是"虽有甲兵,无所陈之"(八十章)。只有"天下无道",才会"戎马生于郊"(四十六章)。

并且,如果不得已而发生了战争,老子的原则是"恬淡为上"。何谓

心通老子

157

"恬淡为上"？《老子·三十一章》说:"胜而不美,而美之者,是乐杀人。夫乐杀人者,则不可以得志于天下矣。"而且,"吉事尚左,凶事尚右;偏将军居左,上将军居右,言以丧礼处之。杀人之众,以悲哀泣之,战胜以丧礼处之。"对待敌方的牺牲者也要以丧礼相待。老子对杀人尤其愤慨,所以他在七十四章道出了"民不畏死,奈何以死惧之"这一句名言!

战争必然要杀人,而这是违背老子"善"的原则的,也是与他的无为、不争、谦弱的原则相背离的。老子认为,战争并不是获取胜利,争得天下的正确手段。这虽然是幼稚的,但是他却以一种珍视和爱惜生命的态度提出反战的主张,这一人道主义精神又是应该肯定的。

当然,《老子》书中也有一些论述用兵之道的章节,但那是"不得已而为之",所以从根本上说,老子是一位古代的反战论者。

（四十七） 老子是怎样论美的

老子直接论"美"的文字并不是很多,仅见者如"天下皆知美之为美,斯恶已;皆知善之为善,斯不善已"(二章)。老子在这里把"美"与"善"区别开来,在美学史上是具有重要意义的。叶朗先生评价说:"'美'这个概念当然老早就有了,并不是老子第一次使用这个概念,但是老子给予'美'的这两个规定(与'善'相区别和与'恶'相对立——引者注)都使得它第一次成了一个独立的范畴"(《中国美学史大纲》)

老子正是这样从矛盾对立关系中来认识美、把握美和论述美的。首先,他区别了"美"与"善"分别是两个不同的范畴,并指出了"美"与"丑"的对立、矛盾的关系,认为它们是互相区别的。

但是,老子并不把这种区别和对立看作是绝对不变的。他说:"美与恶,相去若何"(《老子·二十章》)？"这同孔子认为美丑的区分泾渭分明,绝对不能相容的观点恰恰相反。这是老子美学较之于孔子美学更为深刻、更富于辩证观念的地方"(李泽厚、刘纲纪:《中国美学史》)。

老子不仅区别了"美"与"善"、"美"与"丑",还区别了"美"与"真"。

《老子·八十一章》说"信言不美,美言不信。"这就是说,老子认为真实可信的言辞不是美的,反之,美的言辞也不是真实可信的。老子之所以这样看待"美"与"真"的关系,是在于他当时看到一些人,在社会交往中往往运用漂亮的言辞以售其奸,而过到自己不可告人的目的。因而,他认为只有这种怀有私利的人才会用美丽的言辞来加以装饰。所以,老子对这种形式美持一种反对的态度。

但是,老子又说:"美言可以市尊,美行可以加人"(六十二章,此据陈鼓应《老子注译及评介》)。这就表明了老子对"真""善""美"的区别和对立并未采取完全片面的看法,而是认为它们在一定条件下还是可以统一的。那么,条件是什么呢?是"道"。因为,该章又说:"道者万物之奥。善人之保,不善人之所保。"这就是说,只要有了"道",那美的言词,良好的行为就都能获得人们的信赖。"真""善""美"因此也就能获得了统一。

当然,不能否认,老子对审美和艺术活动的独立价值还缺乏深刻的认识,这与当时历史发展的时代局限有关。那时,美和审美在人类生活中毕竟还不具有普遍的意义,社会所需要的首先是基本的物质生活条件和稳定的秩序,审美和艺术活动只是上层统治者的奢侈品。因而,它为主张"俭"的老子所反对。

（四十八） 老子是怎样看待审美和艺术的

一般认为,老子对审美和艺术采取一种完全否定和排斥的态度,如他说:"五色令人目盲,五音令人耳聋;五味令人口爽;驰骋畋猎令人心发狂;难得之货令人行妨。是以圣人为腹不为目,故去彼取此"(十二章)。这里的"五色"和"五音",本来都属于美的范畴。但老子认为,它们对人的耳目乃至身心是有害的。因此,他主张"为腹不为目,故去彼取此",即为保护人的身心健康,就应排斥美和艺术活动。此外,《老子》中还说:"信言不美,美言不信;善者不辩,辩者不善"(八十一章),这就表明他还把美与真对立起来。所以,这些人进一步认为,老子对美和艺术的否定,虽然是出于对奴隶主贵族骄奢淫逸的享受有所不满,但是这样一种简单否定的态度,与社会发展的进程是相反的,因而是消极的。

但是也有人持有不同的看法,如李泽厚和刘纲纪两位先生则认为:"老子那些看来是否定审美和艺术的言论,是对人类进入文明社会之后早期那种把审美和艺术活动同放肆疯狂的感官享乐的追求混而为一的错误做法的批判。"(《中国美学史》)。老子所谓的"五色令人目盲,五音令人耳聋",不过是说,对声色的感官愉快的不顾一切的追求,会使人达到失去正常理智的程度。而这种现象的发展,不但会有害于保持统治者的统治,而且会有害于统治者的生命。老子对审美和艺术的活动并没有从根本上完全否定,老子在对"小国寡民"的理想社会的描述中,就主张"美其服",这是老子理想中的素朴自然之美,也就是老子所承认的唯一的真正的美。总之,"老子所肯定和追求的美,不是那种外在的、表面的、易逝的、感官快乐的美,而是内在的、本质的、常住的、精神的美。……老子认为真正的美只能是对人的生命的自由的肯定,而不在感官享乐的追求,也不在荣华富贵的追求"(同上)。

人们不管怎样看待和评价老子对美和艺术的态度及其原因,但是都肯定了老子对中国古典美学和艺术的发展起到了重要的作用。这些作用主要表现在,老子的哲学思想给中国古典美学以重要的启发。他的"无为无不为"的原则,对揭示美的本质和审美规律,有重要的意义。他关于"道""气""象"的理论阐述是中国古典美学"意象"理论的重要基础。他关于"有""无""虚""实"理论的观点,成为中国古典美学的重要原则。他论述"美"的文字虽然不多,但他关于"妙"和"味"的看法,与"美"有关。叶朗先生认为,老子所提出的"味"已经是一个美学范畴。"如果对'道'加以表述,所给予人的是一种恬淡的趣味"(《中国美学史大纲》)。后来,在中国美学史和艺术史上所形成的"平淡"这一特殊审美趣味和艺术风格,最早就渊源于老子。而"'妙'的特点体现'道'的无规定性和无限性","'妙'通向整个宇宙的本体和生命。正因为'妙'这个范畴的内涵具有这种特点,所以后来美学史上出现的很多重要的美学范畴和美学命题,都和它有着直接和间接的血缘关系"(同上)。

可见,老子对"美"的认识,是他在当时特定背景下的特殊理解。他之所以反对"美",是有着特殊原因的。而他在中国美学史上的影响,则是更为重要的方面。并且,他的这种深刻影响,主要是来自他的哲学思想对后人的启示上。

（四十九） 老子哲学的思维方式的特征是什么

《老子》书中哲学思想的内容十分丰富,在本体论、宇宙生成论、认识论、社会政治历史观以及人生哲学等方面都有独到的见解,提出了具有鲜明特色的主张。在这些哲学理论背后,老子的思维方式是怎样的,它的特征是什么? 这无疑是一个令人深感兴趣的问题。近来,许多学者或者是以整个中国传统思维方式为论题,或者是专门以老子哲学思维方式为论题,提出了许多颇有见地的看法。

大体上说,人们认为老子哲学的思维方式具有以下的特征:

1. 整体性。老子认识宇宙万物并非是从分析个别事物着手的,而是自始就力图予以整体地把握。他把宇宙天地万物都纳入到"道"的范畴之中,一切都由"道"而出,一切又复归于"道"。对于老子来说,天地万物的具体特征并不重要,它们都处在不停地运动、变化之中,只有"道"才是最根本的,它是永恒存在的。

但也有人认为,老子的这种思维特点并不是"整体思维",而是一种"点思维"。前者是建立在分析基础上的综合,是分析与综合的有机统一;后者则没有看到整体是各个部分的有机统一,只是把整体看作笼统的"一"。老子尚未达到整体思维的水平。

2. 混沌性。老子把作为本体的"道"描述为一种恍恍惚惚的状态,视之不见,听之不闻,搏之不得,但恍惚之中又似乎有象、有物、有情、有信,是真实存在的。这是一种模糊思维或无序思维,它没有把各种各样的具体事物从混沌的整体中分离出来,使之清晰化和有序化。但是它又蕴含着转换成有序、系统的潜在因素。有的人又把这种特点称之为模糊性。

3. 直觉性。直觉思维是相对于逻辑思维而言的,它表现为不经过完整的逻辑思维而直接地把握认识对象,从而兼有感性和理性的特点。老子哲学的思维方式被认为有明显的直觉性。首先,老子所使用的哲学概念没有明确的含义,概念间的关系也无严格的界限,带有很大的含混性。比如"道"便是这样。其次,在判断上也不明确。而是运用了许多形象比喻。再次,推理则更是缺乏论证过程,而是仅有一个结论。总之,这样一种认知方式,避免了逻辑思维方式的种种限制,使思维活动得以异常活跃,思维速度快、流量大,从而从总体上获得对认识对象的全面把握,具有很大的创造性。但它也有可能导致神秘主义、非理性主义。

4. 阴阳性。老子把天地万物的相互依存、相互转化的关系概括为阴阳之间的对立统一,并赋予它以思维方式的意义。按照这种运思方式,老子提出了一系列矛盾对立范畴,建立起他朴素辩证法系统。

对老子哲学思维的总体特征,有人以"直觉思维"来命名,有人以"混沌思维"来概括,也有人以"一→二→三(多)的锥形结构,点→线→面的三种形式,本体论→彼此关系论→社会政治伦理观三个层次"来题之。但从其内容上看,则大致不外乎上述几个特点。

三　老子的地位、影响

（五十）　老子在中国哲学史上的地位和影响如何

近年来,国内中国哲学史界正在讨论道家思想在中国哲学史上的地位和影响问题。而讨论道家的地位和影响,就不能不首推老子了。作为道家创始人的老子,虽然还不能包容整个道家的思想,因为庄子对老子的思想还有很大的发展和改进,但是老子作为道家创始人和奠基者的地位,决定了他在道家影响整个中国哲学史方面也是首要的。

陈鼓应先生的观点,是很有代表性的。他认为,老子所首先提出的一些哲学概念和范畴,后来都成了各个阶段中国哲学的中心概念和范畴。"中国哲学的概念、范畴以及哲学体系的建立,始于老子"(《论道家在中国哲学史上的主干地位——兼论道、儒、墨、法多元互补》,《哲学研究》,1990年第1期)。老子"在中国哲学史上第一个建立了相当完整的形而上学体系"(同上)。无论就其哲学思想的系统、全面,还是就其深刻性而言,老子都为同时及后代的学者所不及。他不仅影响到了先秦诸子各家各派,而且对战国中期以后直至宋明理学等重大哲学流派都有深刻影响。

许抗生先生虽然认为老子在中国哲学史上的地位和影响次于儒家创始人孔子,但也早就提出:"老子的哲学思想深深地影响了整个封建社会的意识形态。老子哲学有时为一些官方儒学的反对派所改造与继承(如东汉王充等人),有时又为官方儒家所吸收(如宋明理学),甚至曾经一度取代了儒学成了一个时代的统治思想(如魏晋玄学)。老子哲学还影响到我国的道教与佛教两大宗教思想的发展"(《帛书老子注译与研究》)。

陈鼓应先生还认为,从比较哲学的观点来看,西方哲学的内容是指对事物所做的普遍性解释,因而只有老子那贯通天、地、人的道才可称为哲学。道家思想"既有自己系统的形而上学——道论,又有自己以直觉('玄鉴')和静观为特点的认识学说(这两点是任何其他一个学派所不具备的),这就足以使道家思想处于与西方哲学同等且对立的层面上,而被西方的思想家视为真正的哲学,并且认为它为中国文化及哲学的主干"(《哲学研究》,1990 年第 1 期)。而且,就人生哲学来看,陈先生认为,老庄无论是在其思想的开阔性,还是在它的深刻性上,都是胜于孔孟的。

应当说,陈先生的看法是颇为中肯的。

(五十一) 老子在中国传统文化中的地位和影响如何

老子及其所代表的道家思想,在中国传统文化中具有特殊地位和重要影响,尽管它并非是官方正统哲学。并且也许正是由于这样一种特殊的在野地位,往往被用之于抵御官方哲学的消极影响;更由于它自身的许多优势,使其在中国传统文化的众多方面——政治、经济、军事、科技、文学艺术中都产生了不可或缺的影响。

一般认为,老子对中国传统文化的影响首先表现在,以老子为代表的道家思想构成了中国传统文化深层结构上的哲学框架。它"规定着中国传统文化的整个结构功能,制约着中国传统文化的发展"(周玉燕、吴德勤:《试论道家思想在中国传统文化中的主干地位》,《哲学研究》,1986 年第 9 期)。"中国文化思想发展史从某种意义讲,是以道家思想为哲学根据的儒家纲常名教不断丰富、完善、发展的历史，……要建立纲常名教体系，并以此服人，就必须证明其天然合理性。这时，道家思想的作用就显示了。董仲舒的'天人比附'，魏晋的'名教出于自然'，宋明的'天理''人欲'之辨，都无一例外地采用了道的范畴来论证"（同上），不仅如此，以老子为代表的道家思想还在思维方式上，以理性直觉的特征使中国传统文化更多地显示出自身的特色。

就其具体影响来看，老子"无为而无不为"的政治哲学，通过由申、韩形成的法家学派，以及通过由稷下道家形成的黄老学派，对汉代乃至以后历代统治者的统治方术，都不无影响。

同时，《老子》虽非兵书，但其深刻辩证法及具体论兵的思想，也对中国军事思想史的发展和完善，起到了重要的作用。

在宗教方面，老子被与神仙方术相结合，终于在东汉年间形成道教，老子本人也被尊之为道教教祖。以老子为代表的道家思想，还被看作是佛教思想与中国传统文化的接合点。虽然佛教传入中国并流行开来，并非是仅仅由于道家思想，但是老庄思想确为其提供了一块必要的文化土壤。

老子"道法自然"的宇宙论，对中国科学思想的形成功不可没。他又通过道教，促进了中国古代科学技术的发展，因而为科学史研究者所重视。老子还直接影响了《黄帝内经》的思想，对祖国医学的形成起到了重要的作用。

老庄一起对魏晋时期的文学理论和玄言、山水田园诗，产生了直接的影响。"从侈陈哀乐的建安诗歌，到旷达幽深的正始文学；从愤世嫉俗的咏怀诗，到返于自然的山水田园诗，这色彩斑斓的魏晋文学，到处都渗透着道家思想的影响"（赵明：《道家思想与中国文化》）。不仅如此，老子所提出的一系列哲学概念和范畴，后来都被改造成为中国美学史中的核心范畴，这对形成中国古代文艺的审美趣味和艺术风格，起到了决定性的作用。比如中国山水画的色彩观念、虚实结构、创作观念等都与老子反对"五色"，主张"有无相生""道法自然"有着密切的联系。

（五十二） 老子思想的精神实质是什么

老子是春秋末期一位有着特殊地位和经历的思想家。他是统治阶级中的一员，曾做过周朝"守藏室之史"。但是，他与握有实权的统治者又有着很大的距离，对统治者的横征暴敛、骄奢淫逸、穷兵黩武以及烦令苛政深为不满。他同情劳动者的遭遇，在一定程度上也理解他们的愿望和要求，但又不能完全站在他们的立场上代表他们的利益。他是一位有更多的机会了解历史和现实的知识分子，他发现了随着文明发展和社会进步所出现的种种社会弊端，这些弊端造成了社会生活的极端混乱，不利于人类的生存。他以拯救社会为己任，以解决人类所面临的生存困境为目的，深入地进行了历史地比较和现实地分析，批判现实，规划未来，提出了一套政治、人生和社会的主张。

老子首先对社会现实中的种种弊端进行了深刻地揭露和批判。他认为，正是由于人们的无限度的欲望给人们带来了种种祸害和相互争夺，而这种争夺之所以能够发生又由于人们用智。在老子看来，仁义礼智和烦令苛政，不但未能有益于人类生活，有利于社会发展，反而破坏了淳朴的世情和民风。并且，老子进一步认为，从根本上讲，这是由于"大道废""天下无道"所造成的，而为了解决这些问题，就必须重新复归于"道"。

"道"是老子从对自然和社会现象的多方面的观察中，提炼、抽象出来的一个统括天、地、人亦即整个宇宙结构的根基、始元。天地万物都由"道"而出，又复归于"道"的特性，决定着天地万物的特点，因而人法地，地法天，天法道，道法自然。复归于"道"也就意味着复归于"自然"。这一复归的实现是要由体现了"道"的精神的"圣人"来完成。因而，老子反反复复地论述"道"的本性、功能，天地万物与"道"的关系，以及体道的方法和途径。

"道"是老子哲学思想的核心范畴，"道"的特性也就集中体现着老子哲学思想的精神实质。因而"道法自然"也就是老子哲学的精髓。不过，老子的"自然"有着特定的含义:政治上的"无为而治",人生理想上的"返朴""复归于婴儿",社会生活上的"甘其食,美其服,安其居,乐其俗"。

老子"道法自然"的主张对揭露社会现实的种种弊端,展示人类生存的困境,有着重要的意义。这种主张也有利于劳动者痛苦境遇的改善。但是,老子并不懂得历史发展的必然方向,他的理想也就沦为缺乏实践价值的空想。

但是,老子的思想对克服和抵制儒家正统哲学的消极影响起到了很大的作用。他的本体论、宇宙观、辩证法、认识论是中国古代哲学最为重要的内容之一,并对中国传统文化的各个方面产生了重大影响。

当然,老子的"无为""谦弱""不争"的主张,对中华民族文化心态的形成也不无消极影响。

(五十三) 老子是楚文化的产物吗

老学与楚文化具有内在关联是长期以来学术界的普遍看法,早自蔡元培、冯友兰等先生已经这样看,近来任继愈、徐又光等先生又对此做了多方面的论证。如任先生认为:"楚文化发生在江汉流域,它受西周传统文化的影响较小,有自己独特的风格,对中原文化持批判态度。在思想方面,《楚辞》《老子》及后来受《老子》影响的庄周,都带有楚文化的鲜明特征,即偏重于探讨世界万物的构成、起源、人与自然的关系,人在自然界中的地位,对于自然万物歌颂备至。老庄哲学对于人伦日用、政治生活采取轻蔑的态度,视社会生活为桎梏,认为它破坏了朴素的自然。"所以荀子说:"庄子蔽于天而不知人"。(《中国哲学发展史·先秦》,人民出版社 1983 年版)涂又光和陆永品两位先生更是从《老子》与楚语中用词的一致上,进行了详尽论述。最近老学研究者张智彦先生又专门从楚人生活的地理环境及楚人的习俗探讨了楚文化与老庄的关系,她认为,《老子》反复以水喻道与楚人地处江汉平原大有关系。楚人崇巫、尚左、尚赤等都能在《老子》或《庄子》中找到痕迹。楚人的审美情趣也与老庄相合。因此她说:"老庄哲学是楚文化各种因素的提升,可以认为它是楚文化的核心"(《楚文化与老庄哲学》,人大复印资料《中国哲学史》,1990 年第 5 期)。

但是,王博先生近日撰文(《老子非楚学论》,《学术界》,1990 年第 5 期)提出反对意见。他认为,从国籍上说,老子是陈人而非楚人。从《老子》用词上看,涂又光、陆永品两位先生所举的"兮"字并非先秦楚人的专用品,其他所谓的楚言词汇属于汉代楚人的用语,并不一定为春秋时楚地所用。可证为确是春秋时楚地方言的则不见于《老子》。再从风俗习惯上看,首先,楚人尚火,陈地贵水;其次,楚人尚红色,老子尚黑色。再次楚人"尚左"是就军礼而言的,老子"执左契"乃是就吉事而言的;再有,楚人有尚武的传统,老子则持有非武的立场;复次,楚人有崇巫信鬼的习俗,老子对巫鬼却采取了消解的态度。最后,老子所谓"大国"只是泛指,并非特指楚国,相反,老子自为小邦之民,对小邦的处境尤为关注,其"小国寡民"的理想社会更与大邦之楚无涉。王文还就《老子》与代表楚文化的《楚辞》作了详细的对比,指出:老子与屈原的思想对立是很显然的,但屈原也受到老子的影响。那么,老学既然并非楚文化的产物,其思想渊源又在哪里呢?王文指出,老子主要是继承了淮河流域古老文化的一支,且与夏族文化有着血缘关系。王先生曾在另一文章《老子与夏文化》(《哲学研究》1989 年第 1 期)中对老子与夏文化的广泛联系进行了深入论证,但关于老子与淮河文化的关系尚未进一步说明。

就老子与楚文化的关系来看,这方面的问题也还很多。王先生的论证固然是较为有力的,但这不能完全说明老子与楚文化毫无继承关系,因为《老子》书中确有与楚文化较为接近的地方。如果说老子可能对屈原甚至整个《楚辞》都有很大影响,但却不能说楚文化是老子影响的产物。这里,楚文化与夏文化的关系及其与淮河文化的关系,都还有待于细致地考证和分析。但这就至少可以说,老子并非仅仅只是楚文化的产物。

（五十四） 《老子》与《周易》的关系如何

这里的《周易》是指《易经》。所谓《老子》与《周易》的关系主要是从它们之间的渊源继承关系来说的。

一般说来，人们大都肯定这一关系的存在，认为《老子》的辩证思维渊源于《周易》，是对《周易》辩证思想的继承和发展。

但近来也有人提出一些不同看法。王博先生在《老子与夏文化》一文中提出，《老子》中的思想与夏族文化有着密切的渊源关系，尽管王文并未明确否认《老子》与《周易》之间的传承关系，但从他否认《老子》与殷周文化的关联上看，《周易》既然属于周文化的产物，记录了周人的社会生活，反映的是他们的思想观念，王氏便可能否认《老子》对《周易》有所继承。吕绍纲先生则明确提出《老子》与《周易》无涉，而受殷易的影响。在《〈易大传〉与〈老子〉是两个根本不同的思想体系》（《哲学研究》，1989 年第 8期）一文中，吕氏指出，古代有三易：《连山》《归藏》《周易》。其中，《归藏》又名《坤乾》，反映的是殷代社会的思想。它与《周易》不同。《归藏》先坤后乾，而《周易》是先乾后坤，这个变化意味着殷周两代思想的根本不同："殷道亲亲""周道尊尊"。殷代社会尚质多朴，自然状态的血缘关系影响还很大，还存在着母权制下重母统观念的残余，这种情况反映在《老子》书中就表现为，反反复复地讲母讲雌，如"万物之母""为天下母""知其雄，守其雌"，等等，非常尊崇母住和阴柔，实质上是把女性放在首位了。但周代社会尚文多义节，尊尊的观念贯穿在社会生活的一切方面。《老子》与此没有瓜葛。在这里，王氏与吕氏虽然对夏、殷的社会思想和文化观念的异同还有不同看法，但都把"亲亲"和"尊尊"的区别、变化看成为两种文化的重要界限，并以之来考察《老子》的文化渊源。

但是，尽管《老子》确实有着浓重的"亲亲"观念，而没有"尊尊"的意识，但这并不妨碍它在其他方面吸收和改造《周易》中的思想观念。这主要表现在两者的辩证思维的共同之处上。老子身为周守藏室之史，在周朝做官多年,不可能对《周易》无所了解,也不能说老子既熟悉《周易》而又在提出自己的辩证观念时对《周易》无所吸收。

关于《老子》与《易经》的同异,黄钊先生在《论〈老子〉同〈易〉的血缘关系》(《广西师范大学学报》,1985 年第 2 期)一文中所论甚详。黄氏认为,《易经》强调变易给《老子》以直接的影响。变易的思想贯穿《老子》全书。《易经》关于矛盾的观念也同样给《老子》哲学提供了借鉴。《易经》中关于矛盾转化的思想以及"柔弱变刚强"思想的胚胎都为《老子》所继承和发挥。但黄文同时指出,《老子》不仅对《易经》有所继承,也有所扬弃,这表现在:第一,《老子》扬弃了《易经》宗教巫术的特性,创立了具有唯物主义倾向的天道观;第二,《老子》打破了《周易》的机械的框架结构,用哲理诗的形式正面表达自己的世界观。

当然,说《老子》的天道观具有唯物主义倾向似还可商榷,但《老子》与《周易》之间在辩证思维上的广泛联系的确是不容忽视的客观事实。

(五十五) 《老子》一书是《易经》到《易传》之间的过渡环节吗

长期以来,人们对《老子》与《易传》之间关系的看法一直是:一方面,两者都具有丰富的辩证法思想,甚至在关于矛盾存在和发展的论述上也有相似之处,这些都表明《老子》与《易经》之间有着一定的渊源继承关系;但是,另一方面,《老子》的辩证法与《易传》的辩证法又具有各自的特征,是完全相异的两个系统。《老子》是唯心论的辩证法,主张"守柔";《易传》则是唯物论的辩证法,强调"交易"。两者在根本倾向上有着明显区别。

但近来学术界开始出现了一些不同的看法,比如李泽厚先生在《中国古代思想史论》中就提出《老子》关于矛盾的普遍观念以及"贵柔""守雌""不为天下先"的对待矛盾的具体态度,以一种特殊的方式为《荀子》和《易传》所承接和吸收。《老子》和《易传》都重视和追求事物的均衡、和谐和稳定。前者以守柔、贵雌、主静来达到这一目标;后者以主动、行健、重刚来达到同一目标,但仍强调"阳刚"必须与"阴柔"适当融合,刚柔必须相济。同时,两者都是实用理性的辩证法,都直接应用于现实生活、政治斗争和伦常制度,而不是概念的辩证法和纯理论的思辨抽象。这是在古代辩证法的过程中考察两者关系的尝试。但对两者承接和吸收关系的详尽论述尚未展开。

陈破应先生在《〈易传·系辞〉所受老子思想的影响——兼论〈易传〉乃道家系统之作》(《哲学研究》,1989 年第 1 期)一文中,对这一承接和吸收的关系做了较为详尽的论述。陈文认为,由《易经》到老庄而《易传》,是先秦天道观的一条主要脉络。《老子》中的自然观上溯《易经》而下启《易传》,成为《易传》哲学思想的主要骨干。老子哲学与《易传·系辞》的内在联系表现在两个最重要的方面:就其哲学内涵来说,是天道观;就其思维方式来说,是辩证法思想。因此就严格哲学观点而言,《易传·系辞》是接近于道家系统的著作。尽管《系辞》是《易传》最富哲学意味的部分,陈文也明确指出是从严格的哲学观点而言的,但是把《系辞》等同于整个《易传》,把天道观和辩证法之外的其他内容又忽略不计,这样的比较所下的结论还是有失允当的。

即使就天道观而言,陈文的结论也受到批评。吕绍纲先生在《〈易大传〉与〈老子〉是两个根本不同的思想体系》一文中提出,《易大传》与《老子》的天道观是根本对立的。这是因为,《易大传》的最高范畴是"太极",而"太极"是物质实体。《老子》在"无极"之前加上一个"道",而"道"是老子虚构成的超物质的实体,也是观念性的实体。当然,不管对"道"怎样看待,但毕竟"道"在"太极"(一)之前,这与《易大传》确实不同。

再就辩证法来说,吕文认为,《老子》提出"弱者道之用"的命题,强调守柔抱一,主张自然无为,使它的辩证思维实际上半途而废。而《易大传》"一阴一阳之谓道"的命题和"知柔知刚""变通趣时"的特点把它对世界的辩证认识推向较高的程度。在辩证法这两个体系最容易接近的领域里,《易大传》与《老子》都相去甚远。只有在不承认上帝鬼神的存在上它们是共同的,然而由于《易大传》主张"以神道设教",它们又远远分开。这里,虽然关于《老子》的辩证法是否半途而废和吕文对它的否定评价还可再作讨论，但是应承认《老子》辩证法确有这种缺陷，这与《易大传》比较起来不能不说显得片面。李泽厚先生实际上也从另外一个方面指出了这一差别。

应当指出，虽然《易大传》与《老子》有着根本的不同，但前者确也留有后者的影响，这恐怕也是难以完全否认的。

（五十六） 老子与孔子的思想有何异同

老子早于孔子，孔子曾向他问礼。老、孔分别创立了中国古代思想中的道家和儒家两大派别。可以说，他们都对中国传统文化做出了重要贡献。那么，老孔思想究竟有何异同呢？

陈鼓应先生在《老子与孔子思想比较研究》（《哲学研究》，1989年第8期）一文中，对此做了相当全面、深入的比较。陈先生指出："老孔为同一文化传统的继承者，所以他们的思想有颇多相似处，例如：(1)守中的观念。(2)以'和'为贵的心态——人和自然的和谐关系（以此而发展了庄子与孟子的'天人合一'的思想；人际间的矛盾也总以消弭冲突的方式而为主）。(3)重视主体生命的体验与反省，而缺少以客观世界为对象的分析与认识的方法。(4)远鬼神而重人事的思想。(5)崇尚朴质信实的德行。(6)反对刑制。(7)反对重税厚敛。(8)'怀乡意识'——缅怀人类历史原初的美好时光。总之，西周以来逐渐形成的人文精神、人道观念、民本思想，以及淑世心怀——这一文化传统对老、孔都有着根源性的影响"（《哲学研究》，1989年第8期）。

但是，"由于学派分歧，区域文化的不同，以及思想性格的差异，而形成老子偏重人与自然的关系，由此而建立他的本体论和宇宙论；孔子则偏重人与人的关系，由此而建立他的伦理学"（同上）。这当然是就他们各自主要的理论倾向而言的。实际上，他们所面临的问题是共同的，这就是人类的生存困境，只是他们解决这一困境的方式有所不同。就他们各自的理论特征来看，"老子是继承着文化传统中自然主义的思想线索而发展，孔子则是继承着西周以来德治主义的文化传统而发展"（同上）。

围绕这样一个基本认识。陈先生从诸多具体方面分析比较了老、孔各自的理论特色,指出:老、孔虽都是士阶层的代表人物。但在对待周代礼制的态度上,老子是激进者,是体制外的抗议者;孔子则是保守者,是体制内的改良者。老、孔虽都是入世的,但老子主张"无为",孔子则主张"德治"。老子的"天"是自然之天,孔子的"天"是意志之天;老子的"道"是形上之道,孔子的"道"是伦范之道;老子崇尚人的自然性、自主性,孔子关注人际的规范性、维系性;孔子尚"仁"。但不及老子的"慈"博大。

所以。尽管陈先生不否认就人文主义、人道主义、人格精神而言,老、孔都对中国的民族性格有着不可磨灭的影响。但陈先生的态度明显的是扬老抑孔,特别是对老子的思想显得批判不足。应当说,老子对文化进步、文明发展的不满,以及主张复古的思想,是有着严重缺陷的。老子主张"无为""谦弱",对中国民族性格的形成也有不利的一面。而孔子推崇文化发展,主张刚健有为,却有着积极的意义。

（五十七） 老子对稷下道家有何影响

稷下道家是指从齐桓公到齐威王和齐宣王时代或者就是在齐威王和齐宣王时代,聚集在齐国稷下学宫讲学或游历稷下的一批道家学者。据《史记》记载,稷下学士最兴盛的时候,人数多达"数百千人"。其中主要属于道家者,则只有彭蒙、田骈、慎到、环渊、接子、季真等人。

据《史记·孟荀列传》说,稷下学宫或游历稷下的这批学者受到齐国王公的豢养和厚待,但他们并不直接入宦,而是"著书言治乱之事,以干世主"。他们"不治而议论",著书立说,目的仍在为统治者的政治利益服务。这就决定了稷下先生们的学术创作的政治内容。

属于稷下道家的这批学者既然也要"不治而议论""著书言治乱之事,以干世主",那就不能没有一套政治理论,并以之服务于豢主。司马迁称他们是"皆学黄老道德之术,因发明序其指意"。詹剑峰先生认为,把"老子之学"说成"君人南面之术",大概就是从慎到之徒也就是稷下道家开始的。

虽然司马迁在这里说稷下道家是黄、老兼学,但一般认为,黄学对他们尚未构成理论上的意义,他们主要是发挥老子之学的旨意。因为,这时尚未形成司马迁所说的"因阴阳之大顺,采儒墨之善,撮名法之要"的黄老之学,司马迁是把老学与黄老之学混为一谈了。但詹先生还认为,尽管黄学并未给稷下道家以思想影响,但他们的确是把老学托名于黄帝了。这是因为,稷下道家既然要讲"君人南面之术",那就要找出一个古代君主作为历史根据,这就是黄帝。但黄帝给予稷下道家的影响也仅在于此。

老子对稷下道家的影响主要是在政治方面,换句话说,稷下道家主要是从政治角度来发挥老学旨意的。稷下道家论"道"与庄周学派大为不同,后者主要是从人生哲学方面发挥老子的自然无为的思想,前者则着重强调"道"在政治生活中的意义。而且,稷下道家不仅祖承老学,而且兼用法家思想,詹先生甚至称他援"老学"入"法术之学"。大概也正因为如此,司马迁也说稷下道家"岂可胜道哉!"荀子同样批评慎到是"蔽于法而不知贤"。

庄子批评稷下道家时说:"其所谓道非道,而所言之韪不免于非。彭蒙、田骈、慎到不知道。虽然,概乎皆尝有闻者也。"(《庄子·天下篇》)这就既指出了稷下道家与老子学说的差别,又指出了两者的联系是较为全面的。

（五十八） 老子对《管子》有何影响

《管子》这本书,是依托管仲的名字而成书的。为什么呢? 管仲是何许人也? 管仲,名夷吾,字仲。谥号敬,又称管敬仲。春秋颍上(颍水之滨,今安徽省颍上县)人,生于公元前? 年,卒于公元前645年。早年贫困,曾经商,后由鲍叔牙推荐,于周庄王十二年(前685),起相齐桓公。他辅助齐桓公"九合诸侯""一匡天下"(《论语·宪问》),使齐国成为春秋五霸的第一个霸主。管仲自己也因此获得成功，得以相齐长达四十年之久。管仲是我国古代著名的思想家和改革家，在治国平天下的实际活动中，在经济、政治、军事等多方面都有重大的革新措施。管仲的思想、言论和行动在当时及以后产生了深远的影响。这就是《管子》一书托名管仲并记载了他的革新思想和丰功伟绩的原因之所在。

《管子》一书的真正作者，多系战国时齐国稷下学者们。今存《管子》一书，是汉刘向编定的，计有八十六篇。其内容庞杂，除记载有管仲的遗说和遗事以外，还包含有道、法、名等家的思想以及天文、历数、舆地、农业、经济、法律和哲学等的知识和理论。

《管子》一书的哲学思想比较集中地记载于《心术》上下、《白书》《内业》四篇之中。这四篇明显受到了《老子》的"道"论的影响，也提出了以"道"为本体的宇宙观。并且，又引进了"气"的概念，把"气"与"道"结合为一，从而把《老子》的"道"论发展为"道—气"论。

《老子》以"道"为天地、万物和人的本原。它说："道""先天地生""为天下母"（二十五章）。又说："道生一、一生二、二生三、三生万物"（四十二章）。《管子》也认为："凡道，无根，无茎，无叶，无荣。万物以生，万物以成。命之曰道"（《内业》）。所谓"根""茎""叶""荣"，都是指杂多的具体形象、单个事物。这些当然是不能作为产生万物之本的。换言之，作为万物之母的"道"，必须是无形无象的。所以《管子》在这里就说，凡是道，没有根，也没有茎，没有叶子，也没有花朵。但是，万物由于得到它才产生，由于得到它才成长。所以把它叫作"道"。《管子》认为"德"是"道"的体现，"德"也就是"得"，"故道之与得无间，故言之者不别也"。"道"生万物，也就是"德"生万物。因此，它说："虚而（无）无形谓之道，化育万物谓之德""天之道，虚其无形。……德者，道之舍。物得以生生"（《心术》上）。在这四篇之外，也有类似的说法："道生天地"（《四时》）。

《管子》还认为，"道"就是"气"。它说："夫道者，所以充形也。"（《内业》）所谓"形"，即形体，身体。这就是说，"道"是用来充实身体的。《心术下》又说："气者，身之充也。"既然"道"与"气"都是用来充身实体的，那么"道"与"气"也就是一而二，二而一了。赵守正先生指出："本书《心术》上下与本文（指《内业》——引者注）之所谓'道'，与精、气、神皆可通用（参阅《心术》上）。论'道'皆与论'精气'相通（《管子通解》下）。李景林先生也指出："在《管子》四篇看来，道并非像老子所言，为一不可言说，无任何规定的东西。它本身就是物质的'气'。这点又与老子不同"[《论〈管子〉四篇的"道一气"一元论》，《管子学刊》，1989 年第 4 期]。尽管李先生并不同意把"精气"与"道"也等同起来，但是正如文章的标题，他提出了《管子》的"道—气"一元论的见解。

（五十九） 老子在秦汉黄老之学中的地位如何

黄老之学或称黄老学派，一般认为，它是道家学派中老庄之外的又一重要学派。这一派的特征按照司马谈在《论六家要旨》中的评论是"道家使人精神专一，动合无形，赡足万物。其为术也，因阴阳之大顺，采儒墨之善，撮名法之要，与时迁移，应物变化，应俗施事，无所不宜，指约而易操，事少而功多。"司马谈的这段话概括黄老之学的特点大致是：第一，尽管黄老之学仍然属于道家，但它决不完全等同于老庄，而是以老庄的道论为基础，兼采儒墨名法以及阴阳家的思想，带有明显的综合各家学说的特点。但又以道家思想为基础。第二，其理论特点和社会功用表现为以自然无为的法则贯彻在一切实际活动之中，顺应万物，功效显著。

黄老之学的这些特征使它与早期道家（包括老庄学派与稷下道家）之间既有相同的地方，又有明显的区别。按照吴光先生的分析，两者相同之处在于都以老子的"道"论为其哲学基础，属于客观唯心主义的理论体系，而且程度不同地包含了朴素辩证法的观点。在政治思想上，两者又都以"清静无为"的理论为基础，主张统治者少干涉人民的生活。但另一方面，老庄之学表现出与各家学说的明显对立和相互排斥，黄老之学虽然对包括早期道家在内的先秦各家学说都有所批评和舍弃，但同时又突出地表现了它以早期道家理论为基础，兼综杂采阴阳儒墨名家学说之"善"的特点。

在阐述道家的"自然无为"理论方面,老庄所强调的是任其自然而反对主观的有为,表现为消极的"无为"主义,而黄老学派所强调的是"无为而不为",既有尊重自然规律反对盲目行动的一面,又有发挥人的主观能动作用,主张"待时而动""因时制宜"的另一方面,是一种"积极"无为主义。此外,黄老之学著作比较注重讨论实际的政治和人事,较少谈论玄妙深奥的哲学问题,等等。

虽然在早期道家与黄老学派的异同分析上,上述看法能够为人们所接受。但就老子是否真的给予了黄老学派以思想影响,人们还有不同见解。詹剑峰先生认为,黄老之学的形成其思想根基是老子的学说,黄帝在这里不过是有其名而无其实,《吕氏春秋》中所说的"圜道"不过就是老子之道,而且老子之学与黄帝之名相结合而称黄老之学,始于稷下,即始于战国末期,亦即吕不韦集门客著《吕氏春秋》之时。至于西汉初虽称黄老,然而汉学者则深知黄帝书乃出于后人伪托。这样,詹先生就否认了稷下道家与黄老之学的区别,并且对《黄老帛书》似乎也重视不够。

吴光先生虽然十分重视《黄老帛书》的价值,但他把《黄老帛书》归入黄老之学中作为与《吕氏春秋》《淮南子》等平列的秦汉黄老学著作看待。而余明光先生却把《黄老帛书》独立出来作为"黄学"著作,放在与《老子》同等的地位上来看待。余先生认为,黄学与老学同源而异流,它们共同继承了古代的道论,在自然观上它们的看法是相同的,但在社会观上却分流了。这是道家中的两个不同流派。对于秦汉黄老之学来说,老学、黄学均有重要影响,但在西汉初年,黄学更占统治地位。司马谈《论六家要旨》所述"道论"更是源于黄学。但是,这样把黄学的地位抬高到与老学平等的地位上,而否认它们之间的继承发展关系,这一观点还未能为人们普遍接受。

(六十) 老子对《淮南子》有何影响

《淮南子》一书,原名《鸿烈》。之所以叫《鸿烈》,因为"鸿"是"广大"

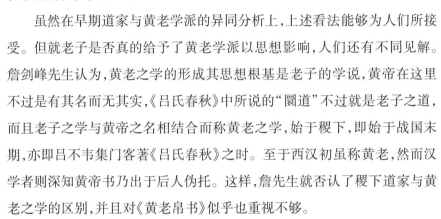

的意思;"烈"是"光明"的意思;总起来就是"广大光明的道理"的含义。刘向用《淮南》的名字。东汉以后,有人将《淮南》和《鸿烈》合到一起称为《淮南鸿烈》。《隋书·经籍志》开始称《淮南子》。

《淮南子》一书,由西汉淮南王刘安(前179—前122)主编,他请了几位宾客协助撰写。《淮南子》的体系很庞大,集哲学、伦理学、史学、政治学、经济学、军事学和自然科学于一书。它是继《吕氏春秋》之后的又一本百科全书。全书共分二十一篇,各篇主题并不相同,包容了道、儒、法、阴阳、名、墨诸家的观点,但无疑是以道家的观点为主,贯串于全书之中,使该书成为汉初道家思想的最高成就。所以说,《淮南子》一书在许多方面,都受到了老子的学术思想的深刻影响。

"道"是《老子》一书哲学思想中最基本和最高的范畴,《老子》一书提出了天道自然无为和道化生万物的宇宙观。《淮南子》继承了《老子》的这些可贵的思想并有所发展。

《淮南子》认为:"天地未形,冯冯翼翼,洞洞漏漏,故曰太昭。道始于虚霩,虚霩生宇宙,宇宙生元气,元气有涯垠,清阳者薄靡而为天,重浊者凝滞而为地。……天地之袭精为阴阳,阴阳专精为四时,四时之散精为万物。"(《天文训》)所谓"太昭",是指大地形成之前那一片混混沌沌迷迷茫茫的原始状态。这就是说,天地之前宇宙演化阶段统称为"太昭"。所谓"虚霩",指空虚、无形之意。因此,"道始于虚霩"这句话是说,道的原始状态是空虚无形的。往下说的是,这"虚霩"状态的"道",进一步演化就生成"宇宙",即时间和空间。因为,"往古来今,谓之宇。四方上下谓之宙"(《齐俗训》)。这"虚霩"之"道",继续不断演化下去,就生成"元气""四时",直到"万物"。

既然处于"虚霩"之"道"还没有生成万物,也就是还没有构成具体的可以相互区别的形体,那么它就只能是混混沌沌的单一,而不是多了。所以,《淮南子》又认为:"道始于一。"接着又说:"一而不生,故分为阴阳,阴阳合和而生万物。故曰一生二,二生三,三生万物"(《天文训》)。显然,这是把"道"与"一"作为同一概念;把"道始于虚霩和道始于一"作为同一判

传记读库

断。这也就是说,虚霩的混沌一团的道生天生地,生阴生阳,生万物。由此可见,《老子》原有的"道生一"的判断,被《淮南子》用新的"道始于一"的命题所代替了。为什么?《淮南于》之所以如此,是为了纠正"道生一"这一含糊不清而容易导致误解的提法。这实是《淮南子》对《老子》的发展。

《淮南子》也像《老子》一样认为,"道"生万物不是有意志有目的,而是自然而然的。它说:"夫太上之道,生物而不有,成化象而弗宰"(《原道训》)。这就是说,最高的道,虽然产生了万物,但是并不把万物据为己有;虽然化成了万物的形象,但是并不去主宰万物。

（六十一） 老子对嵇康有何影响

嵇康国,字叔夜,谯郡铚县(今安徽濉溪县)人。生于魏文帝黄初四年(223)。被杀于曹奂景元三年(262)。他是三国魏的哲学家、文学家、音乐家,"竹林七贤之一",与阮籍齐名。嵇康幼年丧父,聪颖好学,博览群书,但自幼就"不涉经学""读庄老,重增其放"。所以他承认"老子、庄周,吾之师也"(《与山巨源绝交书》)。并且,嵇康对老庄的崇信是一贯的,因此他于临死前在狱中所写的《幽愤诗》里。仍然回忆说:自己从青年时起就"托好老庄,贱物贵身,志在守朴,养素全真。"嵇康膺服老庄,也早就得到公认:"专好老庄"(《晋书·嵇康传》)。

那么,老子对嵇康的影响有哪些呢? 主要有以下三个方面:

第一,嵇康在自然观上,主张元气自然论。他认为,天地、万物和人都是禀受元气,由宇宙间的阴阳二气的相互作用而产生的。他说:"夫元气陶铄,众生禀焉,赋受有多少,故才性有昏明"(《明胆论》);"浩浩太素,阳耀阴凝;二仪陶化,人伦肇兴"(《大师箴》);"天地合德。万物贵生,寒暑代往。五行以成"(《声无哀乐论》)。这意思是说。宇宙的来源是太素的元气;元气分为阴阳,判为天地;天地间阴阳变化,寒来暑往,形成五行,化生万物和人;由于赋受有多少,因此物昏而人明。可见,嵇康的自然观是继承了王充的唯物主义的元气自然论。因为,王充认为"气"是天地万物的原始物质基础,他说:"天地,含气之自然也"(《论衡·谈天》),"天地合气,万物自生,犹夫妇合气,子自生矣"(《论衡·自然》)。而王充的天道观是以道家的理论为依据的。他自己就明确说过:是"试依道家论之""虽违儒家之说",但"合黄老之义也"(《论衡·自然》)。所以,可以说嵇康在自然观上,是通过王充为中介,而受到了老子的深刻影响的。

第二,嵇康在政治思想上,主张"越名教而任自然"论。秦汉以来,儒道两家关于"自然与名教之辩"一直进行着。所谓"名教",即礼教。其内容,简言之就是三纲五常。所谓"自然",即道家新提倡的自然无为,道家主张人的行为应该像自然一样,顺遂人的本性,不受名教的拘束。这个问题的争论,到了魏晋时期达到了高潮。统治者一方面为了能肆无忌惮地过着荒淫无度的腐朽生活,而要求不受名教的约束;另一方面却又要求加强名教以巩固其统治。司马氏政权就宣扬以孝治天下的虚伪的名教。何晏和王弼提出"名教出于自然"的主张,这实是用道家的"自然"来替"名教"存在的合理性进行论证,企图调和两者的矛盾。这当然是对道家的"自然"的曲解。因此,嵇康提出了"越名教而任自然"的主张。他说:"夫气静神虚者,心不存于矜尚;体亮心达者,情不系于所欲,故能审贵贱而通物情"(《释私论》)。所谓"心不存于矜尚",指存心要善良,而不要伪善;所谓"情不系于所欲",指情感要朴实,而不要追逐物欲。只有做到这样,才能恢复人的自然本性。这也就是说,人们的行为,不能为名教所束缚,而要求得精神上的解放和自由。可见,嵇康的"越名教而任自然"的主张,把"名教"与"自然"区别、对立起来,并做出了取舍:超越、否定"名教",专任、肯定"自然"。

嵇康既然反对"名教",当然也就反对名教的代表人物唐尧、虞舜、文武、周孔了。他说:"轻贱唐虞,而笑大禹"(《卜疑集》),"非汤武而薄周孔"(《难自然好学论》)。反之,他把老庄当作自己的老师。

同时,嵇康也坚决反对儒家所宣扬的"六经为太阳""不学为长夜",而提出"六经未必为太阳",不学"未必为长夜"(同上)。

第三,嵇康在养生上提出"少私寡欲",常修险服食之道。嵇康引证了老子的这两句话,并高度评价为"大道之言"。嵇康认为,养生的有效方法就是既要善于养形,又要善于养神。因为,形与神两者既相互依赖,又相互作用。所以,他说:"形恃神以立,神须形以存,悟生理之易失,知一过之害生"(《养生论》)。那么,如何养形呢? 嵇康认为,酒肉是伤身的,要不得的;五谷虽是不可少的,但不是最好的;最佳的是灵芝等药物,因为药物可以祛病延年益寿。所以,他提出"呼吸吐纳服食养身"(同上)。但是比较起来,他更重养神。所以,他说:"故修住以保神,安心以全生,爱憎不栖于情,忧喜不留于意,泊然无感而体气和平。"又说:"清虚静泰,少私寡欲"(同上)。显然,这是受了老子关于"无欲"或"少私寡欲"的思想的影响的。

安徽蒙城县城内,迄今仍有一座名胜古迹——"嵇康亭",相传是嵇康当年因崇拜老庄,而特意从其家乡——濉溪县临涣集专程来到庄子故里——蒙城县(两地相距仅50公里左右),攻读老庄著作的地方。这一古迹及其传说,似亦可佐证嵇康受老庄影响匪浅。

(六十二) 韩愈为何排老

汉晋时代,佛教入土中原,隋唐时期竟然掀起声势浩大的儒道佛之间的剧烈斗争。韩愈归纳这一过程时说:"周道衰,孔子殁,火于秦,黄老于汉,佛于魏晋梁隋之间""不入于老,则入于佛。入于彼,必出于此;入者主之,出者奴之"。韩愈排拒佛老(首先是排佛)正是在这一背景下发生的。

要弄清韩愈排拒佛老的根据,就应对隋唐两代三教之间的剧烈斗争有所了解。隋代佛、道、儒的地位被当时的人们分别称为日、月、星,儒教地位之低下于此可见。入唐之后,高祖推行三教并重的政策,但对儒学有所偏重,儒学的地位得到一定的改善。但由于唐代统治阶级姓李,而道教的祖先传说为老聃李耳,因而道教在唐代受到特别重视。其排列次序为"先老、次孔、末释"。太宗同样采取三教并重的政策,其中对于道教,曾把道士成玄英召至京师供养,并于贞观十一年修老子庙于亳州。高宗即位以后,儒学地位每况愈下,武则天时代更是偏袒佛教。玄宗又特别偏重道教,除亲注《老子道德经》和写作《义疏》外，还"制令士庶家藏《老子》一本。……每年贡举人，……加《老子》策"，后又命令两京诸州各置玄元皇帝庙，并崇玄学，置生徒，每年准明经例考试。安史之乱以后，佛道两教的力量实际超过了儒学。在这种背景下，韩愈打出了排拒佛老、复兴儒学的旗帜。

关于韩愈排拒佛老、复兴儒学的背景、内容和意义，学者们提出了许多深刻的意见，其中陈克明先生的分析应说较为全面和透彻。陈先生认为，韩愈出身士族地主阶级家庭，颇有家学渊源，亦曾受到前辈儒士独孤及、梁肃的影响。韩愈自幼好读古书，学写文章，向往孔孟，有意对儒学有所建树。中年时代下定决心："行之乎仁义之徒，游之乎诗书之源，无迷其途，无绝其源，终吾身而已矣。"并慷慨言志道："天不欲使兹人有知乎？则吾之命不可期！如使兹人有知乎？非我其谁哉？"韩愈在儒、释、道三教激烈斗争的背景下，立志捍卫儒学，自然要反对妨碍儒学发展的佛、道两教，尤其是佛教。对于老子，韩愈主要是在建立儒学道统中加以拒斥。在《原道》中，韩愈首先提出了关于儒学仁义道德的特定内涵，并将其与老子的观点区别开来："老子之小仁义，非毁之也，其见者小也。……老子之所谓道德云者，去仁与义言之也，一人之私言也。"他对把老子看作孔子之师的传说非常气愤。"老者曰：孔子，吾师之弟子也。……为孔子者，习闻其说，乐其诞而自小也，亦曰：'吾师亦尝云尔。'不惟举之于其口，而又笔之于其书。"他主张对老佛则要"不塞不流，不止不行。人其人，火其书，庐其居"。可见其愤慨之烈、决心之大。

韩愈排拒佛老的另一重要原因在于，他认为，崇佛信道"上行下效"的恶习势必带来无穷无尽的灾害。韩愈攘斥佛老对净化社会生活减轻民众负担，还是有积极意义的。

但韩愈同时也与佛徒道士多有往来，这一方面是由于当时环境使之然，另一方面也表现了他的矛盾心情。

（六十三） 老子对陈抟有何影响

陈抟,字图南,自号扶摇子,赐号白云先生,清虚先生,希夷先生,"亳州真源人"(《宋史·陈抟传》),生于唐懿宗咸通十二年(871),卒于宋太宗端拱二年(989)。他是唐末、五代、宋初的著名的道士和道教学者。

陈抟的学术思想是多方面的,主要是易学、老学和内丹学。其影响与传承的情况如下:

陈抟的易学思想,分三路传承:①河图洛书:陈抟→种放→李溉→许坚→范谔昌→刘牧;②先天图:陈抟→种放→穆修→李之才→邵雍;③无极图:陈抟→种放、穆修→周敦颐(太极图)→程颢、程颐。

陈抟的老学思想的传承:陈抟→张无梦→陈景元。

陈抟的内丹学的理论和实践,亦分三路传承:①陈抟→种放→穆修→李之才;②陈抟→张无梦;③陈抟→火龙真人……张三丰。

由于陈抟本人的著作大多已亡佚,我们难以直接地了解他是如何受到老子的影响的,而只能以其弟子的老学思想反转过来了解他。关于这个问题,彭鹤林说:"鸿蒙子张无梦,字灵隐,好清虚,穷老易,入华山,与刘海蟾、种放结方外友,事希夷先生,无梦多得微旨"(《道德真经集注》引《高道传》)。杨长庚说:"碧虚子陈君景元,师事天台山鸿蒙子张无梦,得老氏心印,有道德经藏室纂微篇,盖摭诸家之精华,而参以师传之秘"(陈景元《老子注》相序)。薛致玄说:陈景元"负笈游名山,抵天台,阅三洞经,遇高士张无梦。得老庄微旨,熙宁五年(1072)进所注道德经"(转引自卿希泰:《中国道教思想史纲》第二册)。特别是,陈景元本人也承认陈抟老学通过张无梦深刻地影响了自己。他在《老子注·自序》里承认:"依师授(指张无梦——引者注)之旨,略纂昔贤之微。"但是,陈景元的一些著作,以及陈抟和张无梦对其影响,长期以来都被人们所忽视。蒙文通先生开拓性地整理和研究了陈景元有关《老》《庄》的注释,撰写了《陈景元老子庄子注校记》。蒙先生指出:"碧虚之学,源于希夷。昔人仅论濂溪、康节之学源于陈氏,刘牧《河图》《洛书》之学亦出希夷。而皆以象数为学,又自附于儒家,今碧虚固道士之谈《老》《庄》者,求拐之学,碧虚倘视三家为更得其真。"这就是说,蒙先生充分肯定了只有陈景元一人在陈拐学术思想的众多的传人中,得到了真谛。

陈景元与老子和陈拐一样,以"道"为自己的学术思想的最高范畴。因为,他也认为"道"为宇宙一切的总根源。天地、万物和人都是由"道"在永恒的运动中自然而然地产生出来的。他也提出了以"道"为本体的宇宙生成论。他说:"夫大道无形,……通生万物。"又说:"万物由之(指'道'——引者注)以生。"又说:"道为天地之始,矿荡无不制围,万物得之则生,士民怀之则尊,故曰道大。"并且,陈景元又像老子和陈拐一样,认为"道"生万物是自然而然的。他说:"生育万物而道不属性,物自生尔;变化万物而道不属物,物自化尔。万物自生自化,自形自色,而不可指名于道也。既而寻本穷源,归于杳冥,复于沉默,斯乃道之运用,生化之妙数也。"但是,陈景元囿于道教宗教神学唯心主义的立场,最终把老子的"道"归结为"神物"。他说:"神物者,阴阳不测,妙万物以为言者也,千变万化,无所穷极,经营天地,造化阴阳,因气立质而为万类,治身治国,炼粗入妙,未有不由神物者也。"所以,卿先生指出:陈景元"说来说去,既然终于把'道'说成是千变万化的'神物',阴阳万类都是它所造化的,那么,陈景元这种宇宙观的宗教唯心主义实质,也就不言而喻了"(同上)。

由以上所述陈拐、张无梦和陈景元的老学,使我们又一次看到了:一方面,道教的理论依赖于老子的思想;另一方面,道教把老子的思想宗教神学化了。

(六十四)　宋儒是怎样对待老子的

宋儒怎样对待老子,也就是怎样对待道家和道教的问题。老学在汉代经过黄老之学的改造,终于在神仙方术的基础上转化为道教。后来虽然又经过魏晋玄学的阐发,突出了它的思辩的特色,但隋唐时期老学思想的影响,是通过道教来实现的。在隋唐儒、释、道三教之间的斗争和融合中,老子的存在以道教的面目出现。对于宋儒来说,道教又是与佛教一起被作为敌对的思想力量的。

隋唐统治者采取三教并重的政策,有时甚至以道、佛二教来压制儒家学说。儒、释、道三教之间经过长期斗争,又呈现着逐步融合的趋势。而且,佛道二教引导人们超脱世俗、飘逸仙隐,其所带来的社会问题是十分严重的。当时的人们描述这种状况时说:"佛老之徒,横于中国,彼以死生祸福、虚无报应为事,千万其端,给我生民,弃礼乐以涂塞天下之耳目。天下之口,愚众贤寡,惧其生生祸福报应。人之若彼也,莫不争奉而竞趋之。"(《宋元学案·泰州学案》)这对统治者也是极为不利的。因此,把消极出世或隐居、避世转为积极入世,重振儒家纲常,维持社会关系,恢复统一、安定的社会秩序,是摆在宋代统治者,也是摆在理学家面前的重要任务。事实上,宋初统治者从一开始也就是在力倡复兴儒家文化。但是,以一种粗陋、简单的儒家伦理学说来与充满玄学思辩的精致的佛、道学说相抗衡,毕竟有些力不从心。这就给理学家提出了一个重要的启示,必须吸收佛道学说中的理论因素,重新建立一套完整、精致的儒学体系,才能与佛、道学说相对抗。而汉魏特别是隋唐以来儒、释、道三教之间的斗争和合流也为理学家建立一套以儒家伦理学说为核心,又吸收道家有关宇宙生成、万物化生的观点和佛教唯心主义思辨哲学的理学体系提供了思想准备。

这样一个目的和要求,也就决定了宋儒对待佛道包括老子的态度必然是:一方面排斥佛、老,批判它们与儒学的伦理学说相冲突的内容;另一方面又尽可能地吸收佛、道学说中可以为他们所利用的因素。对于老子来说,宋儒所吸收的内容则主要是在宇宙生成论上。老子的"道生一,一生二,二生三,三生万物"的思想,为宋儒宇宙生成观提供了十分重要的思想资料。

（六十五） 王夫之是怎样评说老子的

王夫之对老子的评说,是站在儒家道统的立场上来进行的。他一方面认为老子"无为"的政治哲学对于解除"生事扰民以自弊""力竭智尽而治其民"的弊端,有一定的积极作用,并曾经在历史上得到过证明;但另一方面,又指出老子之学存在严重缺点:"天下之言道,激俗而故反之,则不公;偶见而乐持之,则不经;凿慧而数(任继愈先生按:数疑为敷之误——引者注)扬之,则不祥。三者之失,老子兼之矣"(《老子衍》序)。

王夫之着重从两个方面批评了老子哲学:一是,反对老子提出的"无"能生"有"。王夫之认为,"无"不能生"有",也决不存在绝对的"无"。他说:"言无者激于言有者而破除之也,就言有者之所谓有而谓无其有也,天下果何有可谓之无哉"(《思问录内篇》)? 在王夫之看来,事实上是,"人之所见为太虚者,气也,非虚也。虚涵气,气充虚,无有所谓无者"(《正蒙·太和篇》注)。老子以"气"一元论反对"无"生"有"。

二是,反对老子的"道"在物先。王夫之主张"无其器则无其道"(《周易外传·系辞上传》)。他说:"天下唯器而已矣。道本器之道,器者不可谓道之器也。……苟有其器,岂患无道者"(《周易外传》卷五)?

应当指出,王夫之对老子及其哲学思想的分析,有其深刻独到之处,但是,无论怎样看待老子哲学的性质,他忽视老子在当时思想斗争中所起的积极作用,只是片面地站在儒学正统的立场上来批评老子,这种超历史的、功利主义的评说,毕竟是有缺陷的。

四　老子思想诸方面

（六十六）　《老子》书中有哪些经济思想

《老子》一书阐发了一些有益的经济思想。

首先,老子反对过重的捐税和兼并战争。

《老子》和《论语》一样,认为当时社会危机极其深重,所以也断言:"大道废"(十八章)、"天下无道"(四十六章)。

《老子》进一步揭示出社会危机的根源,在于统治者的贪得无厌,横征暴敛,骄奢淫逸。它说:"朝甚除,田甚芜,仓甚虚;服文彩,带利剑,厌饮食,财货有余"(五十三章);"民之饥,以其上食税之多,是以饥;民之难治,以其上之有为,是以难治;民之轻死,以其上求生之厚,是以轻死"(七十五章)。这也和儒家一样,认为苛政猛于虎。因此,他们都坚决反对苛政。

同时,《老子》书中认为战争必定会破坏生产,劳民伤财,破坏宁静有序的社会生活,造成社会动荡不安。所以,它对于兼并战争的危害性作了冷峻而深刻的揭露:"师之所处,荆棘生焉;大军过后,必有凶年"(三十章),"天下有道,却走马以粪;天下无道,戎马生于郊"(四十六章)。

其次，《老子》反对贫富不均。

《老子》反对贫富不均的主要办法有三。其一是，以"天道"的均富反对"人道"的贫富不均。它说："天之道，损有余而补不足，人之道，则不然，损不足以奉有余"（七十七章）。这是最根本的一条。

其二是，乞求富者大发慈悲，能自觉按"天道"办事。它说富者应本着自己的利益以遵循"天道"，去做到"常善救人，故无弃人；常善救物，故无弃物"（二十七章）。

其三是，要求人们至少"寡欲"，甚至"无欲"。它认为，如果人们贪得无厌，一味追求财富，那么社会就会出现贫富不均，形成祸害："金玉满堂，莫之能守；富贵而骄，自遗其咎"（九章），"余食赘行，物或恶之"（二十四章）。所以，《老子》要求人们"无欲"，至少"寡欲"。它说："不见可欲，使民心不乱。是以圣人之治，常使民无知无欲"（三章），"祸莫大于不知足，咎莫大于欲得"（四十六章），"我无欲而民自朴"（五十七章）。如果"无欲"要求过高，难以做到的话，那么就降低要求，改为"寡欲"。它说："见素抱朴，少私寡欲"（十九章）。《老子》又进一步认为知不知足关系到能不能"寡欲"。它说："甚爱必大费，多藏必厚亡。知足不辱，知止不殆，可以长久"（四十四章）。"罪莫大于可欲，祸莫大于不知足，咎莫大于欲得，故知足之足常足矣"（四十六章）。因此，《老子》甚至把"知足"和"富"画上了等号："知足者富"（三十二章）。

再次，反对私有制。

《老子》书中揭示出私有制造成人民贫困，给人民带来痛苦。他说："天下多忌讳，而民弥贫；……法令滋彰，盗贼多有"（五十七章），等等。这是《老子》书中反对私有制的现实的理由。

《老子》书中更从"天道"的本性出发，而坚决反对私有制。因为，"天道"是"生而不有，为而不待，长而不宰"（十、五十一章）。而大凡具有私有观念或受其影响的人，则是不能"见素抱朴"（十九章）的。

但是，《老子》并非绝对否认私人利益。他说："是以圣人后其身而身先，外其身而身存。非以其无私耶？故能成其私"（七章）。这只不过是以主张不私有作为获得私有的手段罢了。

（六十七） 《老子》书中有管理思想吗

《老子》一书当然不是专门的管理学著作，他所讨论的主要是人生和政治问题。但《老子》讨论人生和政治问题是在宇宙论的广阔背景上加以展开的，这就使得老子的思想具有多义性和繁复性，因而，从管理学的角度考察《老子》也能获得许多重要的启发。

国外许多学者和企业界人士对《老子》十分重视，据周止礼先生在《道家创始人老子的管理思想》（《北京财贸学院学报》，1988 年第 4 期）一文中的介绍，美国文博契特在其《二十二种新管理工具》修订本的序言中，就认为《老子》中的"善用人者为之下，是谓不争之德，是谓用人之力"（六十八章）这句话，代表见识不凡的管理者长久以来都在努力、却仍未能趋近的一种"道"的境界。并且他还以为，从某种意义来看，管理的历史也就是试图实践这项基本观念的一段历史。日本经营管理界也颇为重视《老子》的思想在企业管理中的运用。

国内从管理学的角度研究《老子》可说还刚刚起步，研究成果还不多。大多数人都肯定了老子的"道"的"有"与"无"的理论和"无为"的原则，对于确认经济活动和企业管理的客观规律，对于要求人们认识这一客观规律从而规范管理行为，都具有重要的启示作用。周氏则还进一步从管理职能的角度，对《老子》在领导、用人和控制三项活动中的指导作用进行了具体的分析。

首先，他认为《老子》中的"人法地，地法天，天法道，道法自然"（二十五章）和"天地相合，以降甘露，民莫之令而自均"（三十二章）这两句话的意思是，天地自然有自己生成变化的客观规律，万物都遵循着这一规律而不断地生灭变化，向前发展。管理者应根据老子这一思想，去遵循天地自然之道，以谋求生成发展。

同时，老子又认为，一切事物都是相反相成、相互转化的。"有无相生，难易相成,长短相形,高下相倾,音声相和,前后相随"(二章),这句话若从管理学的角度来看,这就要求人们认识到所有企业的内部与不同企业之间都存在着多种的对立关系;但又彼此相互依存。因此,如果善引导对立面向好的方面转变,必然会带来正面的效果;否则将产生副作用。

老子对于"无"所具有的作用的重视,对于人们在经营管理中把握好时机,既不超前,又不错过,以及要求重视企业内部的团结,都具有重要的启迪作用。

其次,在用人方面,《老子》说:"江海所以能为百谷王者,以其善下之,故为百谷王"(六十六章)。又说:"善用人者为之下,……是谓用人之力,是谓配天古之极。"(六十八章)。这就要求企业领导者对待下属要谦和而不自大,并且要"知人善任"。"知人者智"(三十三章),这关系到企业成败的关键。

最后,在控制方面,老子要求控制人们的过度欲望,要求"去甚、去奢、去泰"(二十九章),反对"好货无厌,专于利己",肯定"知足之足常足矣"(四十六章),并主张"生而不有,为而不恃,功成而弗居"(二章)。这对促进人们在生产和管理上积极工作,从而增长社会财富,以及控制人们的过度欲望,实现社会上供求关系趋于缓和,是不无意义的。

《老子》一书在管理学上的价值还有待于深入发掘。如何从《老子》一书自身思想体系中建立其管理学的理论,而不是比附于西方管理理论进行零碎的说明,应是这种研究的主要任务。

(六十八) 《老子》书中有法律思想吗

《老子》书中曾提出:"天下多忌讳,而民弥贫;……法令滋彰,盗贼多有"(五十七章)。这就是说,老子认为,天下禁令越多,人民就越陷于贫穷;法令越分明,盗贼反倒越多。可见,在老子看来,当其时社会上的法令成了人民贫困和社会危机的根源。所以,他不遗余力地加以反对。

因此,老子进一步宣扬"无为而治"的政治法律思想。他说:"为无为,则无不治"（三章）。又说："以无事取天下。……故圣人云：'我无为，而民自化；我好静，而民自正，我无事，而民自富；我无欲，而民自朴'"（五十七章）。

我们是否可以从老子的"无为而治"的政治法律主张，因而就得出他没有法律思想的结论呢？

我们的回答是：不能。因为，老子固然有其反对法律的一方面。但却又有其肯定法律作用的另一方面。

《老子》书中不是明确地说道："人法地，地法天，天法道，道法自然"（二十五章）吗？这就是说，老子认为，人应以地为法，地又应以天为法，天又应以道为法，而道还应以自然为法。一言以蔽之，老子以为法的起源，归根结底不能是任何别的，而只能是自然。可见，老子是多么推崇自然法。

老子为什么极力提倡自然法呢？

老子之所以如此肯定自然法，乃是由于他以为自然法的"天道"或"天之道"具有无比的优越性。概而言之有以下四点：

第一，"天道"对于万事万物以及所有的人，都是有百益而无一害的。他说："天之道，利而不害"（八十一章）。

第二，"天道"是没有不可战胜的。他说："天之道，不争而善胜，不言而善应，不召而自来，繟然而善谋"（七十三章）。这意思是说，"天之道"虽不斗，但善于获胜；虽不说话，但善于回答；虽不召唤，但能自动到来；虽宽缓，但善于策划。

第三，"天道"是最大公无私的。他说："天之道，其犹张弓欤？高者抑之，下者举之，有余者损之，不足者补之"（七十七章）。他这是以拉开弓弦的最恰当的方式来比喻"天道"的公正无私：既压低高的，又抬高低的；既减少过多的，又补充不足的，以保证公平合理。老子又把"天道"的公平和"人道"的不公平做了鲜明的对比："天之道，损有余而补不足。人之道，损不足以奉有余"（同上）。老子为了描述"天道"至公，还说过："天道无亲，常与善人"（七十九章）。"天道"对于任何人都是无所偏爱的，它永远帮助善人。

第四，"天道"是最为完备而没有漏失的。他说："天网恢恢，疏而不失"（七十三章）。这就是说，"天道"的自然法网，是极其广大的，它的网孔虽然稀疏，但是决不会有一点漏失的。

综上所述，《老子》书中的法律思想集中表现于既破又立的两个方面。即他一方面竭力要破除当时现实社会中的人为法；另一方面又极力要确立他理想中的自然法。

（六十九） 《老子》书中有哪些逻辑思想

《老子》书中的逻辑思想，主要有以下三点：

首先，《老子》书中讨论了中国古代逻辑学的主要范畴。如三十二章说："始制有名。"这是认为，语词或概念乃是人所制定出来的。七十章说："言有宗。"言，指言辞，相当于语句、判断。这是说，言辞或判断要有根据。四十五章说："大辩若讷。"这表示老子提倡"大辩"一定要合乎道理，反对花言巧语的诡辩。

但是，《老子》书中逻辑思想的主要内容和特点是对辩证思维的探索。

其次，《老子》书中对"道"概念辩证本性的研究。老子说："飘风不终朝，骤雨不终日，孰为此者？天地。天地尚不能久，而况于人乎？"（二十三章）这表明他看到了自然界和社会都是运动变化的，并且它们运动变化的原因就在其自身。《老子》也曾以泛滥的河水和"川谷之于江海"来比喻万物变化之"道"（三十四、三十二章），这同古希腊赫拉克利特以川流不息的江河来比喻万物变动不居的性质一样，是古代辩证思维的突出成果。

《老子》在以往的思想资料和新的认识的基础上，第一次提出"道"的范畴，表示万事万物运动变化规律性的概念。这个概念，从某些方面说来，与赫拉克利特关于"逻各斯"（λόyos）的概念相像（赫拉克利特也是第一个在客观规律的意义上使用"逻各斯"这一概念的）。试看《老子》对"道"的规定："反者道之动"（四十章）。"人法地，地法天，天法道、道法自然"（二十五章）。"夫物芸芸，各复归其根。归根曰静，是曰复命，复命曰常，知常曰明。不知常,妄作,凶。知常容,容乃公,公乃王,王乃天,天乃道,道乃久"(十六章)。其中的"归根曰静"的"静","知常曰明"的"明",等等,可以把它们看作是人类对规律这个概念的若干规定的自觉过程的一个开端。对规律这一概念的规定由不知到知,哪怕开始只是在某些关节点上有一些认识,也总是一个进步。

《老子》"道"的概念中包括了动和静、变和常、多样性和统一性等规定的对立统一。老子对"道"概念的辩证本性的认识,是当时劳动人民思维认识成果的结晶。

再次,《老子》书中提出了"正言若反"的辩证命题形式。这个命题,反映了《老子》体系的一个基本观点和方法,也表现了《老子》的逻辑思想。这个命题,见于《老子》今本第七十八章。这个命题的意思可以理解为正面的、肯定性的言辞中包含着反面的、否定性的因素。

这个命题,是从四十五章的"大成若缺""大盈若冲""大直若屈""大巧若拙""大辩若讷"和四十一章的"明道若昧""进道若退""夷道若纇""上德若谷""大白若辱""广德若不足""建德若偷""质真若渝""大方无隅""大器晚成""大音若希声""大象无形"的大量同类现象中概括出来的一个普遍原则。这就表明了,在同一个判断中,包含了对立概念的流动、转化,体现了概念在一定条件下所具有的灵活性。

"正言若反"式的判断,又明显地表现了因果联系,或条件和结果的关系。《老子》用"……则……""……故……""……是谓(是为)……"这样的结构表现了因果或条件和结果的关系。如二十二章的"曲则全""枉则直""洼则盈""敝则新""少则得""多则惑""不自见,故明""不自是,故彰""不自伐,故有功""不自矜,故长"和七十八章的"受国之垢,是谓社稷主""受国不祥,是为天下王。"

"正言若反"式的判断,还表现了现象和本质的对立统一。如"天下莫柔弱于水,而攻坚强者莫之能胜"(同上)。

由此可见,《老子》书中"正言若反"的朴素辩证逻辑原则,乃是自古以来人们认识史的概括和总结。尽管这种概括和总结还是极其初步的、原始的、不完整的,并且由于时代和阶级的局限而不免会有某些缺点。

(七十) 《老子》书中有哪些教育思想

与孔子比较起来,老子的教学实践活动是不多的。孔子弟子三千,老子的弟子至今仍能有史可查的屈指可数。《老子》书中的教育思想也非常之少,甚至没有专门讨论教学问题的内容。所以,老子在中国古代教育史上的地位,远不如孔子那样重要,因而不大为人们所注意。但是,少不等于没有,未对教育问题作专门论述,也不等于在教育学上毫无意义。

近来,洪石荆先生在《老子教育思想问题研议》(《安徽师范大学学报》,1990年第1期)中,否定了对老子教育思想的贬抑,提出了一些新的评价。他认为,老子教育思想的主题就是帝王南面之术。老子的教育主张,在很大程度上是专为最高统治者设计的治术,它不是以广大群众为教育对象的。这与儒、墨、法把教育看作是帝王及其统治集团的特权,是一样的。老子的教育内容,以"道"为中心,包括三个方面:一是"无为",要求人君在治理臣民百姓时自己处在无为状态,这样就能达到"天下自正"的目的;二是"无欲",教育人君要恬静寡欲,无贪婪之心,以免自取祸患;三是"无争",告诫人君要谦虚自守,卑弱自持,达到"不为天下先"而又"成其先"的目的。老子在这里否定上帝主宰人世一切的传统观念,重视人君的统治地位,并以"南面术"教育人君,这是一个惊人的进步。他所提出的"无为""无欲"和"无争"的主张也具有一定的积极意义。

洪文以为,老子在求知观上,并不是不要人学习知识,而是要求人君不要自矜其能,去"学不学",即学众人所不学的,也就是"三宝":慈、俭、不敢为天下先。老子所提出的认识过程,也就是学习过程,这里包括三个阶段:①"观",即直接观察事物,也就是感知;②"明",就是明白事理法则;③"玄览",就是深观远照的意思,即要求认识事物的全貌,掌握事物的规律。

洪文还认为,老子具有一定的教学思想,他重视间接知识,提出"不出户,以知天下;不窥于牖;以知天道;其出弥远,其知弥少,是以圣人不行而知,不见而明,不为而成"(四十七章)。他的教学思想也以虚心为用,并要求善教用材,提倡积末成厚。

洪文对老子教育思想的分析是有一定道理的。不过,严格地说,这些内容只是老子哲学思想在教育学上的运用。因为《老子》毕竟不是专门讨论教育问题的。

(七十一) 《老子》书中有哪些心理思想

关于《老子》书中主要的心理思想,可以从下述三个方面来做一初步了解。

第一,关于形神关系问题。

《老子》说:"载营魄抱一,能无离乎"(十章)?河上公说:"营魄,魂魄也。"魏源说:"营,读为魂。"范应元说:"营魄,魂魄也。《内观经》曰:'动以营身之谓魂,静以镇形之谓魄'。"这些注释都告诉我们:魂指精神,魄指形体。"抱一",合一。因此,这就是说,精神和形体合一,能不分离吗? 这意思也就是说,一个健全的人的生活必须是形体和精神两者相合而不相分。

第二,关于认识过程问题。

《老子》把认识挺程分为"观""明"和"玄览"的三个阶段。关于"观"的阶段,它说:"故以身观身,以家观家,以乡观乡,以邦观邦,以天下观天下。吾何以知天下之然哉? 以此"(五十四章)。老子在这里,运用了"观"的方法去认识"身""家""乡""邦"和"天下"。可见,这种"以物观物"的所谓"观"就是"直观"或"直接观察"。这相近于现代心理学的感知或观察,即感性认识阶段,是一种比较简单的认识方法。

关于"明"的阶段。《老子》说:"知常曰明,不知常,妄作凶"(十六章),"知和曰常,知常曰明"(五十五章),"见小曰明"(五十二章),"是谓微明"(三十六章)。这是说,认识"常"就叫作"明",不认识"常",轻举妄动,就会出乱子。所谓"常",指万物运动与变化中的不变之规律。而规律

195

具有"小"和"微"的特征。可见,这种"明"的认识方法,乃是专用以认识事物的本质及其规律的方法。这种方法比上述"观"的方法为之高明,相近于现代心理学的理性认识阶段。但是,这种"知'常'仅知一类事物的条理法则,还是偏而不全,所以要融合诸法则而'一以贯之',那就要用'玄览'。所谓'玄览',则综合全体大用做观之。"(詹剑峰:《老子其人其书及其道论》)

关于"玄览"的阶段。《老子》说:"涤除玄览,能无疵乎"(十章)?"涤除",即洗刷、清除、清洗。"玄览",即深观远照。疵,即病,指私心杂念。因此,这句话的意思是,清除掉人们的私心杂念,使得心地纯洁清明,就能深刻地认识事物的全貌及其本质和规律。

总之,上述《老子》书中关于认识过程的三个阶段或方法,是其辩证法在认识或心理活动中的反映,体现了人们的认识或心理活动是一个由浅入深、由偏而全的过程。但是,却根本没有实践的地位和作用。

第三,关于情欲心理问题。

《老子》书中关于"情"的问题,只谈到一点。它说:"慈故能勇"(六十七章)。为什么?韩非子给了一个很好的答案。他说:"爱子者慈于子,重生者慈于身,贵功者慈于事。……圣人之于万事也,尽如慈母之为弱子也,故见必行之道,见必行之道则明,其从事亦不疑,不疑之谓勇。不疑生于慈,故曰:'慈故能勇'。"(《韩非子·解老篇》)诚然,俗话说得好:"打在儿身上,痛在娘心上!"当爱子的肉体被打时,慈母的内心一定会感到很痛苦,痛苦极了,就不但会产生一般的反抗和报复的勇气,甚至还会产生舍掉老命去拼个你死我活的更大的勇气。

《老子》书中关于"欲"的问题,谈的较多。它主张"无欲"或"寡欲"。由于老子认为欲望是造成社会危机的祸根,"祸莫大于不知足,咎莫大于欲得"(四十六章)。所以,他竭力主张:"不见可欲,使民心不乱,……使民无知无欲"(三章)。

但是,老子并不是绝对地主张无欲,他真正提倡的是"寡欲"。否则,他又为什么要把"甘其食,美其服,安其居,乐其俗"(八十章)作为理想生活而加以追求呢？老子所反对的是超过一定限度的不知足的贪欲，特别是统治者的穷奢极欲，所以他说"见素抱朴，少私寡欲"（十九章）、"知足不辱"（四十四章）、"知足之足常足矣"（四十六章）、"知足者富"（三十三章）。

（七十二）　《老子》书中有哪些无神论思想

《老子》书中的无神论思想，集中体现于其"道"论之中。

其一是，以"道生万物"说，取代了"上帝造物"说。

老子以前的传统宗教，总是竭力宣扬天地万物和人类都是由上帝一手创造的，只有上帝是唯一的造物主。但老子则与之相反，提出了"道生万物"的新学说。他说："道生一，一生二，二生三，三生万物"（四十二章）。"道生万物"的思想贯穿于《老子》全书之中。所以，五十一章又说："道生之，德蓄之。"二十五章也说："道""可以为天下母"。四章还说："道""似万物之宗"。"道"既然是产生天地万物的祖宗和母体，所以它是极为尊贵的。"道生之，德蓄之，物形之，势成之。是以万物莫不尊道而贵德。道之尊，德之贵，夫莫之命而常自然"（五十一章）。可见，《老子》以"道"为产生天地万物和人类的最高本体和总根源，就舍弃了殷周以来作为造物主的上帝或人格神的天。

其二是，以"道常无为"（三十七章）或"道""长而不宰"（十、五十一章）说，替换了"上帝主宰万物"说。

宗教神学不但宣扬上帝有意志地创造了天地万物，并且宣扬上帝还有意志地主宰天地万物和人类。人类社会中的吉凶祸福，完全听凭神意主宰。但是，老子又与之相反，提出了"道常无为"或"道""长而不宰"的新学说。他说："道生之，德蓄之，长之育之，亭之毒之，养之覆之，生而不有，为而不恃，长而不宰，是谓玄德"（五十一章）。这意思是说，"道"使万物成长、发展、结果、成熟，对万物爱养、保护，尽管"道"生养了万物，但并不据为己有，尽管"道"推动了万物，但不自以为尽了力，尽管"道"推动了万物，但不自以为尽了力,尽管"道"作为万物的首长,但并不宰制他们。同样的思想,在三十四章又可见到:"大道……万物恃之而生而不辞,功成不名有。衣养万物而不为主,……万物归焉而不为主。"这意思说,万物虽然依靠大道而生存,但"大道"对万物从不干涉,"大道"大功虽然告成,但却说不出"大道"的功劳在哪里,"大道"虽然护养了万物,但"大道"却不自以为万物的主宰。类似的思想,还可见之于二、十两章。

其三是,提出了"道"为"象帝之先"(四章)说。

宗教神学又总是宣扬在没有人类之先就有了上帝,在没有天地万物之先就有了上帝。这实是给上帝涂上一层时间的灵光。但是,《老子》却勇敢地打破了这一宗教神话。他说:"吾不知谁之子,象帝之先。"这意思是说,我虽然不知道"道"是从哪里产生的,但是却知道它出现在上帝之先。

其四是,提出了以"道"制约鬼神作用说。

宗教神学又总是千方百计地宣扬鬼神的魔力大无边,以吓唬人们。但是,老子却以"道"束缚鬼神的手脚,使鬼神不起作用。他说:"以道莅天下,其鬼不神。非其鬼不神,其神不伤人"(六十章)。这意思是说,以"道"这个原则治理天下,就可以使鬼不起作用。当然并非是鬼神不起作用,而是它所起的作用已经不能再伤害人了。对于神,老子说:"神无以灵,将恐歇"(三十九章)。这意思是说,如果神不能保持神灵,那怕就要绝灭了。

可见,《老子》的无神论思想并不彻底,尽管它以"道"排斥了上帝,但并没有彻底否定上帝的存在。同样,尽管它以"道"制约鬼神的作用,但也并没有彻底否定鬼神的存在。

(七十三) 《老子》是一部兵书吗

对《老子》是否兵书的问题,学术界有着不同的看法。1973 年长沙马王堆三号汉墓帛书本《老子》出土后,翟青先生撰文认为,从唐朝的王真到明朝末年的王夫之,一直到资产阶级革命家章太炎,都把《老子》看作是一部兵书。《老子》一书直接谈兵的有十几章,哲理喻兵的有近二十章,其他各章也都贯串了对军事战略战术思想的发挥。因此，说《老子》是一部兵书，是很中肯的精辟见解。并认为，《老子》论兵的精髓在"德"经，而"德"经是《老子》一书的上篇，这就深刻反映了《老子》和古代兵法的联系。如果说《孙子兵法》还偏重于战术的话，《老子》则偏重于战略，把用兵之道上升到政治斗争的战略和策略思想，这比《孙子兵法》前进了一步。《老子》不是一般的军事家的著作，而是哲学家论兵的军事哲学著作。从"兵法"到"德"经，又从"德"经到"道"经的过程，可以清楚地看到古代军事战争实践的发展怎样推动着古代军事思想、政治策略思想的发展（参看翟青：《老子是一部兵书》，《马王堆汉墓帛书老子》，文物出版社，1976 年）。

王明先生也认为，《老子》书中有不少章节是论用兵的，包括一些战术思想和战略思想的概括。并认为，道家往往与兵家相通。

但是，这种看法，也遭到了一些人的反对。华钟彦先生在《评有关帛书〈老子〉的论述》（《河南师范大学学报》，1980 年第 1 期）一文中指出，《老子》全书八十一章，其言行涉及兵事者只有十章，其中积极谈兵法者只有第十一、六十七、六十八、六十九、七十八等五章，而在第二十九章之前未曾谈到兵事。在上述五章中，情况又各不相同，有的对兵法有积极意义，有的与兵法无关，有的则根本就是反战的。因此，无论从数量与质量上都无法承认它是兵书。但《老子》又有指导兵家的作用。这是因为《老子》书中有很多朴素辩证法，有很多唯物主义成分。哲学是一切科学的根本，唯物辩证法常常在斗争中起决定胜利的作用，朴素辩证法若得到兵家的灵活运用，也可能"百战不殆"，但不能因此就说《老子》是一部兵书。

李泽原先生也认为，虽然《老子》中确有多处直接讲兵，有些话好像《孙子兵法》的直接延伸，但说《老子》就是兵书则略嫌过头。只能说，《老子》辩证法保存、吸取和发展了兵家的许多观念，而不能说《老子》书的全部内容或主要论点就是讲军事斗争的。《老子》把军事辩证法变成了政治辩证法。

由此可见，不论是否同意《老子》是一部兵书，但都肯定《老子》或者保存、吸取和发展了兵家的思想，或者对兵法具有重要的指导和借鉴作用。

（七十四）　《老子》一书对祖国医学有何影响

　　祖国医学是指我国传统的中医理论,其中《内经》可说是我国最早的一部经典医籍。《老子》对中医理论的影响,也主要是指对《内经》的基本内容和医学思想的影响。一般认为,这种影响主要表现在以下几个方面:

　　首先,《老子》天道观的无神论思想,对《内经》指导思想的形成,起到了重要作用。老子认为,道是万事万物的本原,又是万事万物运动、变化的根本法则。天地万物的产生不是神的创造,道并不是有意志、有人格的神灵。"天地不仁,以万物为刍狗。"(五章)这就打破了有神论的天道观的桎梏。老子说:"道之为物,惟恍惟惚,恍兮惚兮,其中有象;惚兮恍兮,其中有物,窈兮冥兮,其中有精,其精甚真,其中有信。"(二十一章)道虽然无形无象,恍恍惚惚,但却又是真实存在的。这种存在被人们理解为是一种精气。《内经》的作者也正是这样来看世界万物的。体现在《内经》中的宇宙观恰恰是把人的生存统一于自然界的运动、变化,并归结为精气运动的结果。

　　其次,《内经》的阴阳学说,也与老子的哲学思想有关。《内经》把"阴阳"看作是天地万物变化的根本原因,一切事物生杀荣衰,都是阴阳关系的作用所致。阴阳关系存在于一切事物之中。如果阴阳失去平衡,必定会引起身体机能紊乱,从而致病。而诊治疾病,亦应从阴阳入手,阳病治阴,阴病治阳,恢复机体的平衡。《内经》的这一思想,固然与《易经》中的"一阴一阳之谓道"对阴阳关系的强调有关,但是老子也说过"道生一,一生二,二生三,三生万物。万物负阴而抱阳,冲气以为和",老子不但强调了阴阳关系的存在,而且还强调了它们之间的关系应是和谐、平衡的,这对《内经》无疑有重大的影响。

　　再次,《内经》的预防学说,也与《老子》有关。《内经》强调未病先治,防患于未然,认为病已成而治之,实在就晚了。这与老子对事物,由量变而质变的发展过程的认识,因而要求"图难于其易,为大于其细。天下难事必作于易;天下大事,必作于细"(六十三章)有着明显的内在联系。

此外,《老子》书中还有着一定的养生思想,这对《内经》提出的养生学理论,也不无启发。

（七十五） 《老子》一书与气功有关吗

道家、道教与气功养生学的关系,是相当密切的。《老子》一书在气功养生学上具有重要意义。有人认为,老子不仅是一位伟大的思想家,也是一个隐士、一个气功养生家。《老子》书中有着丰富的气功思想,而且受到古今气功实践家的高度重视。《老子》书中所说的"营魄抱一"(十章)、"玄览"(同上)被看作就是气功锻炼中的"意守""内视",是一种特殊的气功境界。老子称"专气致柔"(同上),这是讲气功养生要守柔。他所说的"人之生也柔弱,其死也坚强"(七十六章)、"专气致柔,能婴儿乎"(十章),就是要求把自己的精神状态、呼吸以至整个身体通过气功锻炼调节得像婴儿一样,精气充足,纯朴柔和,这更是一种极高的气功境界。

也有人从老子论梦的角度来揭示《老子》一书在气功学上的意义。徐仪明先生在《老庄论梦与中国古代气功》(《河南大学学报》,1989 年第 3 期)一文中提出,老子的道论是气功理论的基石。老子认为道是无,但虚静无欲又能观道,因而道又是有。这里的"观"并不是观察,恰恰是通过对梦状的比况来描绘进入气功状态后的奇妙景观。老子所谓道之观恰恰就是梦之见。因而,老子在这里所描写和论述的正是由虚静无欲而达到梦状般的境界方能得到养生三昧的气功道理。老子所讲的"致虚极、守静笃"(十六章)中的"致"和"守",正是一种主动的持守功夫,是一种气功实践活动。后世一些气功大家也不负老子的良苦用心,修炼到了老子所指出的那种上乘气功境界,体会到朦朦胧胧、如临仙境、奥妙莫测的景象。徐文并且指出。老子以梦来论气功,是具有科学依据的。

徐文还认为,老子之所以能够提出这样的气功理论,与他巫、史兼做的身份是有关系的。

当然,《老子》并不是一本纯粹谈气功理论的专书,后来道家、道教的气功理论也并不是对《老子》的照抄照搬。但是,《老子》中的确有一定的养生思想。并且,在当时的巫筮之风的影响下,老子本人也可能就曾有过气功实践。而这就不能不给老子观察自然、社会和人生以重要影响,从而在《老子》书中留下痕迹,并为后世的气功学所发掘和利用了。

（七十六） 《老子》一书在先秦散文史上的地位如何

先秦诸子的散文在中国散文史上具有重要地位,这已为人们所公认。但对《老子》一书在先秦散文史上的重要地位,人们还缺乏认识。一般的文学史在论及诸子散文时,说得最多的是《论语》《孟子》《庄子》,甚至还包括《墨子》,而对于《老子》,则往往一笔带过,不甚重视。当然,如果只从单纯的文学史的角度来比较老庄,那就不能不承认《庄子》在古代散文创作中的地位和影响确是十分重大和极其深远的。《庄子》那汪洋恣肆、宏阔炽热的激情和想象力,其强烈程度,足以令人震撼,为之倾倒。但诸子散文,包括《老子》《庄子》,都毕竟不是一般的抒情写意,状物绘景的文章,而是具有哲理性的散文,甚至可以说它们的价值首先表现在思想性上。从这个意义上来看,衡量和评价诸子散文的尺度和标准就不应只是单一的"文学性",而应从思想与形式、哲学理论与阐述方式的结合上来加以探索。这样来看《老子》和《庄子》的散文创作,那就不能不看到,作为道家学派的两位大师,庄有庄的特点,老有老的贡献。

那么,《老子》的特色在什么地方?

金克木先生在比较道家学派的几部重要著作时指出,《老子》是给特殊人讲的哲学,《庄子》是给读书人讲的哲学。既然是给不同人讲的,那么在讲的方式上必然就有所不同。其中一点很重要的不同,照金克木先生的看法就是,与《论语》不同,《老》和《易》一样,在语言运用上,几乎不用什么虚字,符号居多,接近数学公式。而且,《易》《老》中所用的"实字"大都和"虚字"类似,是另有用意的抽象意义的符号。如"道可道,非常道"中的"道"字就有作为哲学概念的"道"和作为普通名词的"道"的区分,而且,老

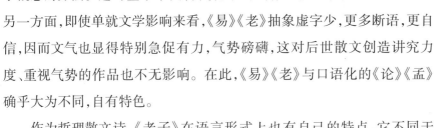

子恰是在对这种区别的界说中阐发其哲学思想,开创在普通名词中确立哲学概念的方法。这对整个中国古代哲学的创作不能不说具有重大影响。另一方面,即使单就文学影响来看,《易》《老》抽象虚字少,更多断语,更自信,因而文气也显得特别急促有力,气势磅礴,这对后世散文创造讲究力度、重视气势的作品也不无影响。在此,《易》《老》与口语化的《论》《孟》确乎大为不同,自有特色。

作为哲理散文诗,《老子》在语言形式上也有自己的特点,它不同于《诗经》讲究用字整齐,押韵严格,而是使用"对字协韵"的方法,既力求文字对应、音韵相押,但又不甚严格,灵活多变,因而更有利于表达思想,激发人们的兴趣,也便于记诵。这种注重把形式美(工整)、声音美(和谐)结合起来的语言特点,也是中国古代文学语言形式的重要美学风格。

《老子》书中也富有形象刻画的内容。它注重以对自然景物和日常生活事件的描写来阐发哲学观点,如以水、草、木、火等景物的生死荣枯的描写来说明"柔弱胜刚强"的道理。并且,在论述抽象道理时也善于运用生动形象的字眼加以描写。"视之不见名曰夷,听之不闻名曰希,搏之不得名曰微。此三者不可致诘,故混而为一。其上不皦,其下不昧,绳绳不可名,复归于无物。是谓无状之状,无物之象,是谓恍惚,迎之不见其首,随之不见其后。"(十四章)在抽象的哲理阐发中也不乏艺术的灵巧和情趣。

总之,《老子》散文具有不同于儒、墨的特点,在道家内部也独具一格。它不仅给《庄子》提供了思想源泉,而且自身在古代散文史中也具有重要地位,并给后世散文创作以直接的影响。

(七十七) 《老子》一书对我国绘画艺术有何影响

水墨山水画,是我国民族艺术中的瑰宝。它在世界艺术中,为中华民族争得了荣誉。水墨画的形成和发展,与老子哲学思想不无联系。有人认为,这种联系首先表现在老子色彩观对水墨画形成和发展的影响上。

王韬先生在《老子的哲学思想与中国画表现体系》(《美术》,1987 年第 7 期）一文中认为，《老子》一书虽然直接涉及色彩的言论并不多，除了"大白若辱"（四十一章）、"五色令人目盲"（十二章）之外，就再也找不出其他的了；但是，从老子对道的充分、详尽的论述中，可以认识和把握老子的色彩思想。老子认为，世界上的万事万物都产生于道，同时，万事万物又是道的体现。道具有有和无的属性，纳有无于一身。而且，道永远处在运动之中，作周而复始的循环运动："周行而不殆"（二十五章）。每一周期就是一次复归，复归于静。所谓"万物并作，吾以观复，夫物芸芸，各复归其根，归根曰静，静曰复命"（十六章）就是指的这种循环往复的过程。因而，虚静可说是万物生命力之所在，是事物得以发展、变化的原因，老子强调要"致虚极，守静笃"（同上）。

王文认为，老子的色彩观正是建立在上述对道的认识之上的。老子之所以反对五色，乃是因为五色令人眼花缭乱、躁动不安，无法保持一种纯朴和宁、虚静安详的心态，因而不是合道之美。老子所向往的色彩之美应是那种能够给人以恬静、闲适的感受，使人心灵静穆、安详，并能洞照事物本质，穷究各种变化的色彩。这样一种色彩当然就是淡雅、素静之色。但淡雅、素静之色并不是单一枯燥、平淡无味，而是包含着比"五色"更为丰富的各种色彩的组合。

但是，老子的这种审美趣味和要求长期未为人们所认识。魏晋以前的人们在绘画艺术上所追求的都是一种"随类赋采""以色貌色"的艺术效果。

直到唐代，以王维等人为代表的水墨画家提出了新的色彩观，才打破了这种限制。王维等人极力透过纷纭复杂、变化多端的现实生活去认识和把握生活的本质；他们超凡脱俗，依山傍水，戏梅弄竹，赏云玩月，过着一种清静无为、远离尘嚣的隐居生活，逃避现实，融入自然，以求人生的解脱，获得心灵安宁和平静。在这种心理欲求和生活方式下，他们把"五彩"视为世俗生活的象征，而力图以色彩单一但又能见出浓淡远近变化的水墨来代替"五色"，抒发他们既超远静穆又丰富复杂的内心情感和理想追求。

水墨画的兴起和发展使中国绘画艺术更多地具有了自己的特点。与彩色画比较,它更注重写意;在色彩上对现实事物作了大胆改变,把五彩缤纷、绚丽灿烂的自然事物一变而为单一的黑白水墨画,又从单一的色彩中显示出不同于现实的丰富色彩,这对更充分地抒发艺术家的情怀,显示创作者的个性确实更为方便。而水墨画的形成和发展,又进一步启发了中国画中"留空白"理论的产生。

总之,老子对道的认识和阐发,力图从大千世界的有限个体中去追寻宇宙自身的无限本体的意识,他的"有无相生"(二章)的理论,对中国绘画艺术的民族特性的形成和发展产生了深远的影响。这是显而易见的。

（七十八）　《老子》一书在西方的翻译和传播的情况怎样

据联合国教科文组织统计,在世界文化名著中,译成外国文字出版发行量最大的是基督教的《圣经》,其次就是老子的《道德经》。很早以前西方就有了许多不同文种的《道德经》译本,使之得以广泛传播。

据苏联汉学家杨兴顺的介绍,到 20 世纪四五十年代,欧洲已有六十多种《道德经》的译文。第一个翻译《道德经》的西方人是罗马天主教教士波捷,但由于他的拉丁文译本质量低劣,未能引起欧洲研究者的兴趣。1823年,莱莫萨的法译本出版,黑格尔在《哲学史讲演录》中评述老子哲学,所使用的可能就是这个译本。但这一译本仍有很大的缺点。1842 年,法国汉学家宙兰发表了一个完整的《道德经》译本,这个译本被认为是杨兴顺以前欧洲最好的一本。译者参考了七十种以上的中国人的注释,基本上准确地翻译了《道德经》的内容,但在许多地方仍受到道教注释的思想影响,从而给《道德经》罩上了浓重的宗教色彩。这也是此前各种西文译本的共同特征。1872 年前后,德国汉学家施特劳斯译有《道德经》的德文本,英国汉学家李雅格译有《道德经》的英文本。1893 年 9—10 月,俄罗斯作家列·托尔斯泰与波波夫一起从德文本转译了《道德经》。苏联汉学家杨兴顺在 20 世纪四五十年代也曾译有新的《道德经》的俄文本,杨译本不同于欧洲的其他多种译本,它不是仅仅以形式语言学的原则为依据,在最难理解的地方是以《道德经》本身的思想为指导的。

总之,现在许多国家都有了《道德经》的译本。最近,在已有多种英文译本的情况下,一种新的《道德经》英译本的出版权在美国又为八家出版商所争夺,最后被哈泼公司以 13 万美元的巨资买下出版权。全书仅 5720 字。可谓字字珠玑,创下了美国出版权费用的最高纪录。

值得一提的是,日本虽不属于西方国家,但由于它与中国文化交流的特殊关系,在向西方传播道家和道教思想方面起着一种特殊作用,是一条重要渠道。而它本身很早以前就有了《道藏》,在道家和老子研究方面有悠久的历史。近来更是出版了大量的老子研究专著和论文。日本文部省也多次拨出专款予以支持。

(七十九) 西方人是怎样研究老子的

西方早自 19 世纪上半叶就已有了《老子》的多种文字的译本。与此同时,西方学者也就开始了对老子思想的各种研究。据有关资料介绍,这些研究大体上主要是集中在对老子的道的学说的理解和分析上。由于立场不同,研究者又可分为两派。一派学者从唯心主义方面去理解老子的道。他们或是把老子的道等同于基督教的神,认为道的概念和神的概念似乎完全相符;或者把道比附于西方哲学中的理性,认为老子的学说与毕达哥拉斯学派和柏拉图学派的学说有无可争辩的共同之处。这些研究者往往把老子与道教混为一谈,而且在事实上,他们也正是首先通过道教来接触到老子的。由于这样来看老子学说的性质和内容,他们中的不少人往往对老子评价甚低,认为老子对哲学和宗教都没有提供更多的新东西。

另外一派学者反对把老子的道解释为理性,而赞成以"自然"一词来

解释道的主张,把道看成是自然之性,物之本质。这是倾向于从唯物主义方面来理解道的学说。

19世纪以来,俄苏学者对老子学说的研究十分热烈,取得了许多不同于欧洲学者的重要成果。俄国汉学家从一开始就把老子的学说与道教区别开来,并力图从唯物主义方面来阐述老子的思想。虽然在俄国学者中也有对老子持敌对态度的人,但也有像托尔斯泰这样同情和尊敬老子的人。

苏联学者对老子的研究力图运用马克思主义的立场、观点和方法,这是一种有益的尝试,并对我国学术界产生了重要影响。在这方面,彼得洛夫和杨兴顺的成绩最为显著。

当代西方学者对老子的研究呈现出一些新的动向:

第一,注重从比较文化学和比较哲学的角度进行考察,把老子放在世界文化和哲学发展的格局中予以阐述和估价。比如薛华所介绍的西德玻格勒尔对海德格尔和老子的研究,就力图把海氏与老氏放在平行的相互对话中加以探索,借以见出东西方思想的本质异同。西德另一位哲学家阿贝尔特也在进行这种研究,他把老子与法国哲学家拉维里进行比较,并深入到对东方神秘思想和西方哲学的更深层次的比较中。

第二,站在现代科学发展的立场上。探讨老子学说在现代科学发展中的地位和作用,以获得使科学进一步发展的某种启示。这主要是在科学哲学的层次上来进行的。丹麦物理学家波尔认为,中国早在2500多年前就已经确立了与他相同的观点,这其中就包括老子的阴阳观。美籍华裔物理学家李政道也认为,量子力学中一条很基本很重要的"测不准原理",与老子所云"道可道,非常道……"颇有相合之处。

第三,广泛考察老子学说在各个具体学科中的应用,比如美、日等国的管理学家和企业界人士就十分注重从管理学的角度对老子的思想学说进行探索。

这里再补充介绍一下日本近来对老子思想的研究情况。日本由于其特有的方便,对老子及道家的研究由来已久。战后以来,这一研究在广度和深度两个方面都有很大扩展。不但有文献学上的研究,而且还有从人生观、处世哲学、伦理思想、社会思想、政治思想、宗教、美学、认识论、论理学、辩证法、形而上学、存在论以及道家思想史和比较思想史等侧面进行考察。这些研究都具有相当深度,可以为我们借鉴。

（八十） 老子与赫拉克利特的异同何在

在中西哲学史上,老子与赫拉克利特的生活年代大体相同,他们在辩证思维方面都具有代表性,成就都引人注目,并都给后世以重要影响。但老子与赫拉克利特的辩证法思想既有相同之处,也有不同的地方。

一般认为,就相同方面而言,他们首先都肯定了事物运动、变化的绝对性和普遍性,老子说:"飘风不终朝,骤雨不终日。孰为此者? 天地。天地尚不能久,而况于人乎?"(二十三章)老子认为一世事物都无法脱离运动、变化。赫拉克利特也说:"一切皆流,无物常住。""人不能两次踏入同一条河流。"(《古希腊罗马哲学》)把事物的运动、变化看作是一种普遍现象。

其次,老子与赫拉克利特都肯定了事物运动、变化的规律性。老子把道看作是这一运动、变化的规律,认为道"独立而不改,周行而不殆"。(二十五章)道不依傍他物而存在,永远作循环往复的运动。赫拉克利特则以"逻各斯"来指称这一规律,他认为逻各斯是永恒存在的,事物都受它的指导。

再次,老子与赫拉克利特都猜测到了对立统一规律,他们认为事物都是由矛盾构成的。老子提出了大量的矛盾范畴,如高下、前后、长短、多少、进退、荣辱、强弱、虚实、胜败、有无、难易、生死、美丑,等等。赫拉克利特也从事物和谐统一中发现了矛盾对立。老子与赫拉克利特还都提出矛盾双方各自向着对立方面转化的思想。老子把这一转化概括为"反者道之动"(四十章)的总规律。赫拉克利特也说;"在我们身上,生与死、醒与梦、少与老,都始终是同一的东西。后者变化了就成为前者,前者再变化又成为后者"。(《古希腊罗马哲学》)这是他们对于事物运动、变化的动力和方向的认识。

但是,他们顶认的辩证法又有明显区别。首先,老子的辩证法是建立在一种特殊形态的本体论的基础之上的,他把道看作是万物的本原,而道既不是一种实体性存在,又不是存在于万物之中的"物质一般",所以是一种观念形态的东西。老子这种道论是他的辩证法的理论基石。与此相反,赫拉克利特的辩证法则建立在唯物论的基础之上。他把火看作是万物的本原。而火是物质的存在,是物质世界本身。他说:"这个世界对一切存在物都是同一的。它不是任何神所创造的,也不是任何人所创造的;它过去、现在和未来永远是一团永恒的活火,在一定的分寸上燃烧,在一定的分寸上熄灭"。(同上)

其次,老子与赫拉克利特对矛盾双方关系的理解有很大的不同。老子反对斗争,主张贵柔、守雌、处下、不争,认为这才是保证永恒存在的条件和前提,否则,事物发展到一定程度必然会使自身走向衰亡。但赫拉克利特却特别强调斗争,认为没有斗争,便没有万物和宇宙。

再次,老子对事物变化、发展的过程有所认识,接触到了量变质变规律。他说:"合抱之木,生于毫末;九层之台,起于累土;千里之行,始于足下"。(六十四章)而赫拉克利特却对此没有明确认识。

此外,《老子》书中还具有丰富的军事辩证法思想。

(八十一) 黑格尔是怎样评价老子的

黑格尔在论述西方哲学的发展时,只是附带地提到了中国古代哲学。而且他对中国古代哲学的评说所依据的资料。也是很有限的。但是,黑格尔却突出了孔子、《易经》《老子》《孟子》等在中国古代哲学中的地位和价值,把他们作为中国古代哲学的重要代表,这就表明了黑格尔还是颇具慧眼的。

黑格尔论老子,是把他作为道家学派的创始人或发挥者来介绍的。黑氏认为,以老子为代表的道家学派不是官员,不与国家宗教有关,而是以思辨作为它的特性,可以把它叫作一种特殊的宗教。在黑氏看来,道家学派与作为国家宗教的孔子哲学有很大不同,后者构成中国人教育、文化和实际生活的基础。而老子的《道德经》是关于理性和道德的书,它虽然也很受中国人的尊敬,但却不如孔子那样更为实际。这里,黑氏的确抓住了老、孔之间的一些差异,但他对老子在古代社会生活中的作用显然缺乏深入了解,估计不足。至于他把道家混同于道教,更是一种皮相之见。

黑格尔接受了雷缨萨(即莱漠萨,法国汉学家,《道德经》法译者)的看法,认为老子的"道"就是道路、方向、事物的进程,一切事物存在的理性与基础。但又认为道的意思很不明确,而这又是由于中国文法结构的不确定性所造成的。黑氏又引证了《老子》第一章的内容,指出:这里说到了某种普遍性的东西,也有点像西方哲学开始时那样的情形。但又认为,这整个说来是不能给我们很多教训的。这是因为,黑氏认为,老子用"夷""希""微"所表示的"道"是至高至上的和一切事物的起源,这就是虚、无、惚恍不定(抽象的普遍)。在这里一切的规定都被取消了。在这种纯粹抽象的本质中,除了只有一个肯定的形式下表示那同一的否定外,即毫无表示。而这样一来,哲学仍是停留在初级阶段。

对黑格尔给予老子的这种评价,苏联汉学家杨兴顺指出,黑氏之所以对老子采取如此否定的态度,是因为:第一,黑格尔在"道"的学说中,没有也不可能找到任何"神",而没有"神"的任何哲学在黑氏看来就没有什么意义;第二,黑氏认为真正的哲学乃是从西方开始的,东方思想应排除于哲学史之外;第三,黑氏认为,德国人已达到绝对理念这一观念发展的最高阶段,德国人在别的民族那里没有什么可学的东西。

就老子哲学本身来说,"道"并不是纯粹虚无的抽象规定,而是"有"与"无"的统一。老子说:"无,名天地之始也;有,名万物之母也。……两者同出,异名同谓。"(一章)"有"与"无"统一于"道",成为天地万物的根源。在万物由"道"而出的理解中,既有唯物主义的成分,又有唯心主义的因素,但关于"有""无"之间的关系,老子所抱的是一种辩证的态度。因而,恐怕并不能像黑格尔所说的老子的统一是完全无规定性的,是自在之有,从而否定世界存在。当然,老子并没有达到黑氏所理解的"无"是肯定与

心通老子

否定的统一那样一种辩证的水平,这也是不能否认的。

(八十二) 老子对西方文学有何影响

老子哲学思想对西方哲学曾产生过重要影响,对西方文学的影响亦复如此,这都是中西文化交流史上的重要内容。老子哲学思想对西方文学的影响可以从俄罗斯 19 世纪批判现实主义作家列夫·托尔斯泰和美国现代派剧作家卡金·奥尼尔为代表来加以说明。他们与老子之间一个是东方古老民族的伟大思想家,一个是俄国近代社会转变和形成时期的伟大作家,一个是现代资本主义生活条件下的伟大剧作家,尽管地理上相距遥远,又处在完全不同的历史时代,但他们都面临着永恒的人类生存的困境,在为这一困境寻找出路的思考中,取得了某种必然的契合。

托尔斯泰是在 19 世纪的俄国发生激烈变化的时代,面对各种社会矛盾相互交织的痛苦现实,为俄国的农民、贵族阶级和自己的前途寻找理想出路的过程中,发现、认识并接受了老子及其他中国思想家的影响的。托氏从 1877 年开始阅读和研究老子的著作,并于 1893 年 9 月至 10 月,同波波夫一起根据德文译本翻译了老子的《道德经》,1895 年校订了在俄国研究神学的日本人小西氏翻译的《道德经》,1910 年又出版了自己选编的《中国贤人老子语录》,封面印有老子骑青牛的图。他还在书中写了《论老子学说的真髓》一文。托尔斯泰自己称老子对他的影响是巨大的。这种巨大的影响表现在,托尔斯泰把老子的“道”和“无为”的思想发展成为“不用暴力抵抗邪恶”的理论,成为托尔斯泰主义的一个重要内容。他认为老子的“道”是一种消除人欲横流、克制肉欲、注重精神的思想力量,而这又与他早已崇尚的基督教教义相吻合。“道”与“上帝”在托尔斯泰那里被看作是避邪黜恶、缓和社会矛盾的“灵丹妙药”。老子的“自然”观点对托尔斯泰的影响也非常之大,他在接触了老子的“自然之道”以后,对他早年就已信仰的“自然法则”,更为坚信不疑,认为人们必须顺应“自然法则”,也只有把自己置身于大自然,与自然合而为一,才能消除私心和欲念,过上一种幸福、宁静、和平的生活。

美国剧作家尤金·奥尼尔曾于 1928 年来到中国。1936 年,他曾在加利福尼亚建造了一座住宅并命名为"道庐",作为他隐居的场所,并借此表明他对老子所倡导的生活道路的崇尚。老子对奥尼尔的影响主要表现在神秘主义方面。奥尼尔称自己作为一个剧作家的抱负就是在写出"生活背后推动一切的不可思议的力量"。他十分重视老子对物质主义和贪婪的谴责,并为老子那种"隐士"的身份强烈吸引着,向往"小国寡民"的原始蒙昧世界。他在多部剧作中表达了这种对于神秘世界的向往。奥尼尔对现代文明条件下的人异化状态的同情和批判,以及对人的本体的探索,与老子对"道"的自然本性的探索是一致的。老子的神秘主义的直觉论也对奥尼尔以重要影响。老子在发展观上的循环论思想对奥尼尔影响十分明显。老子认为,"归根"是万物必然的命运,也是生存目的的完成。奥尼尔也总是怀有一种回归感。在老子那里,人要复归于无智无欲的原始状态;在奥尼尔那里,人要回归到自己的家园。

当然,无论是托尔斯泰,还是奥尼尔,他们受老子的影响,都是以自己的思想倾向为依据的,并不是简单的重复,甚至还有违背老子思想的地方。这是我们需要加以注意的。

（八十三） 现代西方人是怎样看待老子的

据老子研究者罗尚贤介绍,苏联著名汉学家李谢维奇曾经对他说,老子是国际性的。今天在德国、法国、英国、美国和日本等发达国家都兴起了一股"老子热"。《老子》一书在这些国家一再翻译出版,人们争相抢购。在德国,几乎大小商店都有老子著作的翻译本。据《中国青年》1986 年第 5 期中一篇文章的介绍,一位德国青年物理学博士甚至托一位留学德国的中国学生购买中文本《老子》,以便对照原文,求得更深的了解。这位青年博士的一位朋友甚至把《老子》章句代替画片挂在墙上,以此表示对《老子》的尊重和信仰。这位博士与他的妻子还把《道德经》一书作为人生指南送在英国伦敦的街头上,偶尔可以看到一些青年胸前戴着"水"字的胸章,见了中国人,总希望向他们索取一本《道德经》,有的还双手捧着《道德经》请求给他们解释。

一些政治家也对老子表现出很大兴趣,美国前总统里根曾在《国情咨文》中引用老子的话:"治大国若烹小鲜。"据介绍,法国的一位女政治家还曾把老子思想作为其参与竞选的指导原则。

可见,现代西方人对老子充满敬意和向往,在他们眼里老子是充满智慧的,有着无尽的魅力。尼采曾评论《老子》一书说:"像一个永不枯竭的井泉,满载宝藏,放下汲桶,唾手可得。"西方许多科学家认为老子及其他东方思想家的许多学说和观点,与现代科学理论不无相通之处。不少获得诺贝尔奖奖金的著名科学家都把自己的科学发现归功于老子及其他东方人的启示。丹麦科学波耳就认为,在古代东方智慧与现代西方科学之间有着深刻的协调性。上面提到的那位物理学博士也说,老子的许多观点在今天也十分恰当,不必更改便可借用。

老子的一些政治哲学观点也可用于今日管理国家以至企业,并被认为颇具成效。

老子的一些关于为人处世的道德准则被西方人看作是令人神往的圣贤遗训。他对小国寡民理想社会的追求,也使得处在现代文明发展压力下的西方人渴望自然的心理找到了寄托。

西方现代文学艺术也从老子那里汲取了许多营养。

(八十四) 胡适《中国哲学史大纲》置老子于 古代哲学开端的意义何在

胡适的《中国哲学史大纲》(卷上),是近代以来第一本中国哲学史专著。他的出版(初版于1919年),标志着中国古代哲学研究近代化的开端。作为西方现代文化教育的产儿,胡适运用西方哲学的模式和观点来考察和研究中国古代哲学,前无古人,开一代学术新风。其中很重要的一点,就是认定老子乃中国哲学的始祖,把老子放在孔子之前加以论述。这无论在思想史还是在学术史上,都是具有十分重要的意义。

胡适之前,几千年以来的古代哲学研究,主要是"注经式"的。人们往往满足于阐发古代圣贤的微言大义、深识妙理。既无系统的哲学史专著,又把"学案式"的著作牢牢捆缚在正统儒家观念的统辖之下,不敢越雷池一步。但胡适敢于打破旧观念,以平等的眼光看等古人,把三皇五帝、文武周公直到孔子这一道统延续的脉络,一刀截断,并置老子于孔子之前,把孔子本来具有的至高无上的地位,降低到与老子及其他思想家同等的地位上来,加以论述。

胡著置老子于中国哲学史的开端,不仅动摇了自三皇五帝至孔子为代表的儒家正统的神圣地位,开创了中国哲学史研究近代化的新局面;而且,也对他所谓的"中国古代哲学家的思想发达史"排定了一个历史顺序:不是孔子先于老子,而是相反。老子是中国哲学史上第一位真正伟大的哲学家。这对以后直至今天的中国哲学史的研究,都具有十分重要的意义。其直接的学术效应,便是引发了二三十年代那场颇为壮观的关于老子其人其书的考证大论战。

应当说,虽然胡适对老子其人其书及其思想的考辨和分析,还都是极其初步的,但他所提出的一些观点,也并非毫无价值。胡适认为老子的思想学说,是他那个特定时代的产物,是对于那一时代的反动。老子对现实的批判,是要从根本上解决社会问题,从而提出了天道观念,并最早分辨了名实关系,使他成为中国哲学的始祖。胡适还认为,老子在政治上主张自然无为。胡适专门讨论了老子"无知无欲"的人生哲学。这些论述和看法尽管还有粗陋之处,但作为开山之作,毕竟是难能可贵的。

(八十五) 20 世纪上半叶老子考证与研究有何成就

20 世纪上半叶的老子考证研究,是老学研究史上的一大奇观。讨论前后持续约十五年左右,几乎所有从事古代典籍和思想史研究的名家宿将都参加了这场饶有趣味的笔战。其成果后来多被收入《古史辨》第四和第六两册,计约三十五六万字。这场论战,几乎把古代典籍中有关于老子其人其书的记载网罗殆尽、搜索一空。

胡适著《中国哲学史大纲》(卷上)置老子于孔子之前,引起梁启超的不平。梁氏在 1922 年的《评胡适之〈中国哲学史大纲〉》一文中,详举六事,指证旧传老子之事多不可信,疑《老子》一书可能作于战国之末。第一个站出来迎战梁氏的是张煦,他以一篇《梁任公提诉老子时代一案判决书》之风雅美文,驳梁氏,保胡适,笑谈老子,虽未具论《老子》时代,但逐条驳论梁氏所举六事,暗里实则保护了传说中的老子其人其书和胡著。之后,"天下大哗",群英蜂起,顿时酿成一场激战,中经冯有兰所著《中国哲学史》(1931 年)移老子于孔子之后的推波助澜,更是如火如荼,经久不息。

综观诸位先生的见解,可分为三个问题归述如下:

1. 老子其人

对老子其人的存在与否,除孙次舟认为老子不过是庄子一派所捏造的子虚乌有的寓言人物,以用来贬抑孔子及其儒家之外,多数学者都肯定了老子其人的存在。较大的分歧在于对老子年代有不同的看法。一部分人认为,老子确与孔子同时或更早,孔子曾向他问礼。这就是说,《庄子》等书中对老子其人的记载如剔除其中的神话成分或相互矛盾的内容,是基本可信的。对老子其人的存在,是没有理由加以怀疑的。持这种看法的人有胡适、唐兰、黄方刚、马叙伦、高亨、郭沫若等。另一部分人则认为老子是战国人。这部分人中,又有人认定老子就是太史儋,如罗根泽、谭戒甫、张岱年等就持这种看法。他们认为太史儋大约在孔墨之后、孟庄之前。

2. 老子其书

这也有两种意见,一是认为《老子》一书作于春秋末,为老子所自撰,如胡适、马叙伦、黄方刚等人就这样看的。另一种意见认为《老子》书作于战国或者更晚。张寿林、张岱年、唐兰、刘汝霖、钱穆、郭沫若等人认为《老子》作于孟庄前后。梁启超认为作于战国末年。顾颉刚认为成于《吕氏春秋》与《淮南子》之间。

3. 老子其人与其书

一部分人认为,《老子》就是由孔子问礼于他的老聃所作。另一部分人认为《老子》是老聃遗说的发挥,其作者或是詹何,或是李耳,或是关尹即环渊,意见不一。也有一部分人认为,孔子所曾问礼的老子与《老子》书的作者是两个人,前者又被分别认为是老莱子即荷蓧丈人、老莱子即老聃,后者则被分别认为是詹何、老聃即太史儋。

由此可见,对老子其人其书及其相互关系的看法,在讨论中还有着很大的分歧,而且情况相当复杂。但在其后,多数学者已不再专门论述老子其人其书及其相互关系,在一般的通史、断代史、思想史、哲学史著作中多是把老子放在孔墨之后加以论述。

虽然这次论战并未就老子其人其书及其相互关系的问题取得一致意见,而且也不可能取得完全一致的意见,但这场论战的意义仍是十分重大的。这表现在:

第一,系统整理和分析了古代典籍中有关于老子其人其书的各种材料。虽然对这些材料的解释和评估还不尽相同,但已为老子研究积累了相当丰富的史料,成为后世人们进行老子研究的十分重要的基础。

第二,初步清理出老子研究中的主要疑问。通过论战,关于老子其人其书的年代及其相互关系被凸现了出来。而且,由于人们在这场论战中运用了从思想发展史的角度来加以分析的方法,使得人们更为清晰地认识到考证工作与思想史研究的相互依赖的关系,从而突出了考证研究的重要地位。

第三,通过考证方法的反思,使人们既已认识到考证研究本身的长处和弱点,这就对其他考证研究也具有了重要的借鉴意义。

当然,无可讳言,这场论战也有意气用事的痕迹,无谓的笔墨官司也是可见的。特别是,被胡适称为"两面锋的剑,可以两面割的",确是一大病害。大概不少考证往往跌在这个陷阱里而不得逃避,也说明考证仅限于文献上的推测确有其弊端,因而需要确实的地下发掘的考古材料来判定。

（八十六） 五六十年代老子哲学研究的主要特点是什么

五六十年代,国内中国哲学史界,围绕老子其人其书及其阶级属性和"道"学性质问题,展开了广泛、热烈的讨论,前后持续有十年之久。据不完全统计,当时报刊上所发表的有关争鸣文章,约近百篇。这场讨论在老学研究史上十分引人注目。

参与这场讨论的有学有素养、造诣甚高的老专家,如冯友兰、高亨等诸位先生,在新中国成立前的老子研究和考证中就是主要参与者,在这场讨论中他们又提出了新的见解;此外,一大批初步掌握了马克思主义理论的新一代学者给老学研究带来了一股清风和朝气,他们中的一些人现在也已经成为老学研究中颇具权威的专家,其中有任继愈、汤一介等先生。

与新中国成立前的老子考证和研究相比,这场新的讨论更注重把老子其人其书的考证与老子思想的研究结合起来。讨论是由冯友兰先生的一篇短文和任继愈先生的一篇系统长论引发的。冯氏在《新建设》1951 年第 4 卷第 4 期上回答"老子是古代中国具有唯物论概念的哲学家吗"的问题时,肯定了老子是古代中国具有唯物论概念的哲学家。他认为,虽然在认识论上老子是唯心主义者,但在宇宙观上,老子的道的学说则是唯物主义者。

之后,任氏在 1954 年 7 月 28 日和 8 月 25 日的《光明日报》上发表长篇论文《老子的哲学》,进一步肯定老子在孔子以前,《老子》一书虽非老聃所著,但其中的主要思想是他的基本思想。由于老子是没落贵族出身的隐士,他的思想反映了自耕农民的小私有者的要求,但其学说主要还是为统治阶级服务的。任文还从社会历史背景角度分析了老子哲学,指出老子哲学是素朴唯物论和自发辩证法的统一。

此后,许多人纷纷著文,或系统论证老子其人其书及其思想学说,或就某一方面的问题提出自己的看法,相互商讨,彼此驳难。1959 年 5 月 7、8 两日,中国哲学会召开哲学史讨论会,诸位学者就老子哲学性质展开了热烈的争论,遂使讨论达到高潮。就此,《哲学研究》编辑部于 1959 年将讨论中有代表性的文章收集成册,由中华书局出版《老子哲学讨论集》一册,所收包括冯有兰、任继愈、关锋、林聿时等人的论文十六篇。该书是这场讨论的一个结晶。

综合各家观点,兹将讨论内容分述如次:

1. 老子其人其书的关系

多数意见认为,在春秋末期比孔子稍早或与孔子同时有老子其人,因为在先秦许多典籍中都描绘了一个思想面貌大致相同的老子,怀疑老子的存在是没有充分理由的。

但关于老子与《老子》一书的关系则又有不同意见。一种意见认为《老子》虽不是老子所自撰,而是成书于战国时代,但其中的主要思想是老聃的基本思想。另一种意见则认为,《老子》书出现在孟子以后,甚至到汉武帝时期还有所增益,其中虽然也包含了老子的一些思想。但其主要的内容则是晚出的。

2.《老子》书代表哪个阶级的利益

一种看法是,《老子》书主要代表没落贵族的思想,老子是没落贵族出身的隐士,这种身份使《老子》书能反映一些农民的思想和要求,但主要还是为统治阶级服务的。另一种看法是,《老子》书代表没落的公社农民的思想,其中的一些主张不像是没落贵族的口吻,而是代表没落农民在说话,反映着没落农民的要求和心理状态。还有一种看法是,《老子》书的基本思想反映着当时小奴隶主的要求。

3. 老子哲学是唯物主义,还是唯心主义

在这个有关于老子哲学性质的问题上,有两种尖锐对立的观点。主张老子哲学是唯物主义的人认为,老子在"天道观"方面否认了"天"的最高主宰地位,在"天"之上加了一个"道"。"道"是关于天地存在的混沌状态,没有固定的具体的形象,它包括两层含义,一是指物质实体,一是代表着自然界乃至一切客观事物运动的法则。法则是实体所固有的,并且不离万物而独立存在。老子主张"天道自然""道法自然",这就是要求用自然界本身的因素来解释自然界中发生的现象,从而从唯物主义方面回答了哲学基本问题。但这种唯物主义是不彻底的,在认识论方面,老子转到了唯心主义。

主张老子哲学是唯心主义的人认为,《老子》书中始终没有明确指出"道"是物质性的东西,实际上未有天地之先的说法,正是指的观念上的存在;无名而混成的东西——即"道",也是指观念的存在,因此老子的"道"就是抽象的观念,是超时空的绝对,是超感性而存在的,因而就是一种绝对精神。老子把这种绝对精神作为产生天地万物的根源,显然是唯心主义的。老子把规律和现象看作是先于或独立于物质而存在的,正是他唯心主义的表现。在认识论上,老子轻视感觉经验,把玄览、静观的抽象思维活动看作知识的来源,这也证明他是唯心主义的。

这场讨论是一次大规模地运用马克思主义哲学研究老子哲学的有益尝试,也是新中国成立前老子考证和研究工作的延续和发展。尽管讨论并未能取得一致的意见,但通过讨论,人们至少更深入地认识到了老子思想的复杂性和多义性,从而启发人们后来能从一个更新的角度来思考老子哲学,以避免简单化或教条主义的毛病。而且,客观地讲,老子其人其书与其思想学说中的许多问题,还会长久地争论下去。

(八十七) 七八十年代以来老子哲学研究有何新进展

七十年代老子哲学研究的最重要的成果,可说是 1973 年长沙马王堆三号汉墓帛书本《老子》的出土及其注释和研究。帛书本《老子》的出土对半个多世纪以来老学考证和研究中的许多悬而未决的问题,提供了一些有说服力的论据。因而许多专家学者纷纷著文,加以注释或评说。但也发生了一些争论。

比如对有关帛书《老子》的评价问题,有的人认为帛书《老子》的价值极高,它为恢复《老子》一书的原貌提供了可靠的根据。但也有人不同意这种看法,他们认为,尽管帛书《老子》是一份较早的写本确属珍贵,但它也有许多错误,不及通行本,因此它的价值只能说在于可与今世流传的诸本《老子》相互订正得失。

再比如关于"道德经"和"德道经"的问题,有人根据帛书《老子》"德篇"在前"道篇"在后,参之以韩非《解老》《注老》的顺序,认为不当称之为"道德经",而应称之为"德道经",或者只是恢复"德篇"和"道篇"的先后顺序,也不称"经",这才是《老子》的本来面目。但也有人不同意这种看法,而是认为,从"道德经"的名称来看,它只是代号,并不能分别概括上下篇的内容;从实质上看,《老子》全书都在"言道德之意",并无"道篇"和"德篇"的区别。《老子》本书中也是道先德后。先秦诸子探索道德的次序更是如此。因而没有必要一定改"道德经"为"德道经"。

又如对《老子》是否"兵书"的问题,也有两种不同的看法。

进入80年代以来,老子研究有了一个更大的发展。这一发展大体上可分作两个阶段:一是在八十年代初期,老子研究同其他领域一样,开始了拨乱反正的工作。这一时期的讨论,主要集中在原有的老子哲学的性质上,大家提出了一些较为客观的看法,同时开始从方法论上进行反思,并提出了不少有益的主张。如任继愈先生就指出:"研究历史,必须进行历史的考察,要用历史唯物主义的观点、方法。这一点,我过去注意得不够,运用这一方法也有偏差,欠准确。"(《老子研究的方法问题》,《中国哲学史研究》,1981年第1期)任氏主张,进行老子研究要具体问题具体分析,不搞"一刀切",做到知人论世,实事求是。这对老子研究健康、深入地发展,无疑是大有裨益的。

80年代中期以来,随着现代化建设和改革、开放事业的迅猛发展,传统文化的研究一时间形成一个极其壮观的热潮。老子研究也呈现出一派欣欣向荣的局面。其特点是:

第一,老子哲学研究有不断深化的趋势。这首先表现在对老子哲学的性质,除了继续就老子哲学究竟是唯物主义和唯心主义进行争论外,有的学者还提出应当从中国传统哲学固有的特点出发来考察老子的道论,并认为老子的道具有二重性,既有唯物主义的成分,也有唯心主义的因素。评价老子学说及其道论的价值,应放在中国传统文化和哲学的逻辑发展中加以考察。其次,许多学者从一些新的角度,对老子思想展开了多方面的研究,如提出了老子的道德观、社会政治哲学以及人生哲学进行论述。

第二,老子研究的视野更为开阔。不仅有人广泛考察了老子与西方哲学的异同,而且着重揭示老子对中国和世界文化已有的和可能会有的深刻影响。有的学者还考察了老子与地域文化之间的关系,与道家其他人物、道教、儒佛思想学说之间的关系。

第三,一批《老子》译注和研究专著相继出版,初步显示了老学研究的长足发展。

（八十八） 新中国成立以来曾开过哪些老子学术讨论会

新中国成立以来的老子研究高潮迭起,但专门性的老子学术讨论会却不为多见,仅有寥寥数次。

在五六十年代的老子哲学大讨论期间,中国哲学会于 1959 年 5 月举行了中国哲学遗产的继承问题和老子哲学思想问题的讨论会。其中关于老子哲学思想讨论的中心是:"老子的思想是唯物主义还是唯心主义?"另外还牵涉到老子其人其书及其阶级属性的问题。冯友兰、任继愈、冯憬远、汤一介等人认为老子思想是唯物主义的;杜国庠、侯外庐、吕振羽、关锋、林聿时等人则认为老子思想是唯心主义的。双方在会上充分阐述了各自的见解和论据。两种意见针锋相对,争论热烈,但并无结果。会后,双方就此问题继续笔战,并有所深入。

"文革"期间,辽宁大学哲学系于 1973 年 5 月曾召开老聃哲学讨论会,但明显受到极"左"思潮的影响,并非真正的学术研究。

十一届三中全会以后,贵州省哲学学会哲学史组在 1981 年 9 月召开的中国哲学史讨论会上,曾就老子的哲学思想展开了一些讨论,但规模甚小,仅限于省内的学者参加。真正较大规模的以研究老子哲学思想为主题的学术讨论会,是 1985 年 11 月在湖南湘潭召开的"老子学术思想讨论会"。来自全国各地的专家学者,从对中国传统思维方式的反思和中国文化史的角度,重新估价了历史上的老子,并尝试从不同侧面、运用不同方法来研究老子的学术思想。大家一致认为,老子及道家学说对中华民族的社会生活、心理结构及思维方式都产生了极其重要的影响,它与儒家学说共同构成了中国传统文化的主干。但我们今天评价老子,还应站在人类文明和历史发展的高度,深刻反思老子在这方面所投下的阴影,清除其给中国社会所带来的历史重负。有一些学者还就老子哲学体系建立的方法,及对老子研究所应采取的方法,提出了一些有价值的见解。

另外,安徽省黄山文化书院、阜阳地区社联和亳州市社联及其他有关学术科研单位,拟于近期在老子故里——安徽亳州市,发起召开"首届国际老子学术研讨会",这将是老学研究史上一次空前的盛会。

(八十九) 新中国成立以来《老子》
注译和研究的著作主要有哪些

新中国成立以来,《老子》一书的注释和今译工作有很大的收获。作为近代以来两部重要的《老子》校释著作,马叙伦的《老子核诂》(改题为《老子校访》)和高亨的《老子正诂》(修订本)均有再版。前者有 1956 年北京古籍出版社排印本和 1974 年北京中华书局排印本,后者有 1956 年北京古籍出版社排印本、1959 年中华书局排印本和 1988 年中国书店据 1943 年开明书店原版排印本。特别值得一提的是,朱谦之作《老子校释》,以景龙碑本为底本、与敦煌本、遂州碑本、旧抄《卷子》本、《御注》本、严遵本、河上本、王弼本、付奕本、范应元本互相参校,详加考订;既有串讲,又有音韵,成为一部经典性的《老子》校释著作。此书先由上海龙门联合书局于 1958 年出版,后又转由北京中华书局于 1963 年再版,今还有中华书局的 1984 年新编诸子集成本问世。此外,钱钟书的《老子王弼注》(收《管锥编》中,中华书局 1979 年)和楼宇烈的《老子王弼注校释》(收《王弼集校释》中,中华书局 1980 年)也有校有注,可供参考。

《老子》今译是新中国成立后《老子》注译中更为突出的方面。较有代表性的作品有：任继愈的《老子今译》(1956年北京古籍出版社排印本，1977年上海古籍出版社修订再版，改题为《老子新译》)、杨柳桥的《老子译诂》(1958年北京古籍出版社排印本)、高亨的《老子译注》(1980年河南人民出版社排印本)等。今译为《老子》的普及做出了重要贡献。

1973年，帛书本《老子》出土后，《老子》注译有了更大进展。首先是文物出版社于1974年影印《马王堆汉墓帛书〈老子〉》原文，1976年又出版《马王堆汉墓帛书〈老子〉》的释文和注释。之后一批新注陆续出版，其中或以王弼本或直接以帛书本为底本，参校诸本，予以考订。且多数附有译文，并把注译与研究结合起来，融注释、翻译和通说为一体。这些著作有：①张松如的《老子校读》(吉林人民出版社，1981年)，书后附《论老子》一篇；②许抗生的《帛书老子注译及研究》(浙江人民出版社，1982年第一版，1985年修订再版)，此书更侧重于对帛书《老子》的系统研究，是国内不多见的专门研究著作之一；③陈鼓应的《老子注释及评介》(中华书局，1984年)，此书系作者台湾原作(初版于1970年)修订后的大陆版，作者广收海内外专家学者的研究成果，对原作进行了全面修订和增补。书前有作者论述老子哲学思想的长文，书后的"历代老子注书评介"亦有很高价值；④卢育三的《老子释义》(天津人民出版社，1987年)，书后附有"重有概念索引"，颇便参考；⑤徐梵澄的《老子臆解》(中华书局，1988年)，作者在书中吸收了一些西方学者研究老子的观点；⑥罗尚贤的《老子通解》(广东高等教育出版社，1989年)，作者根据自己的研究重新编排《老子》附于书后，不失为一种特殊的尝试；⑦刘浩、徐澎的《道德经》译本(安徽人民出版社，1990年)，也有自己的特色；⑧行将问世的任继愈的《老子导读》，此书系巴蜀书社出版的"中华文化要籍导读丛书"中的一本。

遗憾的是，新中国成立以来关于老子其人其书的系统注的专著还不多见，仅见者便是詹剑峰的《老子其人其书及其道论》(湖北人民出版社1982年)，其次是李泰棻的《老庄研究》(人民出版社，1958年)和陆永品的《老庄研究》(中州古籍出版社，1984年)，詹著考证老子其人其书及其学派，分别从"天道自然"观和"人法自然"论两个方面论述了老子"道"的学说。作者论定"老子哲学在中国古代哲学史上毫无疑义是第一的,即在世界古代哲学史上也是第一流的"。苏联学者杨兴顺的《中国古代哲学家老子及其学说》(科学出版社,1957 年)对五六十年代国内学者研究老子哲学影响颇大。

此外,大多数论述老子其人其书及其思想学说的材料散见于各种有关老庄、道家、黄老学、道教、文学史、哲学史、思想史、文化史和通史著作以及报纸杂志上。中华书局 1959 年所出《老子哲学讨论集》是五六十年代老子哲学大讨论的结晶。车载的《论老子》(上海人民出版社,1959 年)是他个人老子哲学研究论文的结集。

近四十余年,港台出版了数量可观的《老子》注释和研究著作,限于资料,俟后再予介绍。

（九十） 蔡志忠的《漫画老子说》是怎样的一本书

蔡志忠先生的这本书,全名叫作《漫画老子说——智者的低语》。

由于老子是我国传统文化三大主干之一的创始人,又是被我国特有的宗教——道教奉为教祖,还是世界文化名人,所以古今中外研究老子者不乏其人,研究老子的著作可谓汗牛充栋。但是,台湾的蔡志忠先生的这本书,却与众不同,其最大的特色就是在老子研究史上,第一个用漫画这种特殊的形式来系统地评述老子的学术思想。

分别地来看,老子的学术思想,对于广大作者来说,并非不熟悉;漫画的表现形式,对于广大读者来说,也并非陌生。但是,在蔡先生之前,谁也没有想到把这两者有机地结合起来。可是,蔡先生却别出心裁地做到了前人所未做到的事业,巧妙地把老子与漫画结合起来了。所以,我们应该说,蔡先生为研究老子开拓了新形式,为初学者做出了新奉献。

蔡先生在《漫画老子说——智者的低语》全书中,把老子和学术思想分成为三大部分:即"道(上篇)"和"德(下篇)"以及"诸子谈黄老经"。在这三大部分之前,还另有两小部分:即"生命的大智慧"和"老子其犹龙乎"。蔡先生这本书的如此框架结构,既保持了《道德经》通行本的原有体系,又在其基础之上增添了新的构建。

特别是蔡先生以其所擅长的画笔,不惮其烦地为全书各部分画了多达473 幅漫画。其中"生命的大智慧"为 24 幅;"老子其犹龙乎"为 21 幅;"道(上篇)"为 144 幅;"德(下篇)"为 124 幅;"诸子谈黄老经"为 56 幅;附加104 幅。蔡先生妙笔生花,以众多形象具体而又生动地把老子的"玄之又玄"的人生哲理深入浅出地表现了出来。这样,蔡先生就为广大读者一窥老子的学术思想的丰富奥妙的殿堂,提供了一种喜闻乐见的崭新的形式,开辟了一条通俗易懂的捷径。

(九十一) 老子与道教的关系如何

老子成为道教的教祖即被称为太上老君,对老子来说是一个由"人"而变成为"神"的神仙化的过程。这一过程经历了几个阶段:由以老聃、关尹、列御寇、庄周诸人为代表的道家学派转变为以彭蒙、田骈、慎到为代表的稷下黄老学派,随后又转变为申韩的刑名法术之学,至秦汉终于形成黄老之学。黄老之学演变为宗教,即道教的产生,是东汉末的事情。

《史记·老子传》中的老聃虽能修道养寿,但毕竟与神仙不同。而由修道养寿的老聃成为度世长生的教祖,首先与秦汉时期的神仙思想有关。东汉初年光武帝时始有"黄老养性"可以延年度世的说法。至明帝时,楚王英使黄老之学与浮屠之言发生联系,乃是老子神仙化的端倪。桓帝时,朝廷几次遣使祭祀老子,延熹九年桓帝又亲自祭祀老子于濯龙宫。至此,不但民间,宫中也设立老子祠,从而使得老子与浮屠成为人们共同膜拜的对象。而祭祀老子的目的正在于度世长生。老子被完全神化了。公元 2世纪,张陵父子辈在蜀汉之地创立并传播五斗米道,以《老子》五千文为经典,老子遂正式成为原始道教的教祖。

老子成为道教的教祖,也就有了"老君""太上老君"等的称呼。《黄庭外景经》《抱朴子内篇·地真篇》和《杂应篇》都称老子为"老君"。《老子想尔注》等则称为"太上老君"。不仅如此，《抱朴子·内篇》还把老子描绘成一幅怪异的形象：身长九尺，黄色，鸟喙，秀眉长五寸，耳长七寸，颜有理上下彻，足有八卦，以神龟为床，金楼玉堂，白银为阶，五色云为衣，重叠之冠，持锋铤之剑，有"黄童"一百二十人相从，如此等等。对老子的来历自汉代起也做了许多神化的虚构，先是说老子为楚相县人，曾为周守藏史，孔子曾学礼于他，以后又道化成身，蝉蜕度世。或说他无世不出，伏羲时为郁华子，神农时为九灵老子，祝融时为广寿子，黄帝时为广成子，颛顼时为赤精子，帝喾时为禄图子，尧时为务成子，舜时为尹寿子，夏禹时为真行子，殷汤时为锡则子，文王时为文邑先生，等等。后到了晋代又说，老子是楚国苦县曲仁里人，其母感大流星而有娠，怀子七十二年乃生，生时剖母左腋而出。由于生时头发已白了，故而称为老子。

到了唐代，老子的地位达到登峰造极的地步。由于唐王室姓李，太宗自认是老子李耳之后。高宗乾封元年，帝亲至亳州老君庙祭拜，追号老子为太上玄元皇帝；仪凤三年，又诏《道德经》为上经。玄宗开元二十五年，诏两京及诸州各置玄元皇帝庙一所，并置玄学，令生徒诵习《道德经》等；天宝元年，诏《汉书·古今人表》玄元皇帝升入上圣；天宝二年，追尊玄元皇帝为大圣祖玄元皇帝；天宝八年，帝亲谒太清宫，册圣祖玄元皇帝尊号为圣祖大道玄元皇帝；天宝十三年，帝又亲朝献太清宫，上玄元皇帝尊号为大圣祖高上大道金阙玄元天皇大帝。宋明两代也崇奉道教，宋徽宗、明太祖都曾亲注《老子》。关于太上老君的记载亦甚多。

应当指出，尽管老子被视为道教老君，唐以后历代帝王多把老子的地位抬得甚高，但老子的思想与道教并不是一回事，老子思想中有被道教利用和发挥的地方，但那并不是老子思想本身。

（九十二）　《老子》一书何时称为《道德经》

现在能够见到的最早的《老子》的传本是帛书甲乙本《老子》。乙本上篇的尾题是《德》，下篇的尾题是《道》，但都未称"经"；甲本则无尾题。《史记·老子传》也仅说："老子乃著书上下篇，言道德之意五千余言。"并未称"经"。《汉书·艺文志》不录《老子》本书，仅录《老子邻氏经传》四篇、《付氏经说》三十七篇和《徐氏经说》六篇。但今三书均不传，其人亦不知为何时人。今所流行的河上公注本称《道德经》，注者被传为汉文帝时人。但据胡哲敷先生的考定，他不过是《史记·乐毅传赞》中的河上丈人和《神仙传》中的河上公被人合并后，铸成的一个谣传为注《老子》的人。今所流行的河上公注本实乃赝品之赝品，被认为可能是东汉时的作品，不足为据。

汉初黄老之学流行，但也只说《老子》而未称《道德经》。一般认为，《老子》称经始于汉景帝，《法苑珠林》六十八引《吴书》说，阚泽对孙权曰："汉景帝以黄子、老子义体尤深，改子为经，始立道学，勒令朝野悉讽诵之。"证以《艺文志》所载的《邻氏经传》《付氏经说》和《徐氏经说》，此时也仅称经，而未与"道德"二字连用。许抗生先生认为，据《汉书·扬雄传》引桓谭的话"昔老聃著虚无之言两篇"，当时称"经"并不普遍。

胡哲敷先生引证吴幼清的考证认为，《道德经》三字连用，当在西京之季。吴氏指出，所谓《道德经》乃各以篇首第一字来名篇，后人合二篇篇名而称之。因而，扬雄《蜀王本纪》、边韶《老子铭》、《列仙传》、葛洪《老子序》中都已称为《道德经》，这是在景帝称"经"之后，后世学者与《史记》所谓"老子著书二篇，言道德之意"合用，相习为名。董逌《藏书志》称《道德经》之名始于玄宗注《老子》，显然不实。

（九十三） 《老子想尔注》是怎样一部书

《老子想尔注》一书，是道教注释老子《道德经》的专著。书名全称《老君道德经想尔为训》。《隋书·经籍志》和《唐书·经籍志》以及《新唐书·艺文志》均未著录。这本书的作者，说法不一。唐初陆德明《经典释文·序录》提出张鲁或刘表两人，但倾向张鲁，《传授经戒仪注诀》也认为是张鲁。唐玄宗御制《道德真经疏·外传》和道士杜庭光的《道德真经广圣义》以及宋代的道书,则认为是三天法师张道陵。《云笈七签》卷三十三注又说:"想尔盖仙人名。"全书两卷,早已佚失。直至清末始于敦煌莫高窟发现六朝钞本残卷,保有道经注的绝大部分。今人饶宗颐先生依《老君道德经河上公章句》之次第,将敦煌残卷连写之经文与注,按章分别录出,著有《老子想尔注校笺》,可资参考。

《老子想尔注》是老学发展史上用道教神学注释《老子》,使《老子》神学化的第一部书。

"道教"一词在宗教文献中的出现,以《老子想尔注》这本书为最早。这本书是研究早期道教——五斗米道教义和理论的重要资料。

《老子想尔注》通篇用粗俗的道教信条任意曲解、篡改《老子》。任继愈先生主编的《中国道教史》揭示出以下三点:

首先,《老子想尔注》把《老子》书中作为最高真理的"道",改造成凌驾于人间之上的主宰之神。《老》:"是无状之状,无物之象";《想》:"道至尊,微而隐,无状貌形象也;但可以其诚,不可见知也"。这样"道"便是至尊至威,必须服从的神了。《老》:"载营魄抱一无离";《想》:"一散形为气,形聚为太上老君,常治昆仑,""一"就是"道",可以化聚为有形象的叫作"太上老君"的尊神,此即道教"一气化三请"说之滥觞。……

其次,《老子想尔注》借用《老子》的词句,阐扬长生成仙说。作者为此甚至不惜改字作解,如将"道大、天大、地大、王大,域中有四大,而王处一"中的"王"字改为"生",并注云:"生,道之别体也";又将"以其无私,故能成其私"的两"私"字,改成"尸"字,并注云:"不知长生之道,身皆尸行耳""故能成其尸,今为仙士也"。

复次,《老子想尔注》通过注《老子》,将原书崇尚道德,轻贱仁义忠孝的观点,改造成肯定仁义忠孝。如《老》:"大道废有仁义,六亲不和有孝慈,国家昏乱有忠臣";《想》:"上古道用时,以人为名皆行仁义""道用时,家家孝慈""道用时,臣忠子孝,国则易治"。这表明张鲁五斗米道吸收了儒家思想,对于封建秩序与伦理从根本上是维护的。

《老子想尔注》的上述注经方法,开启了尔后道教诠注道家著作的一种不良风气,就是望文生义、任意比附、为我所用,把道家全说成是道教神学。

(九十四) 《老子化胡经》是怎样一部书

《老子化胡经》,是西晋惠帝(290—306年在位)时道士王浮所做的一部道教经典。

这部书,是中国道佛两教关于老子化胡之争的产物。佛教是一种外来的宗教,它初传入中国之时,一方面,中国人并不了解它,就误以为它是黄老神仙术的一种;另一方面,佛教为了能在中国站住脚,早点传播开来,也自愿依附于黄帝和老子。因此,早在东汉末桓帝时,就出现了老子化胡之说,即认为老子出关后,教化胡人,创立佛教。据《后汉书·襄楷传》的记载,他上疏说过:"或言老子人夷狄为浮屠。"三国时,鱼豢在《魏略·西戎传》也说:"《浮屠》所载,与中国《老子经》相出入。盖以为老子西出关,过西域,之天竺,教胡。"企图宣传浮屠与黄老同出一源,或者老子转生论。可见,当其时老子化胡之说广为流传了。但是,这时佛教在中国已有一定的影响,因此东汉末年牟子在《理惑论》中开始反对老子化胡说,并宣扬道不如佛。

到了两晋南北朝时,道佛两教都有了较大的发展,双方围绕老子化胡问题,展开了激烈的争论。在这种情况下,道士王浮在与沙门帛远争论过程中,为了抬高道教,贬低佛教,采集了东汉以来各种老子化胡的旧说,撰《老子化胡经》,宣扬老子西出阳关,渡流沙,入天竺,化为佛陀,教化胡人,产生佛教。因此,佛教的创立者并非是释迦牟尼,而就是中国古代的大圣人老子。于是,在历代道佛斗争中,此书成为道教徒借以抬高道教的地位,贬低与排斥佛教的主要论据,而佛教徒则不遗余力地攻击此书,竭力证明此书是伪书,并宣扬佛教先于道教,高于道教。

因此,道佛之间围绕《老子化胡经》的真伪问题,历代都展开了很激烈的争论。诸如:北魏孝明帝时,僧人昙无最与道士姜斌,在殿庭中辩论《老子化胡经》的真伪,最后姜斌被崇信佛法的孝明帝发配马邑。唐高宗显庆五年(660),沙门静泰、道士李荣等奉旨入宫辩论《老子化胡经》的真伪。唐中宗神龙元年(705),诏僧道集内殿定《老子化胡经》真伪,沙门明法和道士恒彦双方争论不下,朝廷虽多次下诏禁毁此书,但仍有流传。元代道佛屡次争论《老子化胡经》的真伪,元世祖至元十八年(1281),诏令除老子《道德经》外,其余道书悉数烧毁,《老子化胡经》首当其冲。自此以后,这本书便亡佚,道佛关于老子化胡之争也就告一段落了。

《老子化胡经》,本为一卷。后经历代增广改编,到唐代已为十卷本。清末在敦煌遗书中发现有唐玄宗时写本残卷,与王浮所撰的原本有所不同。

(九十五) 唐玄宗是如何崇奉老子的

唐玄宗是我国历史上著名的崇奉道教的皇帝之一。他为了实行政治上的统治和企求个人的长生不老,而自始至终不遗余力地崇奉道教及其教祖老子。那么,唐玄宗是如何具体崇奉老子的呢?

第一,极其推崇《老子》一书。

玄宗认为,《老子》一书,"可以理国,可以保身"。所以,他进一步认为,《老子》一书应在六经之上,"岂六经之所拟",为百家之首,"道德者百家之首"。于是他用行政命令硬性规定人们必读《老子》一书。

开元九年(721),玄宗命道士司马承祯依蔡邕石柱三体书写老子《道德经》于景龙观石柱。开元十年(722),玄宗诏置崇玄学,令习《道德经》以及《庄子》《列子》《文子》,每年准明经例举送。开元二十一年(733),玄宗御注《道德经》。开元二十三年(735)三月,玄宗注《老子》修疏义八卷,颁示公卿。开元二十五年(737)正月,玄宗在玄元皇帝庙置崇元学,立玄学博士,每岁依明经举。开元二十九年(741)正月,玄宗制两京各置崇玄学,令生徒习《道德经》以及《庄子》《文子》《列子》,每年随举人例,准明经考试。通过者,准及第人处置,并置博士一员。天宝元年(742)二月,崇玄学置博士助教各一员,学生一百人,诏改庄子为南华真人,文子为通玄真人,列子为冲虚真人,庚桑子为洞虚真人,四子所著书改为真经,合《道德真经》为五经。令崇玄学生习之。天宝二年(743)正月,两京崇玄学改崇玄馆,博士为学士。天宝十年(751)四月,玄宗命写一切道教经五部,分赐诸观。天宝十四年(755)十月,玄宗颂御注《老子义疏》于天下。

第二,不断给老子封爵加号。

天宝二年(743)正月,玄宗加封"玄元皇帝"为"大圣祖玄元皇帝"。天宝八年(749)六月,玄宗又加号"大圣祖玄元皇帝"为"圣祖大道玄元皇帝"。天宝十三年(754),玄宗再追尊"圣祖大道玄元皇帝"为"大圣祖高上金阙玄元天皇大帝"。

第三,各地兴建并提升老子庙。

开元十年(722),玄宗诏两京及诸州各置玄元皇帝庙一所。开元十九年(731)五月,玄宗令五岳各置老君庙一所。开元二十九年(741)正月,玄宗再诏两京及诸州各置玄元皇帝庙一所。天宝元年(742)九月,玄宗敕两京玄元庙改升为太上玄元皇宫。并且,"天下准此"。天宝二年(743),玄宗诏西京的玄元官改称太清宫,东京的玄元宫改称太微宫,诸州的玄元宫改称紫极宫。并且,为各宫选配道士,赐赠庄园和奴婢等。各宫皆拟宫阙之制,祭献太清宫之礼仪同与祭献太庙。

第四,大量绘制老子像。

开元二十九年(741)五月,玄宗令画老子真容,并分置天下诸州开元观。天宝三年(744)三月,玄宗令东西两京及天下诸郡的开元观、开元寺以金铜铸老子像。同年,又令太清宫以玉石造两丈多高的老子像。

第五,一再捏造老子下降显灵。

天宝元年(742)春正月,造老子下降于"丹凤门之通衢",显灵于"函谷关"。天宝七年(748)十二月,造老子下降显灵于"华清宫之朝元阁"。天宝八年(749)六月,造老子下降于"绛郡",显灵于"以神兵助取石堡城"。同年六月,造老子下降于"金星洞",显灵于"圣上长生久视"玉石符。天宝九年(750)十月,造老子下降于"宝山洞",显灵于"玉石函《上清护国经》、宝卷、纪箓等"。天宝十三年（754）春正月,造老子下降于"太清宫",显灵于"告以国祚延昌"。

（九十六） 鹿邑的"太清宫"与老子有何关系

今鹿邑的"太清宫",其地古名苦县厉乡曲仁里,曾属亳州境内,相传为老子诞生地。道教奉老子为教祖,视"太清宫"为圣地。据史书记载,最早祀奉老子的是汉光武帝的儿子楚王英"喜黄老学,为浮屠祭祀"（《后汉书·楚王英传》）。永平八年（65）,汉明帝给楚王英的诏书里,褒奖他说:"楚王诵黄老之微言,尚浮屠之仁祠,洁斋三月,与神为誓"（同上）。到汉延熹八年（165）,桓帝于春正月,派遣中常侍左悺到苦县祭老子,同年十一月,以"使中常侍管霸之苦县,祠老子"（《后汉书·桓帝纪》）。老子祠始建,初名"老子庙"。

后来经过魏隋等朝代,都进行了修葺。"隋文帝开皇元年,诏亳州刺史杨元胄考其故迹,营建宫宇。敕内史舍人薛道衡作《祠庭颂》"（元王鹗:《重修亳州太清宫太极殿碑》,载《宫观碑记》）。

唐李王朝,因老子同姓,遂以老子为皇族祖先,尊崇道教,将"太清宫"尊为祖庙。唐高祖武德三年（620）,李渊追认老子为始祖,以"老子庙"为太庙,大兴土木,建宫阙殿宇,木逊帝都。太宗于"贞观六年（627年——引者注）七月丙午,敕修太上老君庙于亳州"（《混元圣记》卷八）。高宗乾封元年（666）"二月己未,次亳州幸老君庙,追号曰太上玄元皇帝,创造祠堂",称紫极宫。（《旧唐书·高宗本纪》）武周光宅元年（684）,追封老子母为"先天太后",并于"太清宫"北建"洞霄宫"。唐玄宗李隆基开元十三年（725）,加封老子为"高上大道金阙天皇大帝",亲为《道德经》作注,御书全文镌立"道德经注碑"一通。开元二十九年（741）,诏两京及诸州各置"玄元皇帝庙"一所。天宝元年（742）,又命亳州真源县（即汉苦县——引者注）"先天太后庙"及"玄元庙"（即东汉"老子祠"）各置令一人。二年（743）,改西京"玄元庙"为"太清宫",东京"玄元庙"为"太微宫",诸州"玄元庙"改为"紫极宫"。同年九月,诏"谯郡[玄宗天宝元年(724)改亳州为谯郡——引者注]紫微宫宜准西京为太清宫"(《旧唐书·礼仪志四》)。原"老子祠"改名为"太清宫",自此确定,相传后代一直沿用不改。唐玄宗后来又两次亲谒"太清宫",其中天宝八年(749)朝"太清宫"时,还上老子号为"大圣祖高上大道金阙玄元天皇大帝"(《旧唐书·玄宗本纪》)。

"太清宫"位于鹿邑县东5公里、亳州市西12公里的隐山上。"太清宫"规模宏大,占地八百七十二亩,楼台殿阁六百余间,分"前宫"和"后宫"两大部分,中间以"清静河"为界,河上建有"会仙桥"相连。"前宫""午门"耸立,御道坦直,"太极殿"位于中央。周围有"七元殿""五岳殿""南斗殿""虚无殿""清静阁"。"太极殿"中央有老子塑像,两旁有唐高祖、太宗、中宗、睿宗、明皇像列侍左右。殿前有八卦炼丹钢炉一座。殿前还有铁柱一根,为老子任柱下史之标志。殿东有"九龙井",相传为老子出生时九龙取水浴体。道士住"前宫",道姑住"后宫"。凡有事,则以"云牌"相互传示。院内千余棵古桧参天,相传为老子亲手所植。院内碑刻成林,松罩烟笼,庄严肃穆,蔚为壮观,盛极一时。有兵士五百人镇守。但唐末毁于兵火,几成废墟。

此后直至清代,累遭兵火,虽不时有所修葺,但与唐宋盛况相比,"仅存升一于斗百也"。现存正殿5间、古柏2株、铁柱1根、历代碑刻8块,为河南省文物重点保护单位。近年来,业已修复了"太极殿"、老子像、山门和围墙。

(九十七) 鹿邑的"老君台"与老子有何关系

鹿邑的"老君台",也是道教的一座古建筑,相传是老子修道成仙飞升的地方,所以起初就叫"升仙台"或"拜仙台",直到宋大中祥符六年(1013),才改名叫"老君台"。

"老君台"位于鹿邑县城的东北角,规模宏伟,占地之广,将近鹿邑县城的四分之一。台高13米,台上面积有706平方米,全台以古式大砖堆砌,由 24 个平面围成圆柱形,下较宽上稍窄,台上环筑 70 厘米高的围墙,形状很像围墙。台上中央有正殿三间,殿内有一尊两米多高的铜铸老子像。东西各有一间配殿。殿门东西两边的屋檐下,各嵌有"道德真源"和"犹龙遗迹"的碑刻一块。院内东侧立有 3.5 米高的铁柱一根。山门下有三十二层石台阶,加上正殿下一层台阶,以符合老子修道成仙飞升三十三层天的宗教传说。

"老君台"前东西两侧有"天齐庙""三官台""孔子问礼处""蹇叔隐居处""老子故里"等古碑刻。"老君台"南边,有一座高达十多米、四柱三门的砖牌坊,正门上方刻有"众妙之门"四个大字,门两侧柱上刻有一副十四个字的对联:"地古永传曲仁里,天高近接太清宫。""老君台"前 500 米远处有唐末、五代、宋初的高道"陈抟庵"一座。"文革"期间惨遭破坏。现已制定了修复规划。

(九十八) 亳州的"道德中宫"与老子有何关系

亳州市位于淮北平原北部,地处安徽省西北边陲,三面与河南省毗邻,南襟江淮,北带黄河,淮河最大支流之一的涡河自北向南流经境内。由商汤立都而得名,是一座具有三千五百多年的历史文化名城。英杰辈出,人文荟萃。道家创始人老子、魏武帝曹操、神医华佗、陈抟老祖、巾帼英雄花木兰等著名历史人物皆系亳州人氏。因此,市里有"汤王墓""道德中宫""魏武故里""华祖庵""希夷故里""木兰还乡"等名胜古迹。

其中的"道德中宫",又叫"老祖殿",位于市内老祖殿街中段路北。宫门面对问礼巷,相传为孔子问礼于老子处。"道德中宫"相对于"上清宫"和"下清宫"而得名。三宫沿涡河自北向南的走向而坐落在三个相距不远的地方。"上清宫",即"太清宫",现位于仅距亳州市西十多公里的河南省鹿邑县境内。"下清宫"现位于亳州市东南近邻的涡阳县境内。(清同治初年于亳州雉河集一带始建涡阳县——引者注。)

"道德中宫"约建于明代万历年间。山门上方题有"道德中宫"四个大字。宫门前左右两边各置一尊汉白玉石狮。宫内建筑的"中殿"祭祀人祖轩辕黄帝，"后殿"祭祀老子，其内有高达十二丈的石刻老子神像一尊，"东殿"敬奉鲁班，"西殿"敬奉财神。还建筑有"著经堂"，刻有老子的《道德经》上、下卷五千言以及序言，共刻石六十四块。堂左建筑有"春登台"。

"道德中宫"为安徽省重点文物保护单位。目前，亳州市对"道德中宫"正在进行全面修葺。

（九十九）　最大的老子像在哪里

道教和其他宗教一样，是要崇拜偶像的。因此，就要造像。于是造像也就成了道教文化艺术中的一个极其重要的组成部分。由于老子被道教奉为教祖，所以在全国各地也就造了数不胜数的老子像。以大小论，迄今最大的一尊老子造像，当推位于我国历史文化名城、海上丝绸之路的起点——福建泉州市的清源山的"老子石像"。

清源山素有"闽海蓬莱第一山"的美称，位于泉州市北近郊，气势雄勃，绚丽多姿，林幽壑奇，含烟凝翠，流泉飞瀑，颇为壮观，又拥有众多的寺宇亭榭、石雕、石刻、石构建筑等文物古迹。清源山不但自然景观风光旖旎，而且人文景观又琳琅满目。所以，远自唐朝起直至如今，都是游览胜地，现为国家重点风景名胜区。

清源山现存完好的五代、宋、元时期的石雕共七处九尊，其中最为引人瞩目的当是巨型老子造像。这尊硕大无比的"老子像"，又名叫"老君岩"，是北宋时期道教石雕精品，坐落在清源山右侧山麓。像高5.1米，厚7.2米，宽7.3米，席地面积约52平方米，系整块天然岩石雕琢而成。老子盘膝而坐，左手抚膝，右手凭几，两眼平视，双耳垂肩，面含微笑，衣褶分明，刀法既粗犷夸张又不失之于精细，生动逼真地表现了老子慈祥、安乐、睿智的神态。这尊巨型老子造像，是全国最早最大的老子像。堪称宋代石像雕刻艺术的瑰宝，现列为全国重点文物保护单位。

（一〇〇） 黄山文化书院是如何
开展对老子及道家的研究活动的

黄山文化书院自 1988 年底成立之日起，就以通过对安徽传统文化研究，弘扬中华优秀传统文化，建设我国现代文明，促进中外化交流，推动人类社会进步为最高宗旨。

安徽省传统文化历史悠久，丰富多彩，诸如淮河及其支流涡河和颍河流域的老庄的道家文化，桐城的方苞、姚鼐的桐城派文化，黄山市的众多学科的徽学文化，九华山的佛教文化，齐云山的道教文化，以合肥为中心的包拯、朱元璋、李鸿章，刘铭传、段祺瑞、冯玉祥、张治中等历史名人群的文化，五四时期的陈独秀、胡适文化，等等。安徽传统文化对我国数千年光辉灿烂的传统文化，做出了不可低估的贡献。

尤其是，其中的老子庄子共同开创的道家文化，自先秦至今两千多年来，对我国的自然科学、社会科学、文学艺术、思维科学和宗教神学以及哲学等的许许多多的学科，都产生了极其深刻的影响，与儒家和佛家共同构成我国传统文化的三大主干。并且，对全人类的文明也做出了独特的贡献，产生了深远的影响。

安徽两淮地区，道家人才辈出。老子的故里，传说在安徽亳州市；庄子的故里，传说在安徽的蒙城县；管子的故里，在安徽颍上县；淮南子的故里，在安徽寿县；嵇康的故里，在安徽的濉溪县；陈抟的故里，在安徽的亳州市；等等。所以，安徽的淮河南北两岸，实是道家文化的发祥地和摇篮。

但是，无论是安徽省还是全国，对道家研究的现状，都是远不如对儒佛两家的研究的。因此，应该说，道家文化是一座亟待开发的宝藏。

基于上述这些缘故，黄山文化书院把活动重点放在弘扬道家优秀文化方面，争取在安徽省逐步建立起一个全国道家文化的研究中心，以期推动本省和全国对道家文化的研究，赶上全国其他地区对儒佛两家文化研究的水准。

心通老子

为此,黄山文化书院拟从三个方面来开展弘扬道家优秀文化的活动:

首先,召开有关道家文化代表人物的学术思想的研讨会,展开对于道家思想传统的分门别类的研究。黄山文化书院发起并联合蒙城县庄子研究所、阜阳地区社会科学联合会,于1989年在庄子故里——安徽蒙城县,共同主办了"首届全国庄子学术研讨会",在海内外产生了较大影响。同年11月,黄山文化书院和亳州市陈抟研究会、山东淄博市华夏易学工程研究会,在陈抟故里——安徽亳州市,联合召开了"陈抟逝世一千周年纪念会暨学术研讨会"。黄山文化书院发起,并与亳州市老子研究会和阜阳地区社会科学联合会,订于近期在老子故里——安徽亳州市,共同主办"首届国际老子学术研讨会"。黄山文化书院又发起研究《淮南鸿烈》活动,将在淮南子故里———安徽淮南市,与淮南市淮南子研究会共同举办"首届国际淮南子学术研讨会"。今后,还将举办管子和嵇康等道家代表人物的学术研讨会。

其次,出版道家文化丛书。其内又可分为道家文化经典丛书、道家文化研究丛书、道家文化传记丛书和道家文化百问丛书,等等。1990年,已出版了徐澍、刘浩注译的《道德经》一书,受到广大读者的欢迎,在不到半年的时间里,发行了8万多册。即将问世的有1989年"首届全国庄子学术研讨会"的论文集——《庄子与中国文化》,孙以楷编著的《老子外传》,钱耕森、李仁群编著的《老子百问》的三本书。

第三,筹备出版以《老子研究》或《老庄研究》或《道家文化》为刊名的有关道家文化的专门性的学术刊物。